Work With
Source
Realize big ideas,
organize for emergence,
and work artfully with money
Tom Nixon

すべては1人から始まる

ビッグアイデアに向かって人と組織が動き出す「ソース原理」の力

トム・ニクソン

山田裕嗣
青野英明 翻訳・監修
嘉村賢州

英治出版

WORK WITH SOURCE

Realise big ideas, organise for emergence and work artfully with money

by Tom Nixon

Japanese translation rights arranged
with the author through Tuttle-Mori Agency, Inc., Tokyo

訳者まえがき

山田裕嗣

「良い組織」とはなにか?
　どのように「実践」するのか?

　私自身のこれまでの仕事は、主にこの2つの問いを巡る探求と実践の繰り返しでした。

　しかし当たり前の話ですが、どれほど多くの組織に関わろうとも、まったく同じ状況に出合ったことはありません。

　たとえば、ある大手メーカーの組織変革プロジェクトでは、かつては「同じ釜の飯を食った仲間」として苦楽を共にした連帯感が求心力の源泉であったが、時代に合わなくなっているという声を聞きました。安易な過去の押しつけに陥らずに、時代や環境に合わせて健全な変化を遂げるにはどうすればよいかが問われていたのです。

　創業期から経営の一翼を担ったスタートアップでは、事業の成長スピードに合わせた組織マネジメントを実現するため、健全な階層構造への移行に向けた試行錯誤を繰り返しました。

　コミュニティ的な参加型の運営を志した一般社団法人では、1人ひとりの熱量をすべての行動の起点にしながらも、一部の人に負荷が偏らずに持続的に運営する方法を模索し続けました。

　ビジネスモデルや市場の競争環境。

働いている人の数やその人たちの想い。

組織の辿ってきた歴史や、そこで培われてきた価値観。

顧客や取引先との関係性。

所在地やその地域との関係。

　必ずどこかにその組織だけの個性がある以上は、すべてに通じる「良い組織」の絶対的な答えもなければ、それを実現する「万能な方法」も存在しません。それでも、目の前の現実を少しでも良くするため、組織を扱うフレームワークやその実践例を学び、自分たちなりの「良い組織」の仮説を立て、「大きな構想」と「細部の作り込み」によって具体的に実践し、そこから生まれた変化を捉えて、また改めて考え直す。

　私にとって組織に関わるとは、この繰り返しを常に続けることでした。

　本書で紹介されるソース原理は、そうやって**「良い組織」を考え、実践するうえで、まったく新しい見方**を提示してくれたものでした。とてもシンプルで、強力であり、直感的にも納得できるものです。一方で、これまでの自分の組織の捉え方を根本から問い直したり、今までの経験とどう折り合うかがわからず困惑させられたりもしました。

‖ ソース原理と組織はどう関わるのか

　ソース原理においては、人の関わるあらゆる創造する活動には、「ソース」という特別な1人の人物が存在すると捉えています。

　この原理の提唱者であるピーター・カーニックは、30年以上にわたって「お金」にまつわるシステムや、何よりそれにまつわる「個人の内面の変容」を探求し続けてきた人物です。その探求の過程で形作られたのがソース原理です。

　そのため、ピーターは「組織」という言葉を使うことを好みません。「組織とは虚構（イリュージョン）だ」とさえ語っています。個人に向き合ってきた彼は、**その人が本当に内面深くから生み出したいと感じている活動**に徹底して焦点を当ててきました。

　本書の著者であるトム・ニクソンは、ピーターからの教えを授かった1人です。詳細は本編に譲りますが、以前トムが経営していた会社の立て直しに腐心していた際に出合ったのが本書のテーマであるソース原理であり、その提唱者のピーター・カーニックでした。

　トムもピーターの思想を色濃く受け継いでいます。そのため本書の中でも、「組織（オーガニゼーション）」という言葉は慎重に扱われ、むしろ「組織化（オーガナイズ）」という動詞的な現象として捉えることを提唱しています。

　一方で、トムは起業家であり、またコーチやコンサルタントとしてさまざまな起業家の支援をした経験もあります。1人で成し遂げられない大きなアイデアを実現するために、複数の人によるコラボレーションが不可欠であることを、当事者としてさまざまな場面で経験してきました。

　この本は、トムのその豊富な経験に基づきながら、ピーターが「個人」と向き合う探求の中で生まれたソース原理を、**いかにして「複数の人のコラボレーション」へとつなげるか**を表現しようとする試みである、ともいえます。

さまざまな状況で活かせるソース原理

冒頭で「良い組織とは?」という問いを掲げながら、「組織という言葉を使わない」と私が言っていることに戸惑うかもしれません。しかし安心してください。その戸惑いこそ、私自身が体験したことでもあるからです。ソース原理は、旧来的な組織の捉え方に対して、いろいろな角度で問いを投げかけてきます。それらの問いに向き合うことを通じて、ぜひこの新しい捉え方を実感していってほしいと思っています。

では、より具体的には、ソース原理はどんな場面で活用できるのでしょうか?

新しい組織づくり

まず挙げられるのは、新しい組織の運営にチャレンジしている人やチームでしょう。ヨーロッパを中心とするソース原理の探求コミュニティにも、**ティール組織、自主経営(セルフマネジメント)や自己組織化**など、新しい組織を模索する人たちが多く参加しています。

新しい組織の考え方では、1人ひとりの個性を尊重し、それぞれの意見に耳を傾けることを大切にしています。しかし、その振る舞いを重視するあまり、いつまでたっても意思決定ができなかったり、「誰も反対しない」ような特徴のない結論を出してしまったりすることがあります。

ソース原理というレンズを活かすことで、**1人ひとりの意見に耳を傾けるとともに、ソースという存在だからこそ発揮できる「決める力」を無理なく共存させることができる**ようになります。これが「権力に基づくトップダウン」といかに

違うのかは、ぜひ本書を通じて理解を深めてください。

　一方で、ソース原理は決して「企業」だけに限ったものではありません。より一般的な活動にも活用できるポテンシャルがあります。

プロジェクトチーム
　たとえば、新しいプロジェクトの立ち上げ。どんなに「みんなで立ち上げた」ように感じるプロジェクトであっても、ソース原理のレンズでは必ず「1人」から始まるのだと捉えます。ソースを明確にすることは、決してその人に絶対的な権力を与えることを意味しません。あくまでも「そのプロジェクト」におけるビジョンを感じている人だと捉えます。**ソースを特定することで、プロジェクト全体に創造へと向かうエネルギーが流れやすくなる**ことを、私自身も何度も経験してきました。

　さらに、ソースが明確であることで、ソース以外の人が実現したいことをそのプロジェクトに含めるのがいいのか、はたまた「別のもの」として分けたほうがいいのかも明確にしやすくなります。変に妥協して「混ぜる」ことなく、1人ひとりが本当に表現したいことを尊重しながら、互いに良い関わり方を見つけやすくなるのです。

事業承継
　また、より具体的な場面としては、事業承継にも示唆を提供します。
　ソースという役割は継承することができる、とされています。

それは社長という肩書を引き継ぐことや、株式を譲り受けることではありません。では、ソースが継承されるとはどういうことなのか？　継承されないときにはどんな問題が起こるのか？　この問いについても、1つの章を使って丁寧に描かれています。

　本書の翻訳に取り組み始めてからの1年間、日本国内のたくさんの創業者、継承した2代目や3代目の方とも対話を重ねてきました。

　社長という肩書を後継者に引き継ぎ、経営からも完全に離れたつもりが、ソースという役割は引き継いでいなかったことを初めて自覚した創業者。ソースの継承が起こった瞬間をともに振り返ることで、自分がソースとして持っている自然な影響力を初めて躊躇なく受け入れられるようになった2代目。創業者の引退後、ずっと会社にソースが不在だったが、自分が社長に就任してから数年後に「創業者から継承された瞬間」があったと語ってくれた3代目。

　本書でも触れられますが、ソースの継承はどれもが「個人的な物語」であり、1つとして同じものは存在しません。しかし、**ソースの継承に関わる物語を丁寧に明らかにする（もしくは物語が存在しないことを自覚する）ことが、その組織に関わる人たちに新たな捉え方を提供する**場面を何度も目の当たりにしてきました。

　事業の承継に関する悩みのある方は、本書を読まれたうえで、ご自身の状況をソースの継承の観点から捉えてみると、新たな発見があるかもしれません。

‖ 共に探求し、実践する

「良い組織」とは何か?

　どのように「実践」するのか?

　冒頭の2つの問いに向き合い続けてきた私にとって、ソース原理というレンズは、探究から実践までをつなげる新しい知見を提示してくれました。

　しかし、繰り返しになりますが、この本に書かれていることも決して「絶対の正解」や「万能の答え」ではありません。むしろソース原理に基づいて大人数のチームでコラボレーションを進める試みは、まだまだ始まったばかりです。

　本書の翻訳・監修を手掛けた令三社というチーム自身も、ソース原理に基づいた運営を実践していますが、この本を1年間読み込んだあとでも、いまだに試行錯誤をし続ける日々です。

　この本を読むことを通じて、ぜひご自分の持ち場で、どのように活かせるかを実践してみてください。

　その1人ひとりの試行錯誤が、日本の中で、ひいては世界の中で、新しい組織や働き方を生み出す本当の意味での原動力になると信じています。

目次 ｜ CONTENTS

Part 1
ソース原理とは何か

Part 3
本来の自分を取り戻すマネーワーク

凡例

» 原文の段落は、読みやすさを考慮して、適宜、改行した。

» 未邦訳の書名は本文中に原題を併記した。

» 重要な訳語や表現の方針は以下の通り。

● サブソース、業務協力者

ソース原理の提唱者であるピーター・カーニックはもともと「サブソース（sub source）」という表現を使っている。これは、ソースとサブソースにはクリエイティブ・ヒエラルキーという「自然な秩序」があるという前提に基づく。

一方で、原書では「specific source（特定領域のソース）」という言葉が採用されている。これは、英語の「sub」という言葉が、上司・部下のような上下関係に誤読されることに対する配慮として変更された（ソース原理に関する別書 "A little red book about Source" でも同様）。

著者の配慮を尊重しつつ、日本語では「サブ」という言葉による誤読の可能性が低いと判断し、提唱者のピーターの用いる「サブソース」を採用した。

また、サブソースとは別のヘルパーとして「employee」が紹介されているが、直訳の「従業員」とすると会社の雇用契約関係の意味合いが強いため、より役割のニュアンスが出るように「業務協力者」とした。

● 責任

原書では「responsibility / responsible」。ソース原理のワークショップ等では「response-ability」という言葉とともに、「外部に対して義務的に責任を果たす」という一般的な意味に加えて、「内側から湧き上がってきたものにどう反応する（できる）のか」という説明がなされ、内と外の両面に向き合うことを重視している。

● 中立的な代名詞

原書では、ソースを指すときに「she/her」などの女性の代名詞を用いている。これは2つの意図が込められている。1つ目は、ソースが男性性だけではなく、女性性との統合が必要であることを表したかったこと。特にイニシアチブを引き受けるときはアイデアを「受胎する」ような女性性の発揮が大切だと著者は語る。2つ目は、ビジネス書において男性の代名詞しか使われないという無意識バイアスへ配慮したかったこと。

翻訳にあたっては、ソースの女性的な役割の発揮に関する意図に配慮しながら、基本的には中立的な代名詞を選択している。

●「組織」をなるべく使わない

提唱者のピーター・カーニック、著者のトム・ニクソンともに、「組織（organization）」という言葉をなるべく避ける。ピーターは英語では「イニシアチブ」「プロジェクト」「エンタープライズ」など、規模に応じて使い分けるが、「個人を起点とした活動」というニュアンスが反映される表現を好む。

本書でも、ソース原理を活かした「複数人の活動」を表現する際には、可能な限り「組織」という言葉は避けるよう配慮した（ただし、よい代替表現がない場合には一部採用している）。

すべては1人から始まる

ビッグアイデアに向かって人と組織が動き出す
「ソース原理」の力

まえがき

　新型コロナウイルス感染症が世界中で猛威を振るうなか、この文章を書いている。世界を揺るがすような出来事が次々と訪れ、VUCAと呼ばれるような、変わりやすく、不確実で、複雑かつ曖昧な時代に私たちが生きていることは、もはや否定できなくなっている。

　誰にでもいいが、2020年は計画通りに物事を進められたかと尋ねたら、ナンセンスな質問だと笑われることだろう。しかしこうした厳しい現実は、私たち西洋の人間よりもはるかに長いあいだ、恵まれない地域の多くの人たちが経験してきたものだ。

　このパンデミックは、たんに「ノーマル」なあり方に大きな障害が生じたのではない。相互に深く結びついた変化の早いVUCAの世界こそが「ノーマル（常態）」になっているのであり、それに合わせた行動をとっていくべきなのだ。

　未来は希望のない暗いものであるばかりか、恐ろしいものにさえ感じられることもあるが、私は根っからの楽天家だ。だが私の楽観は、直面している課題を無視するような、無謀で呑気なものではない。私が抱いている希望は、活動家で作家のレベッカ・ソルニットから学んだものだ。未来は複雑で結局のところ予測困難なものであるから、恐れていたよりもはるかによい方向へと向かっていく可能性はいつだって存在

する。そんな現実に根ざした希望だ。

　学校の前で1人で座り込みをしていた女子高校生の抗議活動から、若者たちの世界的なムーブメントに火がついた。命を奪う新型ウイルスの出現から——通常なら数年はかかるのに——わずか数ヶ月で効果的なワクチンが開発された。希望を持てる理由はたくさんある。こうした希望は、世界のために求められている仕事に取り組むエネルギーを与えてくれる。

　本書の執筆に取りかかり始めたのは5年以上前のことだが、今から見るとその頃はシンプルな古き良き時代にすら感じられる。オバマ氏がアメリカの大統領で、イギリスはEUの加盟国で、友人とのハグはまったく普通の行為だった。

　もともとの本書の目的は、私のように自分が立ち上げた事業やプロジェクトを成長させるために悪戦苦闘する起業家たちの役に立ちたいというものだった。

　しかしまるで圧力鍋のなかにいるかのように、世界には巨大な問題が次々にわいてきた。2016年には、ついに爆発が起こった。トランプ氏がアメリカの大統領となり、ブレグジットが起こり、アメリカがパリ協定から離脱した。その年は、私が父となり、世界への見方が大きく変わり、未来の世代が生きる場所として捉えるようになった年でもあった。

　そうして本書は、早く書かれるべき目的を引き受けた。執筆を終えた2020年の終わり頃には、アメリカ大統領選でジョー・バイデン氏がトランプ氏に勝利したとはいえ、なおも民主主義制度はかつてないほどの耐久テストにさらされている。よりよい未来へと向かっていくには、政治家に頼って

いられないことは明らかだ。未来は、私たち全員のビジョン、創意工夫、そしてコラボレーションにかかっている。

　よりよい世界へと向かうために必要な仕事の実現に取り組む多くの人に適切なタイミングで届き、効果的な後押しをし、彼らの成功の確率を高めること。それこそが本書の意図であり、私の願いだ。その相手はもしかしたら、世界を変えるという大いなる願いを叶えられるかどうかの境目にいる、あなたかもしれない。

「私たちこそ、私たちが待ち望んできた者である」

　ホピ族の長老による有名な予言だ。よりよい世界へのビジョンを持ち、積極的に取り組んで実現していけるかどうかは、私たちにかかっている。

トム・ニクソン

2021年1月

イギリス、ブライトンにて

イントロダクション

　この複雑な世界は、めまいがするような脅威の数々に直面している。パンデミック、格差の拡大、権威主義、構造的な人種差別、核兵器、人の強制移動、社会の激しい二極化。そして、これらすべての脅威を内包しているのが、気候変動や「6度目の大絶滅」という加速度的に拡大しつつある恐ろしい大問題だ。

　しかし同時に、私たちはまたとない機会も手にしている。テクノロジーの指数関数的な発展、新しい社会や金融システムの誕生、かつてないスケールで世界中と新たなつながりをつくる能力といった潮流には、ポジティブな可能性が秘められている。

　マクロなシステムの多くが崩れ去りつつあるように感じられる時代ではあるが、再生のための土壌は豊かに育っている。『合議の方法』（未邦訳／ *The Way of Council* ）の共著者であるジャック・ジマーマンは最近、こうした状況について、「私たちはとてつもないチャンスの時代に生きている」と指摘している。

　進歩への大いなる可能性を認識し、直面している脅威に立ち向かうためには、人間の独創性を開花させるべきだ。いま求められているのは、地球上のすべての生命を持続可能な未来へと前進させていけるようなシステムの変化であり、新しい

発明であり、そして人との関わり方や個人のあり方なのだ。

　そのため、本書は組織づくりやリーダーシップについての本に見えるかもしれないが、何よりも「**新しいアイデアや変化を世界にもたらす**」ことについての本だと私は考えている。

　社会を変えるムーブメントであっても、パーパスに基づくビジネスであっても、私たちは自分のビジョンを、予測も計画もコントロールもできない複雑な環境のなかで実現させなければならない。成功のための特効薬は存在しないし、ときには活動を前に進めることすら難しいかもしれない。しかし、何が可能なのかを教えてくれるアプローチや事例は、数多くある。

　メディアの見出しを飾るようなビジョナリーな起業家は、当然ながら大きなビジョンを実現していくことには長けている一方で、リーダーシップは独裁的で強権的になりやすい。そうしたスタイルはいずれ大きな代償を払う可能性があり、人類が直面している広範な問題をあらゆる点で象徴するものでもある。

　一方、社会を変えるムーブメントや、自己組織化された「上司のいない」ビジネスや非営利団体のように、自律分散・参加型の取り組みには大きな可能性がある。こうした取り組みは、ボトムアップのアプローチへ転換することで、流動的な組織をつくろうとするものだ。つまり、変化の早い複雑な世界であっても拡大や適応ができ、メンバーたちがそれぞれの力を活かして貢献できるような環境づくりを目指している。

　しかし、それを実現させていくのは、決して簡単なことではない。

　たとえば、生態系の絶滅に非暴力のアプローチで徹底的に抗議する市民ムーブメントの「エクスティンクション・レベリオン（絶滅への反乱）」を考えてみよう。私はこのムーブメントに2019年に参加した。

　エクスティンクション・レベリオンの活動家たちは、ムーブメントの一貫性を保って方向性を示す方法と、根本的に分散型の組織をつくる方法の両方を、急いで学ぶ必要があった。ときには既存の法律の範疇を超えた活動もおこなうという複雑な状況下ですばやく規模を拡大させ、レジリエンス（逆境を跳ね返す力）を高めて組織化していくためには、それこそが唯一の方法だったからだ。

　この組織化のアプローチは、この運動に欠かせない非常に大きな強みではあるが、大きな難題も生んでいる。どのアクションを推進していくかという意思決定を下す中央機関がないため、個人や小規模のグループが、グループ内の力関係やインフォーマルな手段を使いながら意思決定をしていくしかなかったのだ。このアプローチはほとんどの場面においてはうまく機能しているが、うまくいかない場合に悲惨な結果を招きかねない。

　2019年10月の大規模な活動の際、エクスティンクション・レベリオンの活動家たちは、ロンドンの貧しい労働者階級が暮らす地域で朝の通勤電車を妨害してしまった。その行動は組織内のメンバーからも広く批判の声があがったが、主要メディアや世間からも反発を受けた。一度きりの出来事であったが、ムーブメント全体の存続が危ぶまれる瞬間だった。

次のステップをめぐる意見の相違も、エクスティンクショ
ン・レベリオンにとっては大きな難題だ。人の行き交う公共
空間で大きな騒動を起こしていくべきなのか。大手石油会社
の本社や、炭鉱や、化石燃料の採掘に資金を提供する銀行な
ど、場所を絞った戦略的な行動に注力すべきなのか。はた
また、エクスティンクション・レベリオンは「脱炭素」とい
うテーマに特化し続けるべきなのか。それとも、より広い観
点から、社会正義の問題全般に焦点を当て、たとえばBlack
Lives Matterムーブメントなどと合流すべきなのか。次のス
テップに関してはさまざまな意見が存在するが、あまりに複
雑な状況であるため、どれが効果的なのかをあらかじめ知る
ことは不可能だ。
　しかしそうだとしても、ムーブメントのメンバーたちはど
うにかして、トップダウン型の権力構造をつくらず、権力闘
争でがんじがらめになることなく、あれこれ意見が食い違っ
て分裂してしまわずに、進むべき方向を見出していかなけれ
ばならない。

　パーパス志向型のビジネスを創業した私自身の旅において
も、こうした形の働き方を実現しようとした。
　2000年に起業した最初の会社は、新しい組織の形や働き
方の先駆的なモデルとなり、リーダーシップ教育をおこなう
WorldBlu社が選出する「世界で最も民主的な職場」のリス
トに7年連続で名を連ねたほか、21世紀におけるよりよい
ビジネスの形を検討する「Meaning Conference（意味探求の
カンファレンス）」を生み出した。
　その会社は従来の経営やヒエラルキーに対する概念を覆す

ような、きわめて参加型の働き方を実践していた。取締役会には自由に参加できる席を設けた。報酬は自己設定とピアレビュー（同僚同士のフィードバック）を通じて決める。マネジャーではなくコーチとして接する。すべての財務情報を透明化する。

　そうやって私たちは成功をおさめた。たとえば10年連続で、メンバーが競合他社に流れることがなかった。それは私たちの業界では前代未聞ともいえるような成果だった。そして、ごく小さな地元の企業を支援する細々とした始まりから、最終的には世界的な大企業や非営利団体の幹部たちから助けを求める電話がかかってくるまでになった。

　もちろん大きな困難もあった。
　私が株式の大半を売却して責任を譲り渡し、会社を去ってから2年半後に、危機が訪れたのだ。
　急速に拡大していく業界においても強固な地盤を築き、優秀なメンバーも揃っていたのに、1年ほど成長を続けたのちに大きく失速した。成功する材料はすべて揃っていたにもかかわらず、能力が空回りし、権力闘争や責任のなすり合いが起こった。会社の将来のビジョンもほとんどなく、別の組織との合併の試みも頓挫し、優秀なメンバーが去っていった。
　気づけば私は、再生の道を一緒に探っていくため会社に引き戻されていた。最初に直感的に感じたのは、参加型の組織づくりをより深め、権力の分散を進め、未来を共に創造していく必要があるということだった。しかしどれも効果的なアプローチではあるけれど、それだけでは十分ではなかった。

すべての鍵を開いたのは、戦略・組織的思考の奥に存在する、より包括的な新しい視点だった。

　その視点がもたらされたのは、友人のチャールズ・デイビスが独創的な思想家であるピーター・カーニックの考え方を紹介してくれたときのことだった。

　カーニックはビジョンを実現する方法について何百人ものクリエイティブな人と対話し、人の活動に関する新しい視点をつくり上げた。その核となっているのが、**組織そのものではなく、その奥にある「アイデアを実現するという創造的なプロセス」に焦点を当てる**こと、そして、そのプロセスにおいて1人の人物が特別に持つオーサーシップや責任——カーニックの言う「ソース」の役割——を認識することだ。

　カーニックは、この考え方を長年にわたって探究し、社会的なムーブメントからクリエイティブなプロジェクトに至るまで、人間のあらゆる活動に共通し、根本的で普遍的に思えるダイナミクスを解き明かした。

　彼の提唱する「ソース原理」は、実現するビジョンと立ち消えていくビジョンの違いを理解するのに役立ち、うまくいっていない活動に介入する際の手がかりとなる。「ソース原理」に基づく経営や運営とは、たとえば以下のような営みを指す。

» ビジョンの実現を目指す活動において、創業者および後継者が自然に持つ強力な役割を認識すること。ただし英雄崇拝、服従の強制、あるいは独裁には陥らないこと。

» 「リーダー」とみなされている人々だけでなく、メンバー全員のクリエイティブな可能性を存分に引き出すこと。

» 仲間たちとのよいコミュニティをつくるだけでなく、ビジョンの実現に集中して取り組み続けること。

» 複雑さを受け入れながらも、それに溺れないようにすること。

» トップダウンとボトムアップの両方の良さを同時に活かすこと。

» ビジョンの実現に向けて、お金に執着したり拒絶したりすることなく、うまく付き合うこと。

» 創業者が去ったあとも、参加型の働き方を長期的に維持し、創業者がビジョンをめぐる自身の旅を終えたときに解放感を得られるようにすること。

私は数年前に、ソース原理を会社に取り入れたが、それからの時間は、信じられないような旅路だった。財務状況の急速な改善から始まり、最終的には会社自体の解散で幕を下ろすことで、数々の新たな挑戦が出現する可能性へとつながった。この話は事業の失敗とも、すばらしい創造性の爆発とも語ることができる。しかしたしかに言えるのは、視野が広がるとさまざまな変化が生じるという点だ。

　提唱者のピーター・カーニックは、ソース原理に関する10年以上の探求と並行し、個人の内面の自己成長も30年以上にわたって探求している。
　ソース原理は、ビジョンの実現という外的な創造プロセスだけでなく、ソース役の内的な変容にも目を向ける。それは、自分をさらけ出しながら次のステップへと進み続けていくために欠かせないプロセスだ。
　創造性とは個人の歴史や思いの表れである。自分自身を存分に表現したければ、内面にも注意を向ける必要がある。それは、自身のクリエイティブな可能性を解き放ち、自分の性格の影にうごめく厄介なグレムリンとうまく付き合っていくために必要不可欠な取り組みだ（これも、創業者としての旅路で私が身をもって学んだことだ）。
　このインナー・ジャーニー（内なる旅）には、驚くような道を通して入っていくことができる。それが「お金」だ。
　ほとんどのビジョンには、好きであろうとなかろうと、適切なお金の流れが必要になる。お金はそればかりを追ってはならないが、拒絶してもならない。
　お金の基本的な性質は鏡のようなものだ。たいてい無意識

のうちに、私たちはお金を追い求めたり拒絶したりしているが、そうした自分の一面がお金への考え方に投影される。お金との関係は自分の過去によって規定されていくが、その制約を乗り越えていくことにより、お金をうまく活かしてビジョンの実現に邁進できる。

　自分の過去の経験から影響を受けた偏ったお金との付き合い方を乗り越えていくプロセスは、お金との関係を変えるだけでなく、個人の内面の深い変容にもつながる。それは私が経験したなかで、最も効果的な自己成長プロセスのひとつだった。

　ピーター・カーニックによる「ソース原理」の根っこには、ひとつの、より広く深い原則がある。それが「愛」だ。

　ソース原理は、個人主義か集団主義かの二項対立を打ち破り、それぞれに固有の個性があること、同時にすべての人間は互いに深くつながり合っていると認識する方法を提供してくれる。

　ナオミ・クラインは、気候変動に対する考えを力強く記した著作『これがすべてを変える』（岩波書店）のなかで「愛がこの地球を救う」と書いている。きっと、この地球を救えるのは愛だけだ。

‖ この本の使い方

本書は頭から通読してもいいし、必要な章だけ拾い読みしてもいい。とはいえ、まずはPart 1を読むことをおすすめする。本書を読み進めるにあたって必要な重要概念を紹介しているからだ。さらに、簡単にポイントをつかむために、Part 1の各章の最後にはまとめも入れておいた。

Part 2には、「ソース原理」を活かしてパーパスに満ちたアイデアを実現しようとするときの具体的なアドバイスが詰まっている。

クリエイティブなビジョンを明確にして実現していく方法、共同創業者やその他の協力者と力を合わせる方法、ビジョンの担い手を分かち合っていく方法、そしてたとえば合併、買収、継承、閉鎖など、創業者やその活動にとって重要な転換点を乗り切る方法などを学べるはずだ。

また、今は複雑な環境でますますメンバーの積極的な関与が求められるが、Part 2のいくつかの章ではビジョンの実現を目指す組織づくりをおこなうときの、非常に実践的なアドバイスを提供している。

それらの章では「ソース原理」を活かしながら、官僚主義的でない組織をつくる方法、参加型の意思決定や対立を解決する方法、効果的な採用をおこなう方法、財務を再構築する方法などが示されている。世界で最もイノベーティブな参加型の事例もいくつか紹介しているため、そこから効果的なアプローチを学んで、自分独自の組織づくりに活かしていけるだろう。

Part 3 では、お金というものの本質や、「ソース」としての内面の旅を探求している。自分とお金との関係を理解し、その関係性を変えていく方法を学ぶことができるだろう。そして、お金との関係への理解を深めることは、愛に根ざした深い個人的な変容の基礎となることもわかるだろう。

全体を通して、私が個人的に関わった人や取り組みのケース・スタディでは、名前、性別、業界などの詳細は要所要所で変更を加えているものの、出来事自体は事実をもとにしている。

Part
1

ソース原理とは
何か

勇気は人から人へと伝えられ
希望はそれ自体が歩みを進められることを
歴史が示している

ミシェル・オバマ

1

すべては1人から始まる

人間が生み出すユニークな作品であれば、
必ず人の心に触れることができるだろう
——セス・ゴーディン
『「型を破る人」の時代』（三笠書房）

大きなアイデアを実現させる
ストーリーテリングの力

　人生の意味を探求することは、人間が生まれながら持っている特徴のひとつだろう。宇宙自体に意味など存在しないとわかっていたとしても、物語る種族である人間は、そこに独自の意味をつける。生まれ持った創造力を活かしてよりよい世界に変えていくことは、この世で過ごす短い一生のなかで人間ができる最も意味あることのひとつだ。

　人間の心は、物語の形にすることで世界を理解するようにできている。人間がつくり、信じ、共有する物語は、ほとんどすべての行動に影響を与えている。ユヴァル・ノア・ハラリは、『サピエンス全史』（河出書房新社）のなかで、次のように記している。

　　　近代国家にせよ、中世の教会組織にせよ、古代の都市にせ
　　よ、太古の部族にせよ、人間の大規模な協力体制は何であれ、
　　人々の集合的想像の中にのみ存在する共通の神話に根差して
　　いる。

　物語は、過去を理解し、共通の現実をつくり出し、他者と
のつながりを可能にする。それゆえ物語は重要なものだ。特
に、多くの人を巻き込みながら意義深いアイデアを実現して
いくときの創造性という観点では、物語はとりわけ重要にな
る。**私たちは人と協力していくことで初めて、創造力を存分
に発揮できるようになる。**

　人には生まれつき、物語を生み出す力や、物語に貢献する
力が備わっている。世界にもたらしうるものを想像したり、
何かを実現するために動き出したり、誰かが始めた取り組み
に参加したりすることができる。このようなときに効果を発
揮するのが、ストーリーテリングだ。
　なぜ、人がこのような豊かな力を持つのかは、大いなる謎
だ。おそらくこの力は、種としての進化を通じて生まれてき
たのだろう。
　人類は自分たちのニーズを満たすために、世界に働きかけ、
変化を起こしてきた。何千年も前に、人類は新たなコラボ
レーションの方法を発見したことで、獲物を狩って食料を確
保し、天候から身を守る住みかをつくり、暴君的な指導者を
追いやることができた。現在、私たちの創造性はとどまると
ころを知らない。地球上の飢えた人々全員に食料を届けるこ

とや、火星への移住を目指そうとしている。また、暴虐な独裁者から気候変動に至るまで、あらゆる問題を解決するために新たなシステムを生み出そうとしている。

こうした動きを、もう少しスピリチュアルな観点から捉える人もいる。人間のなかには、私たちの理解の及ばない力の媒介となる人がいて、それを通して新しいアイデアや変化がもたらされるチャネルのようなものだという考え方だ。『ティール組織』（英治出版）の著者であるフレデリック・ラルーとのやりとりのなかで、彼は次のように記した。

> 私が心の奥で信じているのは、何らかの「フォース（力）」が、ある種の物事を世界に出現させようと、私たち人間を利用しているという考えです。その力は創業者やリーダーたちを利用して、アイデアを実現させようとしているんです。
>
> だから私は、英雄的なリーダーがすばらしいビジョンを持っているというよりも、何らかのすばらしい力がリーダーを選んで、アイデアの具現化プロセスを助けてもらっているのではないかと思うんです。[1]

クリエイティブな力がどこから来たとしても、私たちは誰にでも、この特別な力を自分の中から呼び覚ますポテンシャルがある。独創的な思想家のピーター・カーニックは、これを〈ソース〉と呼ぶ。

‖ ソースになる

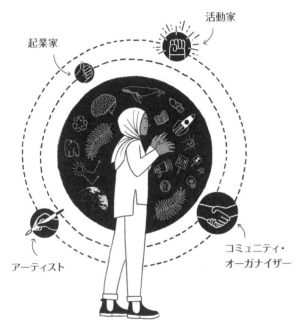

活動家

起業家

アーティスト

コミュニティ・
オーガナイザー

図 1-1　ソースになる人たち

　ソースたる人は、まだ存在しない未来を思い描き、それ
を現実化させる人間のすばらしい力（本書ではこの力を「創造
力」と呼ぶ）を発揮する。
　その人は、工業化時代の「生活のために稼ぐ」という考え
方には従わないし、人生の安定のために働いているわけでも
ない。また、お金を貯めて引退後の人生を楽しみたいと夢見
ているわけでもない。まさに今この瞬間、充実して生き、存
分に創造性を発揮している——そしてそれを楽しんでいる人
なのだ。

こうした状態は、特別な人だけに限られたものではない。ソースは、貧富や職業を問わず、世界中どんな場所にも存在する。都市、貧民街、田舎の村、出身もさまざまだ。

　お金を持っているほうがソースになりやすいというわけですらない。最も失うものが少なく見える人が最もクリエイティブなソースになりえる一方で、富める人は物質的な豊かさや社会的地位を失うことを恐れて創造性がうまく発揮できない場合もある。

　ソースとは活動家であり、コミュニティ・オーガナイザーであり、アーティストであり、真の起業家だ。

　しかし、起業家やフリーランスばかりというわけではない。会社員のなかにも、給料だけを働く目的としていない人もいる。そういう人が会社に勤める理由は、その組織が1人で取り組むよりもはるかに自分のアイデアを実現できる場所だからだ。自分が心から信じる仕事のためなら給料が減ることも受け入れるが、逆に自分の創造性を発揮して成長する機会がなければ辞めていく。そういう人は、現在の経済システムにおいて生活のために稼ぐと同時に、創造するエネルギーを仕事に注いで資本主義をよりよいものへ変えていこうとしている活動家である、といえるだろう。

　ソースは未来を思い描き、現実化していく。

　毎日、ソースは自問している。次のステップは何だろう？少しでも実現に近づくために、いま自分は何ができるだろう？　ソースとなる人たちは、どんな状況でも常に次のステップが存在することを知っている。

　常に完璧なソースであることは難しい。生きるために稼

ぎ、生活を安定させるという工業化時代の物語へと引き戻そうとする力は非常に強い。その物語は「人生に恐れはつきものだ」と迫ってくる。しかし、人は誰しも自分のなかにあるソースを育むことができる。

　誰のなかにも存在するソースを呼び起こし育んでいくことで、大胆なアイデアを思い描いて実現させることができる——それは一個人に留まるアイデアではなく、地球上の何十億もの生き物につながる人類として、世界全体が前進するために必要なアイデアだ。

ビッグアイデアは1人では実現できない

　もちろん、1人の力でアイデアを実現させることも可能だ。エリザベス・ギルバートの『BIG MAGIC』（ディスカヴァー・トゥエンティワン）や、セス・ゴーディンの『「型を破る人」の時代』および『ザ・プラクティス』（未邦訳／*The Practice*）など、私のお気に入りの本は、アーティストのように創造性を持って生活や仕事と向き合う方法を教えてくれる。

　私たちはインスピレーションを得て、創造の壁を乗り越え、作品を世に送り出すことができる。しかし思い描くことの**スケールが大きくなっていくと、自分1人の創造性では追いつかなくなるため、多くの人と力を合わせていく必要が出てくる**。膨大な数の協力者が必要になることだってある。

　このような何かを創造するための協力関係を築くプロセスとして考えられるのは、ビジョンを持った英雄的なリーダー

によって率いられる組織か、多くの人によって共に創られる参加型の組織だ。ソース原理に沿った組織は、その両方の上に築かれ、発展していくものだ。

ビジョンを持ったヒーローの光と影

　代表的な起業家たちは、規模の大きなアイデアを実現するのは可能であると実証してくれている。

　アップルの共同創業者であるスティーブ・ジョブズは「宇宙の凹み」について語ったことで有名だが、イーロン・マスクはそれどころか宇宙に人類を送り込もうとしている。

　間違いなく、こうした男たち（メディアが男性の創業者ばかりに注目しているように感じるが、それ自体が問題だ）は大きなアイデアを実現する力を持っている。スペースX社の創設から7年以内に、イーロン・マスクのチームはNASAの宇宙飛行士たちを国際宇宙ステーションへと送っている。今後数年のうちに火星でコロニーを建設するという計画もあるが、その失敗に賭けるほうが無謀かもしれない。

　アイデアを実現させるという一点から見れば、彼らの能力は否定しようがないし、彼らから得られるヒントはたくさんある。しかし、天才的な創造性には深刻な負の側面が伴うこともある。有名な創業者たちは独裁的なリーダーシップをとることも多く、その場で従業員を解雇したり、力と恐れを使って物事を進めたりすることでも知られている。

　こうした行動は、計画の進行を妨げるリスクがきわめて高いし、非生産的だ。

　イーロン・マスクはテスラで恐れの文化をつくり上げていたため、従業員たちは彼に重要な情報を隠していたと報じら

れている。[2] また、ここで注意すべきなのは、成功例ばかりに
注目が集まって失敗に目が向かないという「生存者バイア
ス」にとらわれないようにすることだ。イーロン・マスクは
成功しているかもしれないが、彼と似た何千人ものソースが
失敗を経験しているかもしれないのだから。

「ビジョンを持ったヒーロー」という考えもフィクションだ。
その人たちを崇拝するファンはいるだろうが、どんなソース
も人間であり、全能の神ではない。予測をはずし、ミスもた
くさん犯すものであり、イーロン・マスクほどの高い IQ を
持っていたとしても、効果的な協力関係を築いたグループの
集合知にはおそらくかなわない。
　ビジョンを持ったリーダーがトップダウンで運営する組織
は、良くも悪くもリーダー次第だ。リーダーが少しでも気を
抜くと、知らぬ間に硬直的・官僚的になり、環境変化に素早
く適応することもできなくなる危険性がある。
　世界にある恐れを減らし、思いやりを増やすようなビジョ
ンを持っているならば、何より大切なのは、自分に深く根ざ
した価値観や意志に沿った形でアイデアを大規模に実現して
いく方法を見つけていくことだ。

参加型組織のポテンシャルを発揮できない

　これまでの組織において、官僚的だったり男性優位だった
り、ときにはあまりに非人間的なマネジメントに疲れ果てた
人たちは、新たな方法を試みてきた。それは、トップダウン
によるコントロールではなく、より分散型で自己組織的なア
プローチを取りながら、活動全体の一貫性を保つことを目指す

ものだ。インパクトを最大化しようとしながら、多様な人が参加してビジョンの実現に向けて協働する場をつくると同時に、外から及ぼされる変化にも柔軟に適応する力（レジリエンス）を保ち続けることを模索している。

　このようなアプローチは、パーパス志向で参加型の組織を望む人が増えているのに伴って、ますます活発になってきている。かつてないほど複雑な世界のなかで、この傾向は止まらないだろう。

　少し例を挙げるだけでも『ティール組織』『*Brave New Work*』『*Corporate Rebels*』『*Humanocracy*』『*Better Work Together*』『*Lead Together*』『*Organize for Complexity*』『*Moose Heads on the Table*』など（その他の関連書籍は付録を参照）、新しい組織化の方法を見出して、その原則・構造・慣行を伝える本は数え切れないほどある。

　この分野に関心がある人たちは、こうした取り組みがまだ黎明期にあるから、学ぶ余地がたくさんあることを理解している。共通の目標に向かって長期にわたり力を合わせて活動していくことは、いつだって大変な挑戦だ。規模の大きな目標であればなおさらだろう。

　成功した参加型のイニシアチブにおいてさえ、その物語のなかには多くの難題や課題が登場する。あなたの参加している活動においても、以下のような問題があるかもしれない。

» 気候変動対策と生物多様性の保護を訴える「エクスティンクション・レベリオン（絶滅への反乱）」や、アメリカで以前起こった「オキュパイ・ウォールストリート（ウォール街を占拠せよ）」などのムーブメントのように、

　一定の支持を集めたあと、次第に消えていく活動もある。自動車部品メーカー FAVI（『ティール組織』で大きく取り上げられている会社）のように、従来のトップダウン型のマネジメントに逆戻りする組織もある。

» 協力し合うよいコミュニティをつくることには成功しながらも、対外的に掲げたビジョンに関しては微々たる前進しかできない活動もある。従来のトップダウン型の企業よりもメンバー全体で協力して進めたいという気持ちを抱いているが、それが個々の活動を制限することになってしまい、かえって官僚組織のような形で創造性を妨げてしまっている状況だ。

» 非階層的であるはずの組織モデルであっても、権力闘争や、日常における無意識な差別や人格攻撃など、有害な人間関係の問題が残っている。

» 参加型の組織に関わろうとする人は、複雑な世界を泳ぎ、曖昧さを受け入れることに長けている可能性がある。一方で、私が見てきた組織のなかには、曖昧さを許容するあまりしっかりとした基盤を築くことができず、アイデアについて語りはするが実現に向けて動こうとしないため、複雑な世界で溺れてしまいそうなところもある。

» 分散型の組織になっていたとしても、創業者が去ったり、創業者がビジョン実現に向けたプロセスの責任を担う

ことをやめたりすると、活動に対するエネルギーが低下してしまっている。

» 参加型のモデルに賛同する人の多くは、従来のトップダウンモデルに拒否反応を示し、そのポジティブな側面を受け入れようとしない。たとえば、悪いリーダーとの不快な経験を理由に、リーダーという概念自体を非難する人たちもいる。そういう人がいる組織で起こりがちなのは、潜在的にすばらしいリーダーになれるはずの人が、周りと完全に対等な存在として見られなくなってしまうことを恐れて、みずからの創造性を十分に発揮できなくなってしまっているという状況だ。

‖ ソース原理を活かす利点

トップダウン型のクリエイティブなリーダーシップにある最高の部分を取り込みながら、まったく新しい参加型のコラボレーションを実装していくことは可能だ。この2つが変に妥協し合うのではなく、両方のモデルを取り込んだ土台ができると、以下のような効果が期待できるだろう。

» 活動の象徴となる創業者の創造性を活かしながら、独裁に陥ることなくビジョンの実現に向かうことができる。

» 曖昧さのなかで溺れることなく、複雑さに耐えながら適応する力（レジリエンス）を育むことができる。

» 参加者 1 人ひとりの創造性を育みつつ、全体としての
　一貫性を確保することができる。

» 健全でクリエイティブな文化を育むことができる。

» 女性性と男性性の両方を統合できる。

» 目的を達成した創業者が次のステップに移っていけるよ
　うにすることで、そのイニシアチブを何世代にもわたっ
　て受け継いでいくことができる。

　長い年月を通して、私は自分が立ち上げた活動だけでなく、
参加者やアドバイザーとして関わった場合においても、こう
した利点を実現していくことができた。だからあなたにもで
きるはずだ。

|| 2 つの核となるコンセプト

　ソース原理に基づく経営や運営は、2 つの核となるコンセ
プトから始まる。これは、どんな規模の組織でも共通する基
本的なプロセスへとつながる。
　実は、実践しはじめた頃の私は、これらのコンセプトを理
解するのに苦労した。それまで自分が信じてきたものと激し
くぶつかり合うからだ。あなたもそうなるかもしれない。ま
ずは、この新しい物の見方、あり方、組織づくりやコラボ

レーションの方法を、一通り探求してみてほしい。そして好感でも反感でも自分の反応に注目して、どんな気づきが湧き上がってくるかを確認しよう。

▤ コンセプト1　ソースの役割

　ソース原理の提唱者であるピーター・カーニックが、30年以上におよぶ経験と何百人ものソースである人物との対話を通じて得た大きな発見のひとつは、社会的なムーブメントから企業、舞台芸術の創作に至るまで、人間のあらゆる営みを検証すると、1人の個人が重要な役割を担っていることだった。

　それが〈ソースの役割〉だ。CEOのように組織における正式な役割というわけではなく、自然発生的な役割だ。

　これは何らかのプロセスを経て「任命」できるようなものでもないが、家族における母親のように、誰がその役を担っているかを簡単に把握することができる。**ソースの役割は、1人の個人が、傷つくかもしれないリスクを負いながら最初の一歩を踏み出し、アイデアの実現へ身を投じたとき、自然に生まれるものだ。**

　ソースは、〈イニシアチブ〉と個人的で特別なつながりを持っている。イニシアチブとは、アイデアが最初の一歩を踏み出してから、実現していく一連のプロセスのことだ。

　ソースはそのイニシアチブが何を必要としているかを直観的に感じることができるし、〈オーサーシップ〉（自分がこのイニシアチブの執筆者・表現者であるという感覚）を自然と持っている。

しかし、それはソースが全能の独裁者であるとか、英雄的な起業家だという意味ではない。ソースは他の人に参加してもらう必要があるため、指示命令をする役割を抑え、誰より聞き役に回る必要がある。

ソースの役割は何世代にもわたって継承することは可能だが、その場合は**常にある1人から別の1人へと受け継がれる**。継承がうまくいけば、新しい世代によってイニシアチブの持つ価値観や世界観も維持されるし、世界を変えるために創造しようというビジョンも発展していく。

何らかの取り組みをソースの役割という観点で眺めると、なぜビジョンの実現に向けて前進できている・できていないのかや、うまくいっている部分を保って伸ばすためにはどうすればいいか、そして権力闘争や有害な文化などのゴタゴタをどう解決すればいいかがたちまちのうちに見えてくることが多い。

たとえば「エクスティンクション・レベリオン」の参加者が、「オキュパイ・ウォールストリート」などの過去のムーブメントのように不運にも消えていくことを避けたいのであれば、そこで直面する大きな課題を把握して対処するときに「ソースの役割」という観点が役に立つ。

ソースはビジョンのオーサーシップを部分的に他者と分かち合うこともできる。その人がその領域で自分とまったく同じ役割を担えるようになったら、道を譲って自分の関わりを手放していく。その人は、イニシアチブ全体の一部を担う〈サブソース〉（サブイニシアチブソース）となる。

サブソースは、イニシアチブ全体のソースの言いなりどころか、この役割は天職だと感じながら生き生きと活動するものだ。なぜなら、たんに自分の天職を誰かの大きなイニシアチブのなかに見出しただけだからだ。

サブソースの存在により、中央集権型か分散型かという従来の対立軸から離れ、その両方を同時に取り入れて、以前よりもエネルギーに満ちて実用的な組織づくりの方法へと移っていくことができる。

第2章では、ソースという役割が生まれた経緯や、その性質について詳しく述べている。

コンセプト2　クリエイティブ・フィールド（創造の場）

ビジョンを実現するために人が集まると、私たちは自然と組織について考え始める。ソース原理に基づいて経営すると、「組織とは独立した存在であり、それ自体ひとつの完結したモノである」という近代西洋で生まれた概念から解放され、組織についての新たな見方を得られるようになる。西洋的な組織の概念に慣れすぎると、ビジョンを実現するための根本的な創造プロセスに目を向けづらくなり、ビジョンの希薄化、責任の回避、協力よりも強制、そして権力闘争の発生といった問題につながっていく。

あらゆる組織の根底には、〈クリエイティブ・フィールド〉（創造の場）と呼べるものがある。

ビジョンの実現に必要な協力者やリソースを引き寄せ、各自の貢献を束ねて一貫性を生み出す重力場と、ビジョンの実現に向けて一緒に行動していける草原や放牧地のような物理空間の2つを合わせた場をイメージしてもらえるといい。詳

細については第3章で説明する。

　ソースの役割を担う人とクリエイティブ・フィールドとの関係は、特別で唯一のものだ。それに自覚的になれれば、クリエイティブ・フィールドをうまく認識して機能させることができる。

　組織をモノとして見ることから離れてクリエイティブ・フィールドとして捉えることで、新しい組織づくりや働き方の実験が成功しやすくなるだろう。

　組織として何かがうまくいっていないと感じるときは、その問題の根底にあるクリエイティブ・フィールドで、ソースに関わる何らかの問題が起きている。

　クリエイティブ・フィールドに目をやり、そのなかで起きている変化に対処する方法を学べば、物事がうまくいっているかを把握し、ビジョンを実現する活動を進めるために次は何が必要かを知ることができるだろう。

ソース原理を創造活動に活かすプロセス

　ソース原理を創造活動に活かすことは、順序立てられた導入プロセスがあるような、いわゆる科学的な理論ではない。それはむしろ、物事に対する見方、行動の仕方、解釈の仕方、意味付けの仕方のひとつだ。

　とはいえ、新しいイニシアチブをゼロからつくっていく場合でも、以前から続いているイニシアチブに取り入れる場合でも、ソース原理に基づく経営や運営とはどのようなものか

を、ステップに分けて把握しておくことは役立つだろう。これらのステップを自分のものにできれば、より柔軟に扱えるようになる。つまりただレシピに従うのではなく、仕事で創造性を発揮する能力がレベルアップするのだ。

これから各ステップを紹介していこう。各ステップには、Part 2以降で関連する章も記しておく。

ステップ1　ソースである自分から始める

周りを巻き込むイニシアチブに意識を向ける前に、まずは自分自身と奥底から深くつながろう。自分とつながれば、「なぜ自分がその活動を始めたのか」「なぜ他者と力を合わせていくべきなのか」を理解することができる。自分とつながるためには、自分の人生から何が湧き出てくるか、個人的なビジョンを明確にする必要がある（第7章参照）。

自分のアイデアがどこから来ているかを考えることは、世界に創造や変化をもたらすプロセスだといえるが、それだけではない。より自分を知り、自分のバイアスや盲点、そして過去が現在の自分に与える影響に気づいていく内面の旅でもある。大切なのは、勇気を持ち、常に次のステップに進み続けることだ。Part 3では自己探求のとっかかりとなる、自分とお金との関係を探っていく。

ステップ2　イニシアチブのソースを特定する

新しいイニシアチブや既存のイニシアチブに取り組むときは、まずソース役を担う人物を探すことで、クリエイティブ・フィールドに波長を合わせることができる。ソース役が自分であれ別の誰かであれ、ソースを特定できるかどうかは、

イニシアチブの進み方を大きく左右する。この方法について、
第4章で紹介している。

⬚ ステップ3　ソースやサブソースとしての役割へ踏み込む

この段階では、クリエイティブ・フィールドにおける自分
の立ち位置が見えているはずだ。自分がソースかもしれない
し、全体の一部におけるサブソースを担う場合もある。

第5章と第6章のアドバイスを参考にすれば、自分が自然
と担っている役割を十分に認識し、その役割へと意識的に
踏み込んでいけるようになるだろう。このステップからがビ
ジョンの実現に向けた実務的な作業であり、この作業を継続
しながら今後のステップに進んでいくことになる。

⬚ ステップ4　フィールドマップをつくる

フィールドマップをつくることで、公式の組織図には表れ
づらい、全体のソースからサブソースへと〈オーソリティ〉
が自然に流れ伝わっている様子を深く理解できるようになる。
オーソリティとは、オーサーシップを持つ人が周囲に自然と
与える影響力のことだ。このマップは、イニシアチブを発展
させたりそこに介入したりする際の重要な助けとなる。第9
章でこのマップをつくるプロセスを紹介する。

⬚ ステップ5　サブソースを支援する

サブソースは、全体のソースであるあなた自身と同じよう
に、1人ひとりが自らの創造的なポテンシャルを発揮しなが
ら自分の担うビジョンの実現へと向かう存在である。

全体のソースは、フィールドマップを描き共有することで、

サブソースが自らの担う役割を自覚し、その役割を発揮することを支援することができる。

▦ ステップ6　ソース原理を組織づくりと規模拡大に活かす

イニシアチブの規模を大きくしたいなら、組織構造の設計から、意思決定、対立の解決、採用に至るまで、組織マネジメントに関わる活動にソース原理を織り込むことができる。第10〜13章では、上記に挙げた方法を紹介する。第14章では、クリエイティブ・フィールドへの資金の出入りや、資金の流れを管理する財務の仕組みづくりに役立つヒントを紹介する。

▦ ステップ7　ソースを継承するか、イニシアチブを閉じる

最後に、ソース役の継承、イニシアチブの統合および引き継ぎ、あるいは活動の完全な停止など、イニシアチブの転換期にもソース原理を活かすことができる。第15〜17章では、これらの大きな節目について個別に取り上げていく。

ソース原理を取り入れるかどうかは
個人の選択

世界の物事の捉え方について、集団全員にまったく同じ思考モデルを押しつけるのは健全でないばかりか、現実的にも不可能だろう。そうなってしまうともはや「教義」のようになってしまい、実務的な概念や原則ではなくなる。

よく言われるように、「すべてのモデルは間違っているが、

有用な部分もある」。だからソース原理を活用するかどうかも個人の選択だ。**自分の理性、経験、そして本能が、このレンズを使って物事を見るのは理にかなっていると告げてくるのであれば、それを活用すればいい。**

　この原理が揺るぎない真実であると断言することは誰にもできない。
　ピーター・カーニックでさえ、彼が提唱する原理は普遍的な自然法則だと言うことは避けている。この考え方は新しい証拠が出てくるたびに改良されてきたものだし、よりよいモデルが出てきたら、それに進んで適応していけるよう私たちも備えておかねばならない。

　私の経験上、ソース原理の考え方が心に共鳴しやすい人には、共通する特徴がある。
　たとえば、過去に何か重要な活動においてソース役を担ったことがあり、ソース原理が説明を試みている複雑な力学を、部分的にであれ直接経験している人が多い。また、トップダウンであれボトムアップであれ、あらゆる考え方や組織モデルを実践して、自分の状況を把握したり問題点を探ったりしようとしてきた人もいる。
　そういう人たちがソース原理を学ぶと、「ついに自分が求めていた言葉とコンセプトを手に入れた」「これまで感じていながらも言語化できていなかったものを説明できるようになった」と感じるようだ。このように、コンセプト自体と同じくらい、それに紐づく経験があるかどうかも重要なため、今この原理がピンとこない人でも将来的に戻ってくる可能性がある。

私の考えでは、組織に関するメンタルモデルとは、どのように物語を語るかということだ。ジェイムズ・ヒルマンが『ヒーリング・フィクション』（未邦訳／ *Healing Fiction* ）で記しているように、本当の価値を知りたかったら「もしも〇〇が現実になったら」と自問してみよう。もしアイデアの実現に向けた旅路で何らかの行き詰まりを感じた場合、ソース原理のレンズを通して見ることで、どんな新しい意味や道が開かれるだろう？

　ソース原理を取り入れようとすると、反対されることもあるだろう。たとえば、過去にトップダウン型の取り組みで深く傷ついた経験を持っているために、集合的なアプローチを強く好む人もいる。この新しいソース原理は、そういう人たちから強く反発されるかもしれない。

　ソース原理を活かして働くとは、トップダウンとボトムアップの双方の美点を認め、それらを統合して越えていこうとする試みだ。この新しい観点に向き合う準備として、まず個人的な傷を癒やす旅が必要になる人もいるかもしれない。とはいえ、そういう人に対して診断や治療を押しつけることなど誰にもできないし、すべきでもない。

　同様に、ソース原理と正面からぶつかり合うような別の見方もあるかもしれないが、どちらのほうが正しいかを客観的に証明することはできない。かつて私はそれを問題だと考えていたけれど、やがてそうした見方の違いは「対極思考（オポーザブルシンキング）」の機会なのだと学んだ。

　こうした思考によって、対立関係によって捉えるのではな

く、共通の方向性を見出し、より大きな意味が立ち現れる可能性を開くことができる。

　さらに、チームが複雑な環境下で前進しながら、無数の相反する視点やアイデアを保っておくことにも役立つ。このような考え方は、分断がますます進む世界できわめて重要になってくるため、より詳しく知りたい人に向けて、有益なアプローチを付録でいくつか紹介している。

‖ 男性性と女性性を活かす

　近年、有害な男性性による支配は終わりつつあり、女性性がさらに求められる状況だと言われている。

　ソース原理を活かすには、**人間の男性的なエネルギーと女性的なエネルギーの両方の創造力を集め、その 2 つを調和的に、つまり一方のためにもう一方が弱まることなく機能させる**ことが必要になる。スウェーデンで女性性を活かしたリーダーシップ運動を牽引しているファニー・ノーリンは、次のように記している。

　　　女性性は、創造するエネルギー、生命力、あるいは創造の燃料だと考えられています。私たちは女性性を通して、感じてはいるもののまだ認識できていない何かにアクセスすることができるのです。
　　　他方、男性性はこの創造するエネルギーを現実世界で発揮することを主導する。そのプロセスとは、イニシアチブを立ち上げ、実現し、完了させるということです。

したがって創造とは、男性性と女性性のシナジーなのです
　　──そのシナジーは、成功する参加型組織の核心部分といえ
　　るでしょう。[3]

　これは、男には男の、女には女の役割があるという話では
ない。LGBTQ も含め、どんなジェンダーであっても創造力
を持っているが、個人のなかにおいても、アイデアを共に実
現していく活動においても、多様な人々が集まり男性的なエ
ネルギーと女性的なエネルギーの陰と陽のバランスと調和を
見つける必要があるという意味だ。
　ソース原理が目指すのは、まさにそういう状態だ。

‖ 愛こそすべて

　ピーター・カーニックは、自分の人生の目的はビジネスの
なかに愛を生み出すことだと語っている。私もソース原理を
活かすことは、愛を示し、愛をもって行動するためのすばら
しい方法だと思うに至った。だが、愛とは何だろう？

　キリスト教から仏教まで、ほぼすべての伝統的な信仰や宗
教の根底には愛がある。
　私個人としては、この種の、恋愛に比べて射程の広い愛は、
「一体になること」だと考えている。究極的にはすべての人
とすべての物はつながっていて、この宇宙のすべてのものに
根本的な違いはなく、私の苦しみはあなたの苦しみであると
受け入れること。

　私にとっては、それが愛だ。こうした理解を持っていると、優しい思いやりをもって自分と他者、そして周りの世界と接することができる。

　仏教の指導者であるタラ・ブラックは、彼女の名もなき師から教えを受け継ぎ、「愛するとは、自分の心から誰も除外しないこと」だと語っている。私は、愛とは私たちの人生を導く他のいかなる価値観よりも深い根源に位置するものであり、すべての人をひとつにする力を持っていると信じている。

　自分にとって愛とはどのような意味を持つものかを掘り下げるのは、すばらしいエクササイズになる。それは人間として探求する価値のある、最も深い問いのひとつだ。

　その問いへの答えがどんなものであっても、その愛を心に携えて、ソース原理を学んでいく際の深い指針としてほしい。自分が愛をもって行動しているかどうかは、体の奥底ではわかっているし、そこから伝わってくる情報こそが、次のステップを見定めるうえで最も効果的な手段となるからだ。

第1章　まとめ

» 人間の思考は物語を通して世界を理解するようにできている。物語は私たちの行動のほぼすべてに影響を与えていて、過去を理解したり、共通の現実の認識を生み出したり、周りの人を巻き込んでいくのに役立つ。この事実は、多様な人が暮らす世界でパーパスにあふれるアイデアを実現しようとするとき、特に重要になる。

» 貧富や職業を問わず誰にでも、まだ存在しない未来を描くアイデアを育み、それを現実化していく信じられない力を発揮するポテンシャルがある。それがソースになるということだ。

» 活動を拡大しようとするとき、ビジョンを持った英雄的なリーダーから示唆を得られることもあるが、強権的な独裁に陥らないよう注意が必要だ。一方で、きわめて参加型かつ分散型の活動も大きな可能性を秘めているが、たとえばトップダウンのモデルに後戻りしたり、権力闘争で疲弊したりする落とし穴はいくつもある。

» ソース原理を活かすことは、「活動の象徴となる創業者の創造力を活かしながらも独裁に陥らずにビジョンを実現させる」「曖昧さのなかで溺れることなく、複雑さに耐えながら適応する力を生み出す」「参加者それぞれの創造性を育みつつ、全体としての一貫性を保つ」「イニシアチブのなかに健全でクリエイティブな文

化を育む」といったことに役立つ。また、創業者が目的を達成したあとに次のステップに移っていけるようにすることで、創業時の情熱や活気を失うことなくイニシアチブを何世代にもわたって受け継ぐことができる。

» どのイニシアチブにも、〈ソース〉という特別な役割が存在する。その役割は 1 人の個人が担う。その人物はビジョンとの特別な関係を持っており、そのビジョンを実現するプロセスに奉仕する。ソースの〈オーサーシップ〉は、全体における一部を担当する〈サブソース〉と分かち合うことができる。

» 「法的所有権」「組織構造」「定型業務」といった組織運営に関わる人工的な概念と、組織内の人間関係の奥には、組織の〈クリエイティブ・フィールド〉（創造の場）があるといえる。そこは人を引き寄せ影響を与える重力場であると同時に、アイデアの実現に向けて一緒に行動していく物理空間という 2 つの場が重なった場所であると考えるといい。

» ソース原理を活かす際の基本的なステップ
❶ ソースである自分から始める
❷ イニシアチブのソースを特定する
❸ ソースやサブソースとしての役割へ踏み込む
❹ フィールドマップをつくる
❺ サブソースを支援する
❻ ソース原理を組織づくりと規模拡大に活かす

❼ ソースを継承するか、イニシアチブを閉じる

» ソース原理を取り入れるかどうかは個人の選択であり、
他人に押しつける教義ではない。対極思考を用いるこ
とで、相反しているように見える思考モデルを連結した
り、両方のメンタルモデルを統合して自分たちに合った
新しい方法を見つけたりすることができる。

» 究極的には、ソース原理を活かすとは、自分たちの人
生や、仕事や、コラボレーションのあり方に愛をもたら
すことだ。

2 エネルギーを注ぎ込む ソースの役割

生まれた者は誰しも、
創造主から栄光をたなびかせてやって来る
私たちは創造主から創造力を携えて生まれてくる
誰もが生まれつき創造力を持っているのだと私は思う
——マヤ・アンジェロウ

‖ アイデアをイニシアチブに変えていく

　人と共にアイデアを実現していく場合、自分は何らかの組織に属すことになる、という意識を抱きやすい。しかし、ここではぜひ視点を変えて、ビジョンの実現に向かう創造的なプロセスに注意を向けてみてほしい。

　私たちが世界に生み出すプロジェクト、企業、ムーブメント、芸術作品はすべて、何よりもまず〈イニシアチブ〉だ。これはアイデアを具現化する一連のプロセスのことだ。

　これは、人生をかけるようなイニシアチブに限ったことではない。

　毎日、私たちは自分のニーズに合わせて大小のイニシアチブを始めたり、それに参加したりしている。お腹が空いたら食事を用意する。人とのつながりが欲しくなったら友人を

59

訪ねる。人間関係を築き、家族をつくる。サンドイッチづくりであっても、ゼロ炭素経済への移行を目指した活動であっても、アイデアを実現するためには、まずはイニシアチブを立ち上げるかそれに参加することになる。

EXERCISE　イニシアチブ一覧表・パート1

ここで、いったん本を読むのをやめ、数分かけていま自分が参加しているイニシアチブをざっと表にしてみよう。子育てから起業まで、個人的なことでも仕事でも何でも構わない。それぞれについて、実現しようとしているアイデアを短い文章でまとめてみよう。次の表は、私の例だ。

イニシアチブ	アイデア
Greaterthan	参加型の組織づくりを探求する実践者の集まり
Maptio	階層型のマネジメントがない組織向けの ソフトウェア開発
Rugbytots	幼い娘をチームスポーツに触れさせる
『すべては1人から始まる』 (Work with Source)	パーパス志向の創業者たちの役に立つ本の出版
エクスティンクション・ レベリオン	気候危機に対処するよう 政府に圧力をかけるムーブメント
Men's Group	男性たちへの精神的なサポートと友情を提供する

では、自分のリストを見て、どのイニシアチブが順調に進んでいて、どのイニシアチブが苦戦しているかを考え

てみよう。

本章の最後で、苦戦するイニシアチブの次のステップ
は何かについて考える。その前にまずは、イニシアチブ
がどのように始まるかを見ていこう。

イニシアチブを立ち上げる

多くの人を巻き込むような意義深い活動の場合、イニシア
チブを立ち上げた**最初の一歩の物語は、参加者のあいだで語
り継がれる伝承となる。**

それはあくまでも物語であるため、そこで何が起こったか
は語る人によって異なるだろう。多様で曖昧な物語は人間の
豊かな文化ともいえるが、アイデアを実現させるという点で
は、物語が明確であるほうが大いに役立つ。

たとえば何らかのパーティが開催されたとき、参加者全員
が、誰のパーティなのか、主旨は何か、主催者がどんな雰囲
気をつくりたいのかを知っていれば、そのパーティが盛り上
がってすばらしいものになる可能性は、はるかに高くなるだ
ろう。

逆に、これが披露宴なのか、誕生日のお祝いなのか、通夜
なのかわからずに集まっていたら、混乱を招いたり失望感を
抱かせたりする可能性が高い。つまり、自分が参加している
物語を理解しているほうが、心置きなく、かつ適切に参加で
きるということだ。

イニシアチブが始まる瞬間を、歴史学者や探偵のようにで
きるだけ正確に再現しようとしても、経験的な事実を紡いで

いくときにストーリーテリングは欠かせないものだ。そのため、描かれる物語には何らかの意味が付与されることになる。

重要なのは客観的な真実を描く物語を見つけることよりも、価値あるアイデアを実現させる環境づくりに最も役立つ物語を見つけることだ。

だからこそ、ソース原理という非常に役立つ新しいレンズを紹介している。これを活用することで、あらゆるイニシアチブの立ち上げの瞬間に眠る、深い物語に目を向けられるようになるはずだ。

イニシアチブを立ち上げる方法

イニシアチブとはすでに述べたとおり、何かのアイデアを実現するプロセスのことだ。

アイデアがどこから始まっているか、明確な線引きはない。遠い過去の経験から受けた、さまざまな影響やインスピレーションから形作られるものだからだ。

しかし、あるとき、誰かがそのアイデアを実現しようと最初の一歩を踏み出す。それは、社会科学者で本も出版しているブレネー・ブラウンが「不確実性とリスクと感情の露出」と語るような、不確かな状況のなかで自分の弱さをさらしていく行為だ。そこには失敗、恥、喪失、失望、あるいは拒絶などのリスクがあるときに抱くような感覚を伴うものだ。

私は20代前半の若者だった頃、いつか独立して自分の事業を始めるのだと思い描いていた。

創業のきっかけとなったのは、仕事の空き時間を使った副業の最初のクライアントだった人に、勇気を出して相談の電

話をかけたことだった。職場でのひどい扱いに嫌気がさして
いることや、会社を辞めて自分でビジネスを始めたいと思っ
ていることを伝えた。

「週に2日分の仕事を保証してくれませんか？　そうしたら
会社を辞めて挑戦してみます」という私からの提案に、相手
が「イエス」と答えてくれた瞬間、イニシアチブが始まった。

　彼に「ノー」と言われるリスクもあった。私の提案が否定
されて、心のこもらない仕事をもっと長く続ける可能性も
あった。

　アイデアとは違い、イニシアチブには始まりがある。

　可能性の領域にしか存在しないアイデアの時点と、そのす
ぐあとの、物事を始めた時点——イニシアチブを立ち上げた
瞬間——があるというわけだ。

　この立ち上げの瞬間に注意を払っていると、「**エネルギー
シフト**」**としか表現できないようなものが自身のなかで起
こっている**ことが多い。サンドイッチをつくることにはほと
んどリスクはないが、自分にとって大きな意味がある大切な
アイデアを実現するプロセスを始めようとすると、傷つく可
能性や自分の弱さをさらけだす感覚がまざまざと感じられる。

　このように考えてみると、リスクをとって挑もうとする人
は、そのイニシアチブと密接な関係を持っていることがわか
る。だからこそ、その人物はおのずとイニシアチブにおける
ソースの役割を担うのだ。

‖ ソースの役割

ソースという役割は、私たちが普段から馴染んでいる組織の公式な役職や役割とは違う。誰がその役割を担うかを意思決定することはできない。これは自然発生的な役割であり、イニシアチブの始まりの物語を語ったときに察知され認められる類のものだ。

ソースとは、傷つくリスクを負いながら最初の一歩を踏み出した創業者のことだ（あるいは、その役割を継承した人物のことでもある）。

そのときソースは個人的なリスクを取っていることから、イニシアチブに対して自然なオーサーシップやつながりが生まれる。

ソースと同じような感覚を抱く人は他にはいない。ソースは自然にオーサーシップを持つため、その活動の結果に対してもおのずと全面的な責任感を抱くようになる。

第5章「ソースとしての振る舞い」では、この自然なオーサーシップと責任感について、特に分散型・参加型の組織づくりの観点から詳しく説明したい。

ここでは、ソースがどのようにして自分のオーサーシップと責任を認識し、自分だけでなく旅に参加するすべての人の創造性を引き出していくかを見ていこう。

CASE STUDY　兄弟とパートナー

　私は以前、アフメドとエリヤスという、パーパス志向の
再生可能エネルギー企業の創業者兄弟のコーチをしたこと
がある。

　創業の物語を聞いてみると、このイニシアチブにおいて
は2人が共同のソースだと語った。兄弟でイニシアチブを
立ち上げ、力を合わせてビジョンを練っており、このイニ
シアチブにおいて互いのことを分かちがたい存在だと捉え
ていた。

　彼らの創業をめぐる物語は力強いもので、支配欲のよう
なエゴとは無縁だった。そこには兄弟としての親密なつな
がりも反映されていた。協力関係におけるお互いの貢献、
そして一緒に新しいものを築いている共有空間に対して、
存分に感謝と敬意を表現していた。

　彼らにとって、この物語を見直し、物事が起こった順序
やそれぞれが持つ責任の違いを整理しながら2人の役割を
切り分けていくのは、とても居心地の悪い作業だった。

　彼らが抱いた抵抗感は理解できる。それはまるで、自分
たちが兄弟であることを疑っていくような作業に感じられ
ただろう。

　彼らはナンバー1とナンバー2という序列ができること
を恐れ、それが互いの関係やモチベーションに与える影響
を懸念していた。組織に権力階層があると、有害な側面が
多すぎるからだ。

　ではなぜ私は、調和的に見える物語を解体させたのか?

外から見ていた私としては、この兄弟の役割の違いは明白だった。

　明らかにアフメドのほうが、自分をさらけ出すクリエイティブな創業者だった。彼は深い個人的な使命感に駆り立てられてイニシアチブを立ち上げ、それを世界に実現させようとしていた。それを語る様子からは、彼が自分をさらけ出していることが伝わってきた。

　一方、エリヤスは実務的な能力に長け、集まったチームのなかで最も優秀なリーダーであることが明らかだった。物事を実行する力があり、ビジョンを実現する活動の大部分に責任を負い、オペレーションを構築し、採用やコーチングを通じて従業員たちをサポートしていた。エリヤスは優れたパートナーであり、彼抜きではビジョンに命が吹き込まれることはなかっただろう。

　ソースでないからといって、彼がアフメドに対して卑屈になっている様子はなかった。その正反対だったとすらいえる。エリヤスこそ、愛情をもって力強くアフメドを支えていた。[4]

　弱さをさらけ出しながら進もうとするアフメドにエリヤスは共感しており、アフメドを助けることは「再生可能エネルギー分野で意義ある仕事がしたい」という自身の創造への衝動を満たすことにもつながると感じていたようだ。アフメドのイニシアチブは、エリヤスにとって自分の能力を活かす最高の場所だった。

　兄弟からすれば、もともとの創業の物語が真実であり、それでうまく機能していた。そのため私は、彼らにはそれが「間違っている」と伝えるのではなく、別の語り方もあ

りうると知ってもらうほうが有益ではないかと考えた。2
人にはその種をまいて展開を見守った。

　3年後、2人の関係に変化が訪れようとしていた。エリ
ヤスが仕事に疲れ、組織を去って別のプロジェクトに移る
ことを検討していたのだ。

　この変化の時期に、エリヤスは自分がこのプロジェクト
に参加していたのは、アフメドのためだったと気づいた。
愛ゆえの行動だったのだ。

　同じ時期に、アフメドも、ようやく自分がソースである
ことに気づいたと教えてくれた。

　アフメドは、自分はエリヤスのように事業から離れるこ
とはできないと感じたという。自分がイニシアチブに対し
て持っている唯一無二の親密なつながりを認識したのだ。

　そうして、より深い、より真実に近い兄弟らしいパート
ナーシップの物語が立ち上がってきた。

　それまで2人は、互いが共同のソースだという物語にこ
だわりすぎていた。新しい物語が生まれたことによって、
エリヤスは自身が担っていた責任をすべて同僚たちに譲り
渡し、アフメドが頼りにしていたオペレーションの能力を
損ねずに気持ちよく去ることができた。

　そしてアフメドはソースとしての自分の役割をしっかり
と認識し、その役割に対する責任を全面的に負うように
なった。

　彼らのイニシアチブは、現在もエネルギーにあふれた状
態で継続している。

ソースは1人

アフメドとエリヤスが学んだように、**どれほど共同創業者たちが親密な関係であったとしても、ひとつのイニシアチブには1人のソースしか存在しない。**

兄弟の話が示しているように、このことを認識していれば、誰もが自分の天職を全うし、同じく天職に全力を尽くす他者をサポートする機会を得ることができる。

反対に、ソースは1人だと認識していなかった場合、優れた参加型の活動であったはずのものが、知らぬ間に行き詰まってしまうケースも多い。

共同創業者のなかで区別をつける必要なんてないと感じる人もいるだろう。2人以上の創業者たちで始めたのだから、その全員がアイデアに貢献し、力を合わせて形にしてきたはずなのだから。

しかし、誰より最初にアイデアへ身を投じた創業者は、イニシアチブとの関係性も他の共同創業者たちとはまったく異なる。その違いなど初めのうちは些細なことに感じられたとしても、である。

ここまで説明してきたことは、どれひとつとしてアイデアの実現におけるソース以外の人物の重要性を低下させるものでもなければ、誰もがどんな場所でもソースとなりうる力を軽んじるものでもない。また、完全に個人主義的な見方に立つべきだと言っているのでもない。

人間は1人ひとりの「個人」という存在でもあり、同時に互いに深く関わり合ってもいる。人は孤立して存在しているのではなく、人間の魂のネットワークにおけるひとつひとつ

の結節点として存在している。

　ピーター・カーニックは、人間とは宇宙という切れ目のない全体において「肉体と意識が入るポケットのようなもの」だと言った。人間それぞれの個別性を認めると同時に、こうした豊かなつながりを祝福し、称えるのはすばらしいことだ。

いつでもソースは存在する

　複数人で創業した人たちから、ソースという役割を除外し、そこに誰も置かないでおくことは可能かと尋ねられることがある。現代の参加型組織が従来の公式な「CEO」の役割を置かないでいるのと同じ理屈だ。

　そんなとき私は、**どんなときでもソースの役割は存在する**と伝えている。

　たしかに、最初にリスクをとって動き出したソースに注意を向けないままでいることもできる。しかし、ソースが持っている視点は、人間の活動において生じうる厄介な問題、たとえば権力闘争や、混乱や、責任の欠如や、ビジョンの長期的な希薄化などの問題に対処するための、明確で新しい視点をもたらしてくれる。

　この先の章を読めば、ソースの役割を認識することが、こうした問題を解決する最初のステップになることがわかるだろう。

　この認識は創業者たちの1人が去る際にも非常に大切になる。複数いる創業者のうち、誰がソースであるかを知っておく必要があるからだ。ソース役が適切な継承プロセスを踏まずに去ってしまった場合、イニシアチブはありがちな形で

崩壊してしまう可能性がある（第15章参照）。

　同じように、複数のイニシアチブが何らかの形で合併する際は、ソースの役割に注意を向けておくと物事がスムーズに進み、ありがちな問題を避けることができる（第16章参照）。

‖ ソースはビジョンを感じ取る

　ソースは、いま取り組んでいるイニシアチブの未来に対して、深く、個人的で、身体的なつながりを持っているのだと捉えてほしい。

　そのつながりは、自分が生み出したい世界のイメージとして具体的な絵になっているかもしれないし、まだそこまで明確になっておらず、実現していく可能性を感じ取っている段階かもしれない——つまり、これから描いていく絵というより、これから答えを考えていく問いがあるだけの状態かもしれない。

　イニシアチブの未来像に関しては、ソースだけが向き合えるポジションにある。 未来とは常に不確かなものであり、たいていの問題は1人の人間が推測していくにはあまりにも大きく複雑なため、どのように進んでいくか正確に知ることはできない。

　どれほど明確になっているかにかかわらず、こうした未来へのまなざしのすべてを私は「ビジョン」と呼ぶ。

　第7章「ビジョンを明確にする」では、「ビジョン」「パーパス」「ミッション」「なぜ（WHY）」「北極星」といった、

ビジョンにまつわる用語に深く立ち入ることなく、異なる時間軸でソースは「何をしているか」をシンプルに考えていく。そして次の章では、ソース以外のメンバーとのビジョンの共有について探求する。

　たとえ周りの人が完全に理解できる形でビジョンを語れなかったとしても、ソースはそれがビジョンにそぐうものかどうか、不思議なほどの鋭い感性で答えることができる。

　ソースはビジョンを感じ取ることができ、普段は言葉で表現できないものでも察知する深い感覚を持っている。ソースはそれを腹の底で感じ取るのだ（明らかにビジョンに合わない提案をされて、ほとんど吐きそうになっているソースを何人も見たことがある！）。

ソースのエネルギーが 活動の燃料となる

　ビジョンに対してソースが抱くエネルギーや情熱は、活動を進める燃料のようなものだ。

　十分なエネルギーがないビジョンは軌道に乗ることがない。ソースがビジョンに注ぐエネルギーは、何としても行動し、やり抜くのだと感じるほど強くなければならない。

　そのエネルギーが継続されることも重要だ。周りはそのエネルギーによって引き込まれているため、ソースのエネルギーが弱まると、活動全体のエネルギーレベルも次第に低下していき、悲劇的な結果を招きかねない。

　だからこそ、ソースはエネルギーを得られるビジョンと

つながりを持ち続け、軌道から外れないでいることが決定的に重要になってくる。

　ソースは自分の心身の健康、そして成長や進歩に注意を払う必要がある。ソースの内面の状態は、すぐにほかのメンバー全員のエネルギーに影響するからだ。

‖ お金からは何も始まらない

　ビジョンを実現しようというエネルギーを持ったソース。イニシアチブを立ち上げるために必要なのは、それだけだ。

　変に聞こえるかもしれないが、**お金から始まるイニシアチブはない**。お金がないと何も始められないという考え方もあるが、必ずイニシアチブの立ち上げが先行する。イニシアチブの立ち上げが強力な磁力を発することで、その先の発展に必要な、お金も含めたリソースが集まってくるのだ。お金はいつも後からやってくる。

　私がソフトウェア会社「Maptio」を立ち上げたとき、頭のなかにはビジョンがあって、それを実現したいという莫大なエネルギーを持っていた。

　私は偶然にもサフィーアと出会い、彼女はこのビジョンのパーパスとソフトウェア開発という技術的な挑戦を気に入って最初の共同創業者になってくれた。彼女は自分の学びになるようなプロジェクトを探していたため、無償で最初のプロトタイプをつくってくれた。それを基に私たちは最初の有料顧客を獲得した。そうしてPoC（コンセプト検証）を終えた私

たちは、そのイニシアチブの成長を手助けしてくれるインパクト投資家たちを集められるようになったのだった。

　また、イニシアチブの継続に必ずしも資金が不可欠なわけでもない。どんなビジョンであっても、資金（やその他のリソース）があろうがなかろうが、その実現に向けた次の道が常に残されている。

　資金がない限り次の道は存在しないと考えるのは幻想だ——これは多くの創業者の身動きを止めてしまう誤解だろう。

　もちろん、資金があるかどうかで次のステップの形は変わる。しかし、資金がなければ次のステップもないと考えてしまうのは、人間が生まれながらに持っている創造力を、お金という神話のために犠牲にしていることになる。それは迷信に屈するようなものだ。

　会社という法人は破産することもあるが、それでもビジョンとエネルギーを持ったソースが存在していれば、何かを創造する活動はいつだって何らかの形で続いていく。

　だからこそ、**お金について新しい考え方を持つ**ことが決定的に重要になってくる。

　ビジョンの実現にエネルギーを注ぐソースがいない場合、ウォール街を喜ばせようとする大企業のように、いとも簡単にお金が物事の中心となってしまうからである。

　その状態は、本当のビジョンだけでなく、ときには自分自身さえ信じられなくなり、創造性を置き去りにしているサインだ。

　Part 3 では、お金とは本当は何なのか、アイデアの実現に

あたってお金が果たしている役割はどのようなものか、そし
てお金にまつわる物語や私たちとお金の関係がどのように役
に立つのか、あるいは妨げになるのかについて、より詳しく
見ていく。

‖ ソースの仕事

　イニシアチブに対してオーサーシップ、つまり自然な責任
感を持つソースの主な仕事は、以下のようなものになる。

> ❶ 全体としてどこまでが範囲内で、どこからが範囲外な
> 　のか、耳を傾けながらイニシアチブの境界を明確にし
> 　ていく。
>
> ❷ その境界を守ることで、イニシアチブの一貫性を保つ。
>
> ❸ イニシアチブ全体としての次のステップを感じ取り、
> 　判断し、行動する。
>
> ❹ サブソースとクリエイティブ・フィールドを分かち合う。

　ずいぶん短いリストだが、ソースになることは驚くほどの
大仕事だ。第5章「ソースとしての振る舞い」では、ソース
の役割について詳しく説明していく。

‖ ソースを分かち合う方法

どんなイニシアチブも全体のソースは 1 人だが、大きなビジョンは 1 人だけの力では実現できない。他者もイニシアチブに参加して、ビジョン実現への役割を担うことになる。

ソースがイニシアチブの立ち上げへと動き出すと、そのビジョンとエネルギーは磁石のように人を引きつけていく。そうして引きつけられた人のなかには、おのずとビジョンの特定領域における責任を担う人も生まれてくる。

ここではそうした人を〈サブソース〉（サブイニシアチブソース）と呼ぶ。

‖ サブソース

ソースと同じように、サブソースである人たちも、それぞれ個人としてのビジョンとエネルギーを持っている。

しかし彼らは、自分で新しいイニシアチブを始めるよりも、ソースの生み出すクリエイティブ・フィールドが自分のビジョンの一部または全部を実現するのに適した場所だと（意識的であれ、無意識であれ）感じ取る。

そこでは創造的なソースとして自分らしく生きることができて、1 人で取り組むよりも力を発揮できる。そうして活動するうちに、サブソースはイニシアチブ全体のなかで独自の領域をつくり出していく。その領域は〈サブイニシアチブ〉と呼ばれている（いくつか新しい用語を出しているので、言葉の意味を確認したい場合は、この章のまとめや巻末の用語集を参照してほしい）。

図2-1 全体のビジョンが、サブイニシアチブに分割された
クリエイティブ・ヒエラルキー

クリエイティブ・ヒエラルキー

　ソースに当てはまる原則は、特定の領域を担当するサブ
ソースにもすべて適用される。

　それはソースとしての責任を果たすことで、たとえば、
「その領域のビジョンを明確にするために耳を傾ける」「次の
ステップを感じ取り、判断し、行動する」「サブイニシアチ
ブの境界を維持する」といったことだ。

　イニシアチブが発展し、それぞれの領域に責任を持つサブ
ソースが増えていくと、さまざまな大きさがあるサブイニシ
アチブの入れ子構造が生まれていく。

　その構造は、円を使って図示できる。図2-1のように、一
番外側の円はソースが持つ全体のビジョンを表しており、そ
の内側で入れ子になったさまざまな円は、サブソースによる

サブイニシアチブを表している。これがソースのイニシアチブにおける〈クリエイティブ・ヒエラルキー〉（創造の階層）だ。[5]

　ある人間が別の人間に対して組織上の権力を持つことがないため、従来型の組織に見られる階層構造とはずいぶん異なる形だ。

　第9〜11章では、このクリエイティブ・ヒエラルキーを見取り図にしていく方法を紹介するとともに、ビジョンを実現していくにあたって、官僚的あるいは独裁的なリーダーシップに頼ることのない、参加型の創発的な組織の土台としてクリエイティブ・ヒエラルキーを活用する方法を説明する。

ヘルパー

　〈ヘルパー〉（助力者）とは、サブソースも含めて、イニシアチブに集まって協力してくれる人たちのことだ。サブソースは個別のサブイニシアチブに対する責任を負うが、必ずしもそこまでの責任を負わずに、自分が持っているスキルや労力を提供してくれるヘルパーもいる。そうした人たちこそが、イニシアチブにおいて最もかけがえのない存在になることもある。

　第6章では、創造的なビジョンに意義ある貢献をしたい人であっても、シンプルに生活上のニーズを満たしたい人であっても、ヘルパーという形でイニシアチブに参加する人のための場をつくっていく方法について掘り下げていく。

ソースの継承

　地球上で最も古い組織は、何世代どころか何世紀にもわたって生き延びている。

　日本には800年以上続く社寺建築の会社が複数ある。そのうち1社の代表は、かつてイニシアチブが長続きする秘訣を問われたときにこう答えたという。

「手から手へ、そしてまた次の手へと受け継いでいくのです」

　これは、ひとつの手から、また別のひとつの手へ、という意味であることも忘れないでおこう。ソースの役割は、最初の創業者から後継者へと引き継ぐことができるもので、後継者は前任者とまったく同じ役割を担う。

　一方で、去っていくソースは完全に解放されるので、自分のエネルギーを新しい活動に注いだり、安らかに引退生活を送ったりできるようになる。

　ソース継承の鍵は、継承後に創造的なビジョンが進化して形が変わったとしても、イニシアチブが持つ最も深い価値観を受け継いでいける後継者を特定し、準備をすることだ。第15章では、このプロセスについて詳しく紹介する。

EXERCISE　イニシアチブ一覧表・パート2

ここでぜひ、読書を中断して本章の冒頭であなたがつくったイニシアチブ一覧表を振り返ってみてほしい。そして、以下の問いを使って、各イニシアチブをソースの役割という観点から眺めてみよう。

それぞれのイニシアチブについて考えながら、自分の答えが明確でない部分をメモしておこう。

繰り返すが、今すぐにすべての疑問を解決する必要はない――Part 2の各章は、そうした空白部分を埋めるのに役立つはずだ。

❶ そのイニシアチブ全体のソースは誰だろう？　あなただろうか、他の誰かだろうか。もし全体のソースでないなら、あなたはビジョンの一部を受け持つサブソースだろうか？

❷ そのイニシアチブは、より大きなイニシアチブの一部だろうか？　もしそうなら、その大きなイニシアチブとは何であり、ソースは誰だろうか？

❸ ソースが存在しないか、ソースがうまく役割を発揮できていないことが原因と思われるような、行き詰まった空気を感じていないか？　それとも、すべてうまくいっているだろうか？

私の例を挙げよう。

私は、自分が手がけるソフトウェア製品「Maptio」の
ソースであることは明らかだ。私が全体のソースであり、
より大きなイニシアチブの一部というわけではない。

しかし「Greaterthan」においては、同僚のフランチェ
スカがソースであり、私はイニシアチブの一部におけ
るサブソースである。「Rugbytots」は娘にラグビーを
知ってもらうために始めた。

それから私はこの本の著者だ――表紙には私の名前が
載っている――が、この本の執筆は、「ソース原理」
を明確にして世に送り出すというピーター・カーニック
のより大きなイニシアチブの一部としての活動だと認識
している。その意味では、私はサブソースということに
なる。

「Men's Group」は、とても平等な友人たちの集まりで
あるが、良き友人の1人（私と同じトムという名前）がイ
ニシアチブを始めたソースだと考えるのがいいだろうと
思っている。

「エクスティンクション・レベリオン」については、ソー
スという役割に関する興味深いケース・スタディである
ため、第4章で触れることにする。

ソースでなくても
人間としては等しく価値がある

　イニシアチブのソースであることを認識すると、イニシアチブに対するオーサーシップと責任を自覚するため、アイデアを実現する可能性が大きく高まっていく。

　一方で、別の場面では自分が大きなイニシアチブのソースではないことに気づくかもしれない。それは自分がソースだと思って全面的な責任を担おうと努力してきたイニシアチブかもしれないし、自分と他の創業メンバーが共同のソースだと信じてきたイニシアチブかもしれない。

　ソース原理を知ると、自分がソースでないとわかったときに落胆したり、イニシアチブに対するエネルギーが低下したりする可能性がある。

　しかし、そんなふうに感じる必要はない。参加している各イニシアチブにおける自分の自然な居場所を認識することは、自分の人生における創造的なソースとして充実した生活を送るとともに、周りの人もそうできるようにサポートしていく最良の方法のひとつだからだ。

　自分が大切にしているイニシアチブのソースが別の誰かだと認める際は、ソースの役割や自分とソースの関係を誤解しないことが重要になる。

　ソースは上司になるわけでもなければ、意見をすべて福音のように扱うべき全能の預言者というわけでもない。ソースの下働きになるわけではなく、人間としては平等な関係のままだ。

私たちは、影響力を持てないからといってソースに八つ当たりしないように気をつけなければならないし、**自分の人生においては自分が完全なソースである**ことを認識しなければならない。

　あるイニシアチブのソースが別の誰かだと認めることは、特定の文脈における物事の序列を認めることにすぎない。この世界において、自分の創造性やソースとなりうる可能性が変わるわけではない。

　私は、自分が深く身を投じ、力を尽くしてきたイニシアチブのソースがフランチェスカやピーターであると気づいても、自分の価値が低くなったとは感じない。

　感じるのは、その真逆のことだ。ソースが自分でないと気づくことで、自分の創造に向かうエネルギーをより適切に広げることができるようになったし、フランチェスカやピーターにも創造性を存分に発揮する場を提供できるようになった。彼らの役割を認識し、それぞれが最高のソースになるようサポートすることは、自分がソースであるイニシアチブに責任を持つことと同じように、愛に満ちた行為だ。

　イニシアチブにおける自然な創造性の序列を認めることで、自分に求められているものや、個人としての次のステップをよりよく理解できるようになる。自分が担う必要のない責任を手放し、本来の担い手に進むべき道を決めてもらうことができるようになる。そうなれば、大きな安心感を抱くはずだ。

　初めは多少の混乱が起きるかもしれないが、そういうイニシアチブは、そもそも問題を抱えている場合が多い。

　自分がソースでないイニシアチブの責任を担おうとすると、気力が削がれ、いら立ちが募っていく。こうした状況に陥っているプロジェクトはたくさんあるし、組織全体がそんな状況に陥っている企業も多い。

　そういう場合は、誰がソースかを率直に明らかにすることで、軌道修正のプロセスを始めることができる。誰が何の役割を自然と担っているかを理解し、その役割へと各人が踏み出していけるよう後押しすることは、非常に効果が高い施策だ。

　いちど破壊することによって、創造に向かって物事が再びうまく流れる状況が整えられ、より自然な担い手に責任が任され、誰かに押しつけられることがなくなる。

　第4章では、ソースを特定する方法や、ソースとなる人物に関して意見が一致しないときの対処法を掘り下げていく。

第2章　まとめ

» 私たちが命を吹き込むアイデアには明確な始まりがなく、さまざまな影響やインスピレーションによって形作られている。しかし、そのアイデアの実現に向けて誰かがリスクを負いながら身を投じ、最初の一歩を踏み出す瞬間には明確な始まりがある。それがイニシアチブ立ち上げの瞬間だ。

» イニシアチブを立ち上げる人は、自然で、特別で、創発的な役割を担っている。それがソースの役割だ。ソースはビジョンの担い手であり、ビジョンに活力を与えるエネルギーを持っているが、お金のためにイニシアチブを立ち上げるわけではない。ビジョンが実現できるかどうかは、どのようにソースが役割を発揮していくかが鍵になる。ソースの役割は継承プロセスを通して何世代にもわたって引き継ぐことができる。

» ソースの責任
❶ イニシアチブの境界（どこまでが全体のイニシアチブの範囲内で、どこからが範囲外か）を明確にする
❷ その境界を守ることでイニシアチブの一貫性を維持する
❸ イニシアチブ全体としての次のステップを感じ取り、判断し、行動する
❹ サブソースとクリエイティブ・フィールドを分かち合う

» ソース以外の人も、イニシアチブの一部に責任を持つサブソースとなることができる。その特定の領域の活動をサブイニシアチブと呼ぶ。このサブソースたちも、ソースと同じく特定の領域において自然で、特別で、創発的な役割を担う。サブイニシアチブが増えていくと入れ子構造になっていき、従来の管理的な階層とはまったく異なる創造の階層を形成する。サブソースではない形で参加するヘルパー（助力者）もいる。

» 自分が大切にしているイニシアチブであっても、自分ではない別の誰かがソースの役割を担っていることに気づいたら、それを認めることで自分の創造に向かうエネルギーに、より適切な形で集中し、周りの人が自分の天職に生きる権利と能力を尊重できるようになる。

3

人が集まる
クリエイティブ・
フィールド

どんな混沌のなかにも秩序と調和の宇宙があり、
どんな無秩序のなかにも秘密の秩序がある
——カール・ユング

‖ 組織とは創発的な現象である

　組織という言葉は名詞だが、とくに西洋文化ではそれ自体
独立して存在する「モノ」だと見なされている。

　モノとして扱う考え方をもっともらしく感じさせるために、
たくさんの法律もつくられてきた。イニシアチブを法人化す
ると、イニシアチブは法律のなかで1人の人間と同様に扱わ
れるようになる。

　私たちは、組織とは、それを立ち上げて運営している人間
たちとは別に、財産の所有、法的な契約や訴訟、人の採用や
解雇、意思決定などについて、法律上の責任を負うことがで
きるという考えに従っている。

　そして、独立した存在だとされている組織に「人格」を伴
う「ブランド」を付与する。人は、組織が人間であるかのよ
うに愛したり、憎んだり、責めたりする。

　改めて考えてみるとかなり抽象的な存在であるが、あまり

に私たちの文化に染み付いているため、組織という存在に疑いの目が向けられることはほとんどない。このことには多くの利点がある一方で、いくつかの大きな、意図せぬ副作用を生んでもいる。

　私たちは、組織こそが創造的な取り組みの中心にあるという考えに固執するあまり、本当の力の源泉である「人間」を脇へ追いやってしまうことがある。

　たとえば「取締役会の決定によると……」だとか「グリーンピースの発表によれば……」というような言い方をして、責任をぼかしたり薄めたりしてしまう。私たちはそれが合理的だと信じてきたが、こうした言葉の奥にある前提を考えてみるといいかもしれない。

　組織や役員会というものは、実際には独立した存在として意思決定したり、行動したり、自分の意見を語ったりはしない。行動するのは人間だ。意見や感情や願望を持っているのも、声を上げるのも、責任を問われるべきなのも人間だ。そのことを忘れてはならない。それを忘れてしまったら、知らぬ間に自分たちのパワーを実体のない幻想に明け渡してしまうことになる。

　組織はそれ自体独立した存在であるという考えから離れてみると、固定化された名詞の「組織（オーガニゼーション）」ではなく、「組織化する（オーガナイズ）」と動詞的に考えられるようになる。つまり、私たちがどんなふうにコラボレーションをおこなうかの仕組みや一貫性を築く「プロセス」に焦点を当てるのだ。

組織を変えようとするとき、法的構造や所有権、役割や役職、レポートライン、ガバナンス、ポリシーなど、従来から扱われる「公式な組織」に関連したあらゆるもののデザインや改良方法について、意識を向けることもできる。

　同時に、どのような集団にも存在する人間関係、信頼関係、影響関係といった網の目のような「非公式な組織」に注意を払うこともできる。

　しかしアイデアの実現という点では、組織のより深い次元に目を向けるといいだろう。そこには、ビジョンを実現するための根本的なプロセスを支える土台の層がある。ここではそれを、〈クリエイティブ・フィールド〉（創造の場）と呼ぶ。

　クリエイティブ・フィールドは、人を引きつけ影響を与える場であると同時に、アイデアを実現するために集まって一緒に仕事をする物理空間だと考えるといいだろう。

‖ 人を引きつけ、影響を与える場

　まずは、クリエイティブ・フィールドを磁力や重力の場のようなものだと考えてみてほしい。

　クリエイティブ・フィールドは会社のオフィスとは違って目に見えないが、その強力な効果を感じることはできる。多くの人は磁力や重力の計算式は理解に苦しむだろうが、磁石を冷蔵庫にくっつける感覚や、重いものをつま先に落としてしまったときの感覚は知っているはずだ。

　磁石のように、クリエイティブ・フィールドは**引きつける力や反発する力**を持っている。

　また、クリエイティブ・フィールドは、地球の重力が空気を地表に引き止めているのと同じように、**全体の一貫性を生み出す**。重力場は目に見えないが、それによって集められた物質こそ、私たちの足元にある地球である。

　私たちは重力の存在を無視したり、重力のせいで飛べないと嘆いたりできるが、重力と手を組むこともできる。走るという動作は「制御された落下運動だ」と言われる。重力がなかった場合、落下もなければ地面からの反発もなく、立ち泳ぎをしているような状態になるだろう。

　クリエイティブ・フィールドは**影響の場**だともいえる──互いの創造への欲求とつながるためにみんなを巻き込もうとする、人間の能力が表れる場所だ。

‖ 創造する空間

　クリエイティブ・フィールドは物理的な空間だと考えることもできる。緑豊かな草原や放牧地のような、他人と力を合わせてビジョンを実現させる場だ。

　この場は育てることができる。地面を平らにし、草もきれいに刈っておくことで、走り回ったり、転がったり、遊んだりするのに最適な状態になる。

　もしくは、野生のままにしておくこともできる。便利な器具を持ち込むことも、種を植えて花を育てることもできる。

　クリエイティブ・フィールドは、前述したような人を引きつける磁力や重力の場のことだけを指すのではない。その力と同時に、その時々で自分が居合わせる「場所」のことも指す。

図 3-1　組織の人工物 (organizational artefacts) の
　　　　下層にあるクリエイティブ・フィールド

　私たちは、いくつものクリエイティブ・フィールドに出入
りできる。

　それぞれのフィールドは独自のものだ。自分がどこの
フィールドにいるのか、ソースは誰なのか、どんなイニシア
チブなのかを知ることは、自分が活動すべき場所を理解する
のに役立つ。

　それをはっきりと理解できるようになれば、その場所に貢
献する最良の方法を見つけたり、逆にその場所が合わないと
感じたときに自ら離れたりすることもできる。

‖ クリエイティブ・フィールドの例

　私はエクスティンクション・レベリオンに参加したときに、自分は「組織」の一員となったと考えるよりも、自分を引きつけた特定のクリエイティブ・フィールドに足を踏み入れたのだと考えるほうが有益だと気がついた。

　持ち株や、正式な役職、会員名簿、ポリシーといった組織らしいインフラがなくとも、私はそのクリエイティブ・フィールドとの強いつながりを感じることができ、それが自分の行動を導いてくれている。

　ビジネスの世界におけるクリエイティブ・フィールドの鮮やかな一例は、防水透湿素材「ゴアテックス」をはじめ、数えきれないほどのハイテク素材を開発するW. L. ゴア&アソシエイツ（以下、ゴア社）だ。

　ゴア社は参加型組織のなかでも有名な事例だが、クリエイティブ・フィールドの観点から見ると、さらに興味深い。

　創業者であり最初のソースであるビル・ゴアは、発明家たちにとっての究極の遊び場をつくることを目指した。会社はクリエイティブな技術者たちの天国となり、実験室と設備と多様な材料が用意され、同社で働くアソシエートたちはそれらを自由に使うことができた。[6]

　ゴア社が世界でも屈指の優秀な技術者たちを引きつけたのも、何ら不思議ではない。集まった技術者たちがすばらしい成果を生み、同社のクリエイティブ・フィールドは周りの才能ある技術者たちの目に魅力的に映るようになった。

　そのことが、いくつかの並外れた成功につながっていった。ギタリストでもあった同社のある技術者は、さまざまな素材

でギターの弦をつくってみようと思い立った。複数のポリマーを試しているうちに、これまで試した他のどんな素材よりもうまく機能するポリマーを発見した。ここから、世界を席巻するギター弦の新規事業が始まったのだった。

‖ 組織の「魂」

組織論の分野で最近登場した考え方が、組織はそれ自体独立した実体として世界に存在しているだけでなく、独自の「魂」を持っている、というものだ。この考え方は、フレデリック・ラルーの著書『ティール組織』によって広まった。

> 組織は、独自の存在目的を追求する一つのエネルギーが集まる場、新たに成長する可能性、ステークホルダーを超越する生命の一つのあり方ととらえられる。この枠組みでは、私たちはその創業者または法的なオーナーであったとしても、組織を「運営」しない。組織の管理責任者（スチュワード）として、組織が世界に貢献できるよう、その深い創造的な能力に耳を傾ける媒体なのだ。[7]

これは組織というものを考える際の強力なレンズになるし、自分という個人の枠を超えて、より大きく考えることを後押ししてくれる。

このようなパラダイムで働いている人は、この考え方は共感を生んで結束を高めると考えている。ピーター・カーニック自身も、ソース原理を明確にする前にこのような捉え方を

していたという。しかし、この考え方にはいくつかの大きなリスクがある。

『ティール組織』で取り上げられているような参加度の高い組織は、ソースが去るか、ソースがその洗練された組織化の方法に全面的な責任をもって向き合えなくなると、従来型のパラダイムに逆戻りしてしまう場合がある。

　これは、同書で先駆的な事例として紹介された組織が、その特殊な仕組みやあり方を維持できなかった理由として説得力のあるものだろう。たとえば、本の出版以降、『ティール組織』の代名詞的な企業であったFAVIにも、ソースであるジャン・フランソワ・ゾブリストが去ってから同じことが起こったようだ。

　組織とは、私たちの想像から成り立つものだ。客観的な現実に存在する実体というよりも、物語である。

　概念はもう少し軽く受け止めたほうがいい。組織を尊重するがゆえに個人のビジョンや願いが押さえつけられてしまうと、自分の代わりにビジョンや願いを組織に実現してもらおうと考えるようになる。

　その結果、どんなにパーパス志向の組織であったとしても、混乱や、不満や、権力闘争が生じる。

　表面的にはメンバーが組織のスチュワードになるのだという物語があったとしても、実際にはメンバーが無意識に個人的なビジョンを実現し、やりたいことをやろうとして競争することになる。

　組織で働く1人ひとりが自己啓発に取り組み、自分の深い欲求を見つめてエゴをコントロールできるなら、こうした

物語も役立つかもしれない。

　しかし、実際にはすべての人が完全なる悟りを開いた聖人君子になれるわけではない！　ほかにも、メンバー全員の満足を目指すと、すべてが薄まってしまい、イニシアチブからエネルギーが失われる可能性がある。

　このパラダイムには、全員が組織のパーパスへと深く共感しすぎることで、逆に1人ひとりが自分自身の人生における天職を見失ってしまうというリスクがある。

　こうしたリスクはあるものの、組織には「魂」があるという考え方を完全に否定するつもりはない。

　私はそこにソース原理のレンズを組み込むことで改良できると信じている。あるイニシアチブにおけるソースが誰かを認識すると、誰もが自分や周りの状況をもっと把握できるようになる。

　そのため、組織をまったく独立したフィールドと捉えるよりは、ソースとクリエイティブ・フィールドとのあいだにある自然かつ親密なつながりを感じ取るといい。

　FAVIのようにトップダウンの経営に逆戻りしてしまった組織で、ソース役を担っていた人が自分の特別な役割を認識していたら、組織を去る前にソースの継承に取り組み、その後の残念な結果を避けられたかもしれない。

　もしも望むなら、よりスピリチュアルな考え方を取り入れることもできる。ビジョンがソースからもたらされているだけでなく、ソースもまた何らかの「エッセンス（本質）」とつながって、そこから世界に創造や変化を起こすアイデアがもたらされているという考え方だ。

　そのように考えると、**実際にそのビジョンを保持し、その物語の担い手であるソースの存在を認めると同時に、他の人も、ある個人を超えた存在であるエッセンス（本質）とつながりを持つことは可能なのだ、と考えられるようになる。**

『ティール組織』の出版以降、私や他の人たちがこうした問題に焦点を当てたことで、フレデリック・ラルーも、ピーター・カーニックの「ソース」という視点が、次世代の参加型組織を築くためにきわめて有効だと認めている。のちに、ラルーはソースについて動画シリーズで言及しており、彼に共感する人たちも今ではソース原理を取り入れようとしている。[8]

‖ 個人のビジョンと共有ビジョン

　組織の集合知やメンバーたちの個人ビジョンを統合した「共有ビジョン」というコンセプトは、強力かつ魅力的だ。すべての答えを知っているかのような独裁者や英雄的な人物がビジョンの唯一の所有者であるという昔ながらの考えは、アップグレードする必要がある。

　共有ビジョンとはインクルーシブ（包摂的）なものであるため、多くの人が関わる参加型の取り組みにはよい土台となる。

　1人の人物が常に最善のアイデアを持っているという考えを否定するのは正しい。アイデアには明確な始まりがないし、さまざまな影響が積み重なって統合されたものだからだ。

　それどころか、ソースはビジョンを明確にして実現して

いくにあたって、多くの人たちの助けが必要であり、ときには自分より優秀な人を巻き込む必要もある。

　ソース原理を活かすとは、1人の人間がビジョンと特別なつながりを持つ状態を認めることだ。そのため、共有ビジョンの考え方と矛盾するように聞こえるかもしれない。

　数年前、ソースの役割についての記事を発表し始めた私は、図らずも個人ビジョンと共有ビジョンという対立意見の信者たちによる争いの口火を切ってしまった。

　この対立は終わりも答えも見えない論争へと発展していき、初めのうちは楽しめるものでもあったが、最終的にはあまり価値が見出せなくなってしまった。

　ソース原理を活かすことは、**個人主義的なアプローチか集団主義的なアプローチかどちらかを迫るものではない**、というのが今の私の考えだ。そこにはどちらも含まれている。

　これから、個人と集団の両方の視点からビジョンがどうやって明確になり、実現されていくかを見ていこう。

‖ 集合知を活かして探求する

　多くの人が関わる場において、その場にいる1人ひとりのビジョンを超えた共有ビジョンが生まれる瞬間を経験したことがある人は多い。このような集合知を活かす効果的なツールもたくさんある（付録では3つ紹介している）。

　こうした探求プロセスに何度も参加している人なら、それが時に停滞したり、薄まったり、活気が失われたりした経験

があるかもしれない。全力を尽くしているのにプロセスがう
まく機能せず、参加者もファシリテーターも原因がわからず
いら立ちが募ることもある。

　多くの場合、集合知を活かす探求プロセスは、グループが
何を創造できるかを探求する手段としてはうまく機能する。
しかし、そのビジョンを具体的な行動に移し、イニシアチブ
へと成長させることには苦戦しがちだ。

　これは探求プロセス自体に問題があるわけではない。私た
ちが**ソースの役割を認識し、プロセスを強化すれば**いいだけ
だ。これから、集合知を活かす探求プロセスが持つ矛盾につ
いて検討し、ソース原理を活用することでどう改善していけ
るかを考えてみよう。

　こうした探求プロセスの開始地点は、たいていは参加者が
集合したときだ。しかし、そのグループは偶然その日に集
まったのではない。

　そのグループには起源があり、参加への招待があったはず
だ。イニシアチブが立ち上がる瞬間に遡ると、グループを集
めてプロセスを始めようと最初の一歩を踏み出したソースが
見つかるはずだ。

　もしその人物が参加者を募るという作業に身を投じたので
あれば、グループで探求プロセスを始める前からビジョンの
一部は存在していたということになる。たとえそれがビジョ
ンの片鱗を感じ取っただけのものであっても、あるいは掘り
下げてみたい意義ある問いの状態でしかなかったとしてもだ。

　そのアイデアを掘り下げて実現へと向かわせるために多く
の人の知恵が必要だと認識していたからこそ、その人物は

グループを集めたのだ。

そうして生まれたビジョンは、誰も1人では明確にできなかったものかもしれないが、同時に、最初に身を投じたソースである個人のビジョンをグループで明確化し豊かにしたものともいえる。

私の同僚のリア・ベックは、『コレクティブ・プレゼンシング』（未邦訳／*Collective Presencing*）の著者であり、聡明で経験豊かな集合知を活かす探求プロセスの実践者だ。[9]

彼女によれば、「アート・オブ・ホスティング」という方法論では、「コーラー（発信者）」と呼ばれる人が重要な役割を果たすという。

コーラーとは、ソースと同じように、最初の行動を起こし、最初のリスクを取る1人の人物を指している。たとえそれが、その人物が感じ取り大切にしている「ポテンシャル」に名前をつけただけのものであったとしても、最初の一歩を踏み出した人はコーラーになるという。

コーラーは、高次のものに呼びかけられている感覚を持ち、たいていは何人かと会話していくうちに人に呼びかけたい問いが形成され、その問いがきっかけとなってさらに多くの人を巻き込んだ探求プロセスが始まる。

こうしてソースとしての個人の役割と集合知が交わり、両者は相反するものではなくなる。自覚していようがいまいが、コーラーの意図や、その高次にある「ポテンシャル」のエッセンスは、その人物が立ち上げた探求プロセスのなかに立ち現れてくるものであるため、本人や周りがそれに注意を向けていれば、探求プロセスもうまくいくだろう。

このプロセスでよくある間違いは、コーラーの存在と、参

加を呼びかけるときの問いの重要性を軽視してしまうことだ、
とリアは教えてくれた。ソース原理を活かしていれば、それ
らが持つ役割の重要性はよくわかるはずだ。

集合知を活かす探求プロセスでソースを認識する

　ソースが誰なのかを明確にすること、そしてソースの固有
のビジョンは何かを明確にすることは、集合知の力を引き出
すのに役立つ。

　それらを明確にできれば、混乱やいら立ちを回避し、すべ
ての参加者が明確さとエネルギーを持って貢献できるうえ、
何より重要なことに、そのビジョンを実現するための協力関
係を築くことができるだろう。

　私は共有ビジョンを生むプロセスに招かれたときは、ソー
スを信頼し共感することを目指す。そのために、私はなぜ、
誰によって招かれたのかを知ろうとする。

　愛をもってその招待を受け入れ、ソースが人々を集めて探
求することを引き受けたポテンシャル（もしくは課題）と向
き合うサポートをしようとする。

　ビジョンが現れてきたら、それがソースの意図に合うもの
かどうかを考える。もし合わなければ、そのイニシアチブは
もろい土台の上に築かれることになる。

　それから、ソースの性格や個性もイニシアチブの成長やあ
り方に影響するため、私自身がそのソースを信頼できるか、
そのソースに自分のエネルギーを注ぎたいかも明らかにしよ
うとする（第8章参照）。

クリエイティブ・フィールドの ライフサイクル

　クリエイティブ・フィールドは、「法人」のように組織の形式的な側面とは別物であるため、たとえ法人が破産や清算をしたとしても、クリエイティブ・フィールドは消滅しないし、ソースも自分の役割を担い続けることは可能だ。実家が焼けてしまっても全員が生き残っていれば、家族は基本的に何も失われていないのと同じだ。

　クリエイティブ・フィールドには独自の終わり方があり、継承プロセスを通じて引き継ぐこともできる。その移行は、ソースが自分の旅路における自然な転換点を迎えたとき、つまりソースがもうやり切ったと強く体感する瞬間に始まる。たとえば、次のような瞬間だ。

» ソースが満足のいくほどにビジョンが実現されたとき。
» ビジョンに注ぐ十分なエネルギーがなくなったとき。
» 自分の進むべき道とは違うものに尽力していたと気づいたとき。

　この転換点を過ぎてもソースがクリエイティブ・フィールドに留まろうとすると、問題が生じるだろう。ソースのビジョンとエネルギーがないと、イニシアチブの活力が失われていくからだ。転換点がやってきたと気づいたら、ソースはクリエイティブ・フィールドを閉じて自分自身や築いてきた資産を新しい取り組みのために解放するか、もしくはソースの役割を後継者に引き継ぐといい。

CASE STUDY　熱意を失ったとき

　私のクライアントは、商業的に成功をおさめたソフトウェア事業のソースであったが、彼はその製品に対する熱意を失ってしまっていた。

　その製品に携わっているチームもあったが、誰も将来のビジョンについて責任を担い、次のステップを感じ取ろうとはしなかった。

　このイニシアチブは創造性が低下している状態にあった。優れたメンバーも離れていって、顧客の解約も相次いだ。

　ソースであった人物は既に転換点を過ぎていて、イニシアチブの完全なる崩壊が避けられなくなる前に、何らかの変化が必要だった。

　私と彼は、シンプルにイニシアチブを終わらせて、新しいことに集中するタイミングなのかどうかを検討した。しかし、ソースは個人的な関心を持てなくなっていたものの、この事業にはまだ生命力が残っているように思えた。

　そういう場合の解決策は、イニシアチブにおけるソースの役割を継承することだ。十分なエネルギーを備えた人物にソースを継承することで、彼自身は別の新しい製品に取り組むことができるようになる。

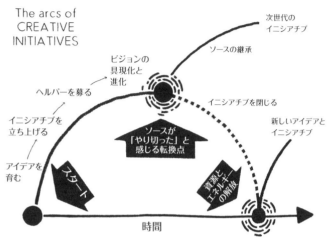

The arcs of
CREATIVE
INITIATIVES

次世代の
イニシアチブ

ソースの継承

ビジョンの
具現化と
進化

ヘルパーを募る

イニシアチブを閉じる

イニシアチブを
立ち上げる

新しいアイデアと
イニシアチブ

アイデアを
育む

ソースが
「やり切った」と
感じる転換点

スタート

資源と
エネルギー
の解放

時間

図3-2　イニシアチブ・アーク

イニシアチブ・アーク（イニシアチブの円弧）

　ソースがアイデアを育み、イニシアチブを立ち上げ、人を集め、イニシアチブを形にして進化させていく過程は、創造性の円弧のような形で描けるが、私たちはこれを〈イニシアチブ・アーク〉と呼んでいる。

　ソースが「やり切った」と感じて転換点が来ると、そこでソースの継承がおこなわれ、次世代のイニシアチブとして新たな円弧が始まるか、プロセスが閉じられてエネルギーとリソースが解放されてまた次のイニシアチブが始まる。この移行プロセスについては、第15章と第17章で詳しく解説する。

第 3 章　まとめ

» 西洋の文化では、組織は「法人」のように、それ自体が独立した存在と見なされている。これは便利でもあるが、架空の物語や幻想であるはずの存在に人間の力を投影してしまう可能性もある。それを避けるために、「組織」という名詞ではなく、「組織化する」という動詞で捉え、構造や一貫性をもたらすことに焦点を当てるといいだろう。

» 組織が「魂」を持っているという見方は強力ではあるが、マイナス面を避けるためには、クリエイティブ・フィールドを把握して、そのフィールドとソースとのあいだにある親密で個人的な関係を認識する必要がある。そうすれば、イニシアチブが今より地に足のついた活気あふれるものになる。

» 「共有ビジョン」という考え方はインクルーシブなものだが、ソースは1人という考え方と相反するもののように感じられやすい。しかし、共有ビジョンを見出すために集合知を活かす探求プロセスをおこなう際、参加者を招集する「コーラー（発信者）」がそのプロセスのソースであると認識することで、2つの観点を統合できる。

» 集合知を活かす探求プロセスでのソースの存在を認めると、ソースが何を生み出したいかに愛情をもってつな

がることができる。また、ビジョンの自然な保有者に関する情報も、よりたくさん得られるようになる。その情報が重要なのは、ソースの振る舞いはイニシアチブのすべてに影響するからだ。

» イニシアチブは自然とアーク（円弧）のようなプロセスをたどり、ソースが「やり切った」と感じると転換点を迎える。そのときにイニシアチブの移行が起こるが、新しいソースへと役割が継承されたり、イニシアチブが閉じられ、それまでに蓄えられたエネルギーとリソースが解放されたりすることになる。

COLUMN 1
進化型組織論と
ソース原理の交差点

嘉村賢州

組織の二大潮流と
進化型組織の誕生

　近年、組織のマネジメント手法に新しい潮流が生まれています。本書でも述べられていますが、これまでの人類の歴史のなかで、組織運営には2つの大きな形態がありました。1つはトップダウン型であり、もう1つはボトムアップ・分散型です。

　トップダウン型は、リーダーのカリスマ性やビジョンの力で組織を牽引し、パワフルな実行力を兼ね備えています。しかし、上からの押しつけが過剰になるとメンバーは疲弊しやすくなる可能性もあります。また、リーダーのカリスマ性ゆえに、現場の1人ひとりの創造性が発揮されづらくなるかもしれません。そのため、とくに変化が激しい時代にトップのリーダーがうまく適応できなくなってしまうと、その組織から新

しいイノベーションが生まれづらくなる可能性もあります。結果として、時代に取り残される組織も生まれてきます。

　一方のボトムアップ・分散型の組織運営は、多様性を大切にする人間らしいアプローチであり、そこで働くメンバーもやりがいを感じ、人間関係を大切にします。心理的安全性を重視し、職場で感じる思いや問題意識も共有しやすくなるでしょう。しかし、多様な価値観を受け入れようとしすぎると、会議が延々と続いてなかなか意見がまとまらないという状況が生まれやすくなります。また、強い思いで事業を引っ張ろうとする人が出にくくなるため、結果として大きなインパクトを生み出せない、小粒な活動に留まってしまうこともよく見られます。

　いま現れようとしている「進化型組織」「生命体組織」と呼ばれる新しい潮流は、そのトップダウンとボトムアップの両方を含みつつも超えるような形態です。ブラジルのセムコ、アメリカ発のグローバルメーカーのゴア、トマトの加工メーカーのモーニングスターなど、何十年も前から実践されている企業もありますが、近年は「ティール組織」「ホラクラ

シー」「ソシオクラシー」など体系化されたモデルや方法論が紹介されるようになり、世界中で実践する組織が増えています。

**違いを意識しながら
同時に学ぶことで、
より深い理解を得られる**

そんな新しい組織論の中でも特にティール組織は、ここ数年日本で注目され、実践企業も年々増えています。書籍『ティール組織』の著者フレデリック・ラルーが、「もし事前に知っていたら、必ず書籍で紹介していたであろう大切な概念の1つだ」と語っていたのが、ソース原理なのです。

彼はピーター・カーニックのワークショップにも参加して、多くの影響を受けたようです。

ティール組織やソース原理が多くの共感を集めはじめている理由は、その背景にある、自然や人間性に目を向けた優しさや美しさを備える哲学と、数多くの実例をもとに導き出された考え方である、という点でしょう。つまり、これまで理想論として捉えられやすかった考え方に、説得力ある事例をもってリアリティを与えているからではないでしょうか。

しかし注意しなければならないのは、両者はまったく異なる問いから探求の旅が始まったという点です。ではそれぞれどんな問いから始まったのでしょうか。

ティール組織の探求は、従来型の階層組織で疲弊していく人たちを見たフレデリック・ラルーが、「どうすれば魂のこもった組織をつくることができるだろう?」という問いをもとに、世界中のユニークな組織を調査したところから始まりました。数多くの事例を見ていく中で、根本的に今までのパラダイムとはまったく異なる組織運営が生まれてきていることに気づきます。どのリーダーもお互いのことは知らないのに、組織を生命体のように捉えていました。そうしていくつかの共通点を抽出して、1冊の本にまとめました。

一方のソース原理は、本書でも何度か紹介されているように、ピーター・カーニックが経営者やリーダー向けにおこなってきたマネーワークの活動から「アイデアはどうやって具現化されていくのか?」という問いが生まれ、実際のリーダーや組織の事例を探求しながら、ソース原理にたどりつきました。ピーターはソース原理

のことを「暫定的な自然法則」と語っていますが、これはまだ反証が得られていないが将来現れうる可能性を考慮したものです。また、ソース原理は徹底的に個人の視点を促すものであり、「組織」を独立した存在として捉えることには問題があると提起しています。

ティール組織にもソース原理にも、新しいパラダイムであるため誤解を生みやすいという性質があります。また、そもそもの探求の出発点や、「組織」か「個人」かという視点が異なっている点にも注意が必要です。しかし、両者は自然への眼差しや、トップダウンとボトムアップを統合する協働アプローチという意味では親和性が高く、同時に両方を学ぶことで、より深淵で人間らしい創造プロセスを実現する可能性が広がるのではないでしょうか。

トップダウンとボトムアップを統合する

ティール組織によくある誤解で最も多いのが「ルールや階層がほとんどないフラットな組織」というものです。実は、その理解はどちらかというとグリーン（多元型）組織に近いものです。グリーン組織とはティール組織のモデルでは1つ前の段階とされ、組織の文化とそこにいるメンバーの価値観を尊重するあり方です。

ティール組織に共感する人には、従来型の組織でネガティブな経験をしたために、過剰にヒエラルキーを避けて分散型を求めてしまう人もいます。しかしそこでは、「グリーンの罠」と言われるような、意見を聞きすぎて意思決定できない、あるいはつぎはぎや妥協が多くインパクトの弱いアイデアしか生まれないといった状況に陥る組織も見られます。

しかし、成功する進化型組織のほとんどは、役職によるヒエラルキーはなくても、ソース原理でいうクリエイティブ・ヒエラルキーのような力関係や構造が存在しています。

そこでは、「ソース役の天性のビジョンにアクセスする力」「メンバーたちが現場での活動の中でさまざまな気づきや違和感を通じて感じるセンサーの力」「ともに対話し探求する集合知の力」といった3種類の力を活かすような仕組みがあります。具体的には、第12章でも紹介された「統合型

の意思決定」のような助言プロセスを用いながら自律的にすばやく判断していくことで、グリーンの罠を回避するパワフルな組織活動を可能にしているのです。

ソース原理によくある誤解は、「結局は、ソースが最大権力を持つトップダウンのヒエラルキーに戻っているだけでは?」というものです。「ソースは1人だけ」という表現に対してこのような反応が生まれやすいのですが、本書でも繰り返し説明されるように、ソース原理が本当にうまく機能しているイニシアチブでは、そこにいる1人ひとりの人生の旅路が尊重されると同時に、ソースが描くビジョンに向かって心から貢献しているという感覚を抱けるようになるはずです。それは、第5章の「ソースの行動」で示されるように、トップダウンとボトムアップの両面のアプローチがバランスよくできたときに実現するのです。

進化型組織の視点から見た ソース原理との共通点

このトップダウン型とボトムアップ型の統合について、進化型組織の観点では3つのポイントがありますが、これらとソース原理との共通点を探ってみたいと思います。

1つ目は「機械的パラダイムから生命体的パラダイムへ」です。従来型組織では、人も仕組みも機械的に扱われていました。たとえば「インプット／アウトプット」「マニュアル」「パフォーマンス」のような用語にもその考え方が表れています。もちろんこのパラダイムは、規模を拡大し、効率的で安定した事業をおこなううえでは有効ですが、変化への適応力が弱まったり、個人の人間性が尊重されないという弊害も生まれます。

生命体的なパラダイムでは、たとえば人体が脳に命令されなくても36度前後の体温を保ち、虫に刺されてもその周辺の細胞が勝手に修復するように、自己組織化と自己修正のアプローチを目指します。

ソース原理も、「クリエイティブ・ヒエラルキーは自然発生的なものである」という前提のもと、役職にとらわれず、指示命令をすることなく、動的に役割を変えながら日々の創造活動に取り組んでいます。

2つ目は「パーパスの視点」です。進化型組織では、上司は「人（上位の役職）」から「パーパス」に変わっていくという捉え方をします。常に「それぞれの活動がパーパスに貢献しているか」が問われるのです。

ちなみに、現在注目が高まっている「パーパス経営」では、おおまかにいえば「明文化の重要性」「社会課題をビジネスの主題に置く」「ステイクホルダーを超えたビジョンの形成」といったことが重要要素として語られますが、これらは時に「べき論」に陥ってしまったり、パーパスが人をコントロールする手段になってしまうことがあるので注意が必要です。

進化型組織ではむしろ、個人のパーパスと組織のパーパスとのつながりをつくることを重視しており、まずは1人ひとりが「何のために働くのか?」を常に探求し、そのうえで「私たちは何者か?」という組織のパーパスを探求していきます。そのため、「パーパスは動的に変わりうる」という前提があります。

ソース原理では、すでに述べたように「組織」として捉えることをしないため、「組織のパーパス」という表現は用いません。

1人ひとりが自分の人生のソースであり、ビジョンも個人からしか生まれないと捉えているからです。しかし実際は、ソースは常に迷いの中にいることのほうが普通なので、もちろん個人の内面的な探求をしつつも、メンバーたちの集合知を活かす探求プロセスを駆使しながら、次の一歩やイニシアチブの将来像を見出そうとします。このふるまいは、先ほど述べたような進化型組織における個人と組織のパーパスの探求にも非常に近いものだといえるでしょう。

3つ目は「人間愛と人間尊重」です。従来型のヒエラルキーでは、上の人が下の人よりも力を持つという「パワー・オーバー」のあり方でした。これは行き過ぎてしまうと、力やリソースの奪い合いが起こってしまい、下にいる人を抑圧する、不要な競争意識が芽生える、部署間の駆け引きや縄張り意識が生まれるなどの問題が起こります。

進化型組織では、「パワー・ウィズ（共に力を持つ）」の世界観を目指します。「あの人が力を持ってしまうと、私が相対的に弱くなってしまう」のではなく「あの人が成長して力をつけると、

私の可能性も広がるかもしれない」という、全員が本領発揮を目指すパラダイムです。このようにシフトすると、組織が、「生産性のために集う人の集合体」から、「かけがえのない異なる人生の旅路を送る仲間が集まり、その旅路を応援し合いながら、共通の目的に向かって力を合わせて動く集合体」に変わっていき、1人ひとりの人間性に目が向くようになるのです。

　ソース原理においても同様のことがいえるでしょう。繰り返し述べているように、ソース原理の大前提は、「1人ひとりが自分の人生のソースである」です。ある活動においてはソースであっても、違う活動においてはサブソースとなるかもしれません。また、同じクリエイティブ・フィールドのなかでも、ソースを引き継いだり、業務協力者からサブソースになったりと動的に役割を変えています。誰もが自分の人生のソースであるという前提があるため、特定のイニシアチブのソースであっても他の誰かの人生を蔑ろにすることはできないのです。このあり方も1人ひとりを人間として扱うことにつながり、「パワー・ウィズ」を体現しているといえるでしょう。

より人間らしいあり方を追求する

　こうして進化型組織とソース原理を並行して眺めてきました。2つに共通するのは、あらゆる人間が自分の唯一無二の人生を歩んでおり、人生を通じて創造的な活動をする可能性を持っているということ。そして、人が集まって創造的な活動をするとき、トップダウン型もボトムアップ型も統合しながら、より自然かつ人間的なアプローチで多人数での活動ができるということ。そして、創造的な活動をする際にトップだけでなく現場も含め、感覚を研ぎ澄まし、目的や次の一歩に耳を澄ますことが重要であること。集合的な対話がそのためにとても役に立つということが見えてきます。このような考察が、皆さん1人ひとりが創造的な人生を歩み、仲間と共に大きなアイデアを実現する助けになることを切に願っています。

Part 2

ソース原理を
日々の実践に活かす

するとジャックは、
限りなく共感に満ちたまなざしで彼女に微笑みかけ、
こうたずねたといいます。
「きみには、勇気があるかい？
この仕事をやっていくだけの勇気を、持っているだろうか。
きみのうちに眠っている宝が、きみが"イエス"と言ってくれるのを
待ちわびているよ」

エリザベス・ギルバート
『BIG MAGIC』

4 誰がソースなのか？

　集団的な活動における全体の流れを捉えることは、ソース
の役割を担う人物を特定することから始まる。

　この特別な役割はどんなときでも存在するため、新しいイ
ニシアチブの立ち上げに関わる際は、最初からソースが誰な
のかに注意を向けることができる。また、立ち上げから何年
も経過したイニシアチブにおいても、ソースの特定は可能だ。

　まずはイニシアチブを立ち上げるプロセスに着目し、どう
すればイニシアチブをうまく開始することができるのか、そ
の中でソースの役割がどのように出現してくるかを確認して
いこう。

‖ イニシアチブをうまく開始する

　何かを創造する活動を新たに始める場合、あまり状況を整
理しないままに飛び込んでいくことが多い。イニシアチブ立
ち上げの瞬間の重要性を認識しないまま、いつのまにか新し
いプロジェクトに身を投じ、物事が進んでいくのはよくある
ことだ。

　もちろん、素早く行動に移すほうが適切だといえる場合も

あるが、その活動の重要度が高いほど、状況に注意を払っておく価値がある。イニシアチブの始まり方は、その後の進み方にとても大きな影響を与えるからだ。

立ち上げの瞬間を意識する

　新たな活動の初期段階にあるなら、自分に投げかけるべき最初の問いは「イニシアチブが本当に始まっているかどうか」だ。実は、まだアイデアを考えたり語ったりしているだけの段階かもしれない。

　繰り返しになるが、**ソースが最初にリスクをとってアイデアを実現していこうと動き出した瞬間**——それがイニシアチブ立ち上げの瞬間だ。もしまだそれが起こっていないなら、自分の中で行動せずにはいられないほどにまで衝動が育っているかを意識するといい。何年もかけてそんな状態に至るアイデアもある。ある程度育ちながらも、衝動が十分に強くならずしぼんでいくアイデアもある。

　私たちが注目しているのは「クリエイティブ・フィールド」が生まれる瞬間であり、「組織」が設立された瞬間に注目しているわけではない。それは銀行口座を開設したときでもなければ、法人が登記されたときでも、役員が正式に任命されたときのことでもない。

　注目すべきは、ビジョンを持った個人が十分なエネルギーを持ち、リスクを負いながら最初に行動する瞬間だ。

ソースを特定する

　そんな瞬間が訪れたら、最初にリスクをとって行動したのは誰であったかを確認しよう。

ソースとは、たとえば「本当に始めようよ──あなたは参加する?」といった発言をする人物だ。あるいは、最初に具体的な形で周りに助けを求める人物だ。つまり、ただアイデアについて語るだけでなく、実際の行動に移そうとした人物だ。

　たとえば、私の知り合いの若い映画監督は、映画制作を宣言した張り紙を自分が通う大学に掲示し、協力者を募った。

　彼は笑い者にされたり、アイデアを盗まれる可能性だってあったが、その張り紙のおかげで共同出資者が見つかり、制作が実現した。

　オープンソースソフトウェア「Linux（リナックス）」（世界で最も普及しているコンピュータ・オペレーティング・システム）は、リーナス・トーバルズがオンライン掲示板に計画を手短に投稿したことから始まった。アイデアを世界に公開することは、彼にとって後戻りのできない覚悟を伴う行動だった。

　2人以上の共同創業者で計画を話し合っている場合、その話し合いの場にメンバーを誘った行為こそが始まりだ。

　周りを誘った人物がソースであり、他の面々はソースが生み出したばかりのクリエイティブ・フィールドに足を踏み入れたのだといえる。

　あるいは、ただアイデアについて話し合うために集められ、まだアイデア実現に動き出していない場合もある。そんな話し合いにおいては、準備の整った誰かが動き出すかもしれない。注意して観察しよう。

　そして何より自分がソースである場合、注意を払っていれば自分のなかで「エネルギーシフト」を感じる瞬間があるだろう。たとえば初めて誰かに愛を伝えるときのような、リスクを負って自分をさらけ出す感覚だ。

‖ ソースを見極める

立ち上げから時間が経過しているイニシアチブと出合うことも多い。何年も、何世代も経過している場合もある。

そうしたイニシアチブに対しては、それに参加するかどうかや、困難に直面しているのだとしたらどうやって適切な軌道に戻る手伝いができるだろうか、と検討することになる。

そんな場合も、最初のステップはいつだって現在のソース役を特定することだ。だが、誰がソース役かはいつも明白であるとは限らない。そのため、調査が必要になってくる。

⧉ ソースを探し出す

最初にすべきは、立ち上げの瞬間を目撃した人たちを探すことだ。そのなかには、あなたから見てソース役ではないかと感じる人もいるだろう。周りに尋ねると、多くの人はたいてい「組織の誕生」や、最初の CEO が誰であったかを答えてくるだろう。

しかし私たちが見ているのは、その奥にある層だ。聞き取り調査は始まりの物語にフォーカスすべきで、形式上の役割や組織のあれこれがいつできたかなんてことに気を取られてはいけない。

真の始まりの瞬間は、皆が思っているよりも前に存在していることもある。始まりの瞬間の物語や、最初にそのイニシアチブを立ち上げた人物が特定できるまで、時を巻き戻していこう。

調査を進めていくと、複数人での創業物語を伝えてくる人もいるだろう。グループで活動を始めようと動きだした瞬間

のことだ。そういう場合は、その瞬間をもっと詳しく掘り下げていく。その重要な瞬間に、誰が何を言ったかを尋ねよう。

　私が初めてこの種の調査を経験したのは、チャールズ・デイビスが私が共同創業した会社のソース特定を手伝ってくれたときのことだった。

　長年、ビジネスパートナーと私は、次のようなエピソードを創業の物語として語っていた。

　しばらくパートナー提携の可能性を探っていた私たちは、イギリスのブライトンにあるカフェ・ボヘミアに行き、脂っこいイングリッシュ・ブレックファストを食べた。

　その朝食の席で私たちは合意の握手を交わし、共に仕事をすることとなったのだった。そうして私たちの会社「ニクソンマキネス」が誕生した。チャールズが私たちに投げかけた何より重要な質問は「**どちらが握手の手を差し伸べ、相手を誘ったか**」というものだった。

　はじめ私は記憶が曖昧だったが、パートナーのウィルが思い出してくれた。「きみだよ、トム。きみが手を差し伸べて『やってみようじゃないか』と言ったんだ。それで私が『ああ、そうしよう』と答えた」。こうしてウィルが当時の詳細を振り返るうち、私にも記憶がどっとよみがえってきた。

　このささいな情報は、私たちにとって大きな意味を持つものだった。さらに、会社で起きている他の物事もよく理解できるようになった。

　私はもともと会社を設立していて、一緒に働いてくれる優秀なビジネスパートナーを持つことを夢見ていた。ウィルのような人物が現れるのを待っていたのだ。

　自分がソースであることを確認した途端、私は以前よりもはるかにクリアなレンズを通してイニシアチブを眺められるようになった。

　私たちの成功や失敗の数々は、すべてソースを明確にしたところから始まっている。ソース原理という考え方に基づいて取り組み始めた2013年以降、私はこの事例のような会話を共同創設者たちと数えきれないほど交わしてきた。それらは例外なく、各自のイニシアチブに対する深く新しい理解につながっていった。

CASE STUDY
エクスティンクション・レベリオンの立ち上げ

　あるインタビューにおいて、エクスティンクション・レベリオンの共同創設者であるゲイル・ブラッドブルックは、彼女たちのイニシアチブがどのようにして生まれ、誰がソースであるかの手がかりとなる詳細なストーリーを語っている。

　　私から見ると、（以前別のムーブメントの）立ち上げに失敗したことが物語のメインパートだと思う。失敗をした私は、キリスト教徒でもなかったので薬物の力を借りて、自分が必要としていたものがもたらされるよう心から祈ったんです。[10]それは、一緒に活動するチームや、私が「社会変革の鍵」と呼ぶものを手に入れられるように、というものでした。

……その祈りから1ヶ月も経たないうちに、この旅が
始まったんです。……あるとき、ロジャー・ハラム（農
業者であり、ムーブメントの成功要因を研究する学者）と4
時間ものミーティングをした終わりのほうで、彼は「こ
れできみに社会変革の鍵を伝えることができた」と言っ
たんです。私が祈ったのとまったく同じ言葉で。だから
私からすると、始まりの物語にはすごく神秘的な面があ
りました。
　　そのあと実際にとった行動はロジャーと私でいろん
なグループを訪問して、共通の戦略を持った大きなグ
ループへと育てることだった。それこそ私が長いあいだ
願っていたものでした。世界を変えるために戦略的な思
考ができるグループです。
　　ロジャーは社会変革についてたくさん研究していて、
私が学ぶべき文献や研究資料をたくさん持っていまし
た。……そうして私たちは数年間いくつかの戦術を試
し、……去年（2018年）の4月、（イギリスの）ストラウド
にある私の家で、準備が整ったからレベリオンの立ち上
げを決めたんです。5月にブリストルのカフェで15人が
集まって、この運動の計画を立てました。それはまさに
夢が叶った瞬間でした。本当に信じられない。ときどき
自分をつねってみたくなるくらいです。[11]

　この物語からは、ブラッドブルックがエクスティンク
ション・レベリオンにおけるソースであることが明らかだ。
　彼女が明確なビジョンを持っていたこともわかる。社会
を変えるために、戦略的なアプローチを実行するグループ

を築くことこそ彼女の願いであり、その実現を目指す大きなエネルギーを持っていることも一目瞭然だった。

ロジャー・ハラムは重要なサブソースであり、ブラッドブルックに社会変革の鍵を授けた。その鍵は、ブラッドブルックがビジョンの核となる部分を明確にするのに役立った。

この物語は、「ソース」と、すべての答えを持っているように思える神話的な「ビジョンを持つ英雄」は別物であることも、見事に示している。

ムーブメントを立ち上げたいという気持ちを持って、ブラッドブルックは自分をさらけ出した。彼女が持っていたのは答えよりもたくさんの問いだった。周りの人たちに耳を傾けて、クリエイティブ・フィールドをつくり、ビジョンを明確にして次のステップへの準備を進めていった。ハラムは、ひとつの答えの提供に一役買った。

ハラムはその後、エクスティンクション・レベリオンにおける重要なリーダーとなった。

彼は2018年に最初の大きな反乱活動（レベリオン）がおこなわれた際、その計画・実行の大部分でサブソースを担った。彼がいなければ実行されなかっただろうし、彼から提供された情報の価値は計り知れない。

それでも、ハラムではなくブラッドブルックがソースであると認識することは非常に効果的だ。

このムーブメントはイントロダクションで触れたような困難を乗り越える必要があるだけでなく、「ウォール街を占拠せよ（オキュパイ・ウォール・ストリート）」といった前世代のムーブメントのようにしぼんでいかないようにする

必要もある。

　ブラッドブルックがエクスティンクション・レベリオンの活動に抱く自然なオーサーシップと責任感は、この活動を取りまとめ、何千人ものメンバーの集合知を活かす場をつくる原動力として機能しているのだ。

CASE STUDY　ソースの系譜を追う

　立ち上げから年月の経っているイニシアチブにおいては、現在のソースから継承の軌跡をたどり、最初のソースを追う必要があるかもしれない。ソースが継承されてきた瞬間を順に追っていける場合もあるだろうし、継承がとぎれる瞬間、つまりソースが去るのに継承がおこなわれなかった瞬間を発見する場合もあるだろう。

　こうした調査は、どこからソースの継承を再開する必要があるのかを教えてくれる。そうすれば、ソースに再び責任感をもって熱心に取り組んでもらうよう促せるだろう。あるいは、適切な継承計画を立ててソースが真の意味で責任を手放し、別の人の手でイニシアチブに活気を取り戻すように促すこともできるだろう。

　数年前に私は、創業20年のきわめてクリエイティブなグローバル企業に生じていた大きな問題を解きほぐす手伝いをした。

　同社の歴史における重要人物たちに話を聞き、最初のソースや、ソースの役割が受け継がれていく系譜を明らか

にしようと試みた。

　その際は、CEO などの公式な肩書の継承には惑わされ
ないよう心がけた。ソースには独自の系譜があり、イニシ
アチブにおける歴代の公式なリーダーと重なるとは限ら
ない。

　ソースとは、ビジョンの長く受け継がれてきた部分と最
も深いつながりを持つ人物のことを指す。

　この企業の場合、実はソースの継承がうまくおこなわれ
ていなかったことが判明した。

　何人ものリーダーがやってきては去っていったが、周り
から最初のソースだとみなされていた創業者は、何年も前
に組織を離れる際、ソースの役割を真の意味で引き継いで
いなかったのだ。

　その結果、イニシアチブは陥りがちな罠を経験した（罠
については第 15 章参照）。こうした失敗のサイクルを断ち切
る鍵は、今その組織で働いている人を手助けするだけでな
く、最初のソースに立ち戻って次に取るべき策について意
見を求めることだ。

　現在の CEO とソースとの結びつきが生まれると、物事
は再び淀みなく流れていくからだ。

ソースを直感する

　調査をやり尽くしたとしても、今いる人たちの記憶からイ
ニシアチブ立ち上げの瞬間を再現することが不可能な場合も
ある。しかし経験と練習を積めば、そんなときでも直感を
使って妥当な推測をおこなえるようになる。

まず、現在のイニシアチブにおいてソースとして積極的に活動している人がいるかどうかは、察知できるだろう。

　イニシアチブに本当の活気や何かを創造したいというパーパスを感じられるときは、どこかにソースが存在している証拠なので、その人物を見つけられる可能性が高い。その人は最初のソースかもしれないし、後継者かもしれない。

　組織のメンバーたちが、大まかなビジョンや価値観を明確にしたいときに誰を頼りにしているか尋ねるのもひとつの手だ。

　その人物は組織図で言えば思いもよらない地位にいるかもしれないが、会えば本人の創造性やビジョンに対するオーナーシップを感じ取ることができるだろう。

　あるいは、メンバーがビジョンについて語るミーティングを観察することもある。注意して、誰が創造性の拠りどころとして自然に機能しているか見極めよう。

　そのとき、一番声の大きい人物や、最もカリスマ性のあるリーダーがソースとは限らない。また、時代遅れのステレオタイプにとらわれて、ある種の人たち、たとえば高齢の白人男性をその場におけるオーソリティだと考えてしまわないように気をつけよう。

　注目するのは、自分をさらけ出している人がいるかどうかだ。**満たされていない創造への願望を打ち明け、その願いを満たすビジョンを生み出すことに挑戦しているのは誰だろう?**

　あるいは、そこにいる周りの人たちに目を向けてみよう。価値観やプロジェクトの境界や方向性といった事柄に関して、**皆は誰の声に心から注意を払っているだろう?**

ソースに関する
認識の違いに対処する

　この章の原則に従って、ある人物がソースであるべき理由を論理的に説明するのではなく、誰が自然とソースの役割を担っているかを率直に感じ取ろうと意識すると、私の経験上、たいていは周りと見解が一致する。

　状況が複雑な場合は、多少の忍耐強さと、イニシアチブ立ち上げの本当の物語を解き明かす対話をさらに重ねることが必要になるかもしれない。それでも我慢しながら粘り強く続けていけば、たいていは解明までたどりつくはずだ。

　しかし、保証があるわけではない。ソースだと自認する人が複数現れることもあれば、誰がソースであるかについて見解の相違が生じることもある。たとえばソース原理を知った共同創業者2人が、互いに自分がソースであるという結論に至った場合などがあるが、これは危険な状況だと感じられるかもしれない。

　私たちが向き合っているのは究極的には「物語」である。誰がソースかを客観的に証明することは不可能だ。そのため、慎重に歩みを進めよう。

　こうした問題を解決する鍵は、**周りに物語を押しつけようとしないこと**だ。そうした押しつけは、議論の二極化や不要な対立を招く可能性がある。また、イニシアチブに関わる全員で一気に問題を解決しようとするべきでもない。

　第1章でも述べたように、ソースを明らかにするプロセスは自分自身の内面から始まる。クリエイティブ・フィールド

で目にしたものや感じ取ったものを手がかりにすると、自分
としてはどの物語が腑に落ちるものだろうか。

　それを考えてから行動に移そう——自分や周りの人たちが
自然に引き受けている役割を認めていくのだ。同時に、新し
い視点にはオープンであり続けなければならない。自分が間
違っている可能性もあれば、最初に自分が想定していた人物
とは別の人がソースである可能性もある。心を込めて感じ取
り続けていけば、最終的には物事の自然な序列が明らかに
なっていくだろう。たとえどんなに問題が熱を帯び、混乱が
増していっても、やがては新たな明確さにたどり着くはずだ。

‖ 別の人がソースである
‖ 可能性を排除しない

　クリエイティブ・フィールドを感じ取っていると、誰が
ソースであるかの仮説が生まれ、その想定に基づいてソース
原理に沿った活動を続けていく。その第一歩は、ソースに自
らの役割をあまさず引き受けるよう促すことだ（第5章参照）。
しかしそうやって進めていくあいだにも、他の人がソースで
あることを示唆する新しい情報にもオープンであり続けよう。
別の人に焦点を移し、そのイニシアチブの物語を大きく整理
し直す必要も出てくるかもしれない。最終的にはイニシアチ
ブの持つ創造に向かうポテンシャルが最大限に発揮される可
能性が高まる。

5 ソースとしての振る舞い

毎朝起きるたびに未来が始まる
毎日、俺は自分の人生に創造性を見出す
——マイルス・デイビス

　初めて自分がソース役だと認識すると、未知の景色を見ているように感じられるかもしれない。

　組織やリーダーシップについて私たちがこれまで頭のなかに持っていた見取り図では、ソース役の進むべき道は十分に示されていない。

　この章では、そのための新しいナビゲーションガイドを提供したい。このガイドを使って創造する旅路の道筋を見つけていくうちに、その基盤となっている原則も自然なものに感じられるようになるだろう。これはあなた自身がソースの役割を担っていく際の参考になるよう記したものだが、周りの人をコーチする際にも活用できる。

　このプロセスは、自分がソースであることを自覚し、周囲のサポートを募ることから始まる。

　そこから先は、〈ソースコンパス〉を活用することで、ソースとして直面しがちな複数の対立する概念のバランスを取り、それぞれの状況に役立つ行動を知ることができる。

ソースの役割を自覚する

　責任感をもってイニシアチブをリードするための最初のステップは、ソースである自分に自然ともたらされる役割を認識することだ。

　ポイントは、自分の役割を自覚することであり、自分がソースだと周りに主張することではない。私は痛い目を見たことがあるので、その教訓をシェアしておく。

　それは、自分の会社を立ち上げてから10年後のことだった。私は自分が持っていた株式の大半を売却し、取締役会からも降り、組織で担っていた各種の役割も引き継いだ。退任のパーティも開き、誰もがこれで最後の別れだと思った。

　そこから2年後、会社は機能しなくなりはじめていた。権力闘争が激しさを増す一方で、会社のビジョンの明確さが失われていた。

　ソースというレンズで眺めれば、どちらの問題も明らかにソースの不在が原因だった。

　会社の状態は悪化するばかりで、毎月大きな額のお金が消えていった。結果としてメンバーたちは誰もが不満を抱き、苦しんでいた。優れたメンバーたちのポテンシャルも発揮されていなかった。

　こうした状況を外から眺めていて、自分は組織から去ったものの、ソースの役割を継承しなかったため、クリエイティブ・フィールドを担う人間がいなくなっていたことに気づいた。気は進まなかったが私はまだ自分がソースであることを認め、事態を好転させる方法を模索するべく会社に復帰した。

　復帰にあたって私が犯した間違いのひとつは、メンバー全員にソースという役割について説明し、その役割を私が担うと伝えたことだった。

　私は浅はかにも、みんなが状況を同じような観点から見てくれるものと考えていた。しかしメンバーたちの意見は割れた。

　私と同じように、ソースという考え方が腑に落ちたというメンバーもいた。その人たちはソース原理によって会社の現状をもっと建設的かつ明確な形で説明できることや、誰かを責めるような視点がなくなることも理解していた。

　けれど、真逆の意見を持った人もいた。「2年も経って戻ってきて、よくも自分は特別な役割を担ってるなんて言えるな」とぶつけてきた人もいる。これには私もお手上げ状態で困ってしまった。なぜなら、これは客観的な真実なのだと主張することはできなかったからだ——誰がソースであるかは、一種の物語にすぎない。

　この話の教訓はこうだ。**自分がソースであると認めることは、周りに自分がソースだと「伝え」、皆もそれに納得してくれるだろうと想定することとは違う。**

　ここでの「自覚する」とは内的な行為だ。自分がソースだと認識し、その責任を果たせば、クリエイティブ・フィールドがうまく流れていく可能性が高い。誰かに指示命令したり、まとまらない合意を得るために奔走したりする必要もなくなる。いちいち言葉にしなくても、ソース原理を活かすことはできる。「ソース」という言葉すら口にしなくてもいい。

　もちろん、ソース原理について説明するのは構わない。

ソース原理について共有することと、自分がソースだと「伝える」ことの違いを意識しよう。そして、すべての人が賛同してくれると想定してはいけない──それは、間違った考えを持つ人がいるからではなく、私たちは誰もが自分なりのストーリーを通して物事を見る権利があるからだ。

　ソースであるあなたが自分の役割と責任を十分に認識していれば、そのクリエイティブ・フィールドにいるすべての人に利益がもたらされるはずだ──たとえ見解が異なる人たちにとっても。

‖ サポートを集める

　自分がソースであると自覚しはじめると、信頼できる仲間から支援を受けやすくなる。成長企業の創業者が、協力してくれる経営陣を集めていくようなものだ。

　しかし、これは組織における正式な役職を募るのとは違う──あなた自身がソースという創造的な役割を引き受けることに心から共鳴して助けてくれる支援者を探す、という意味だ。

　こうした支援者は、言いなりになる信奉者のような存在ではない。各自がそれぞれの場所で存分にソースとしての役割を果たしているような人たちだ。

　この人たちは、あなたが適切にソースの責任を担う手助けや支援をしてくれる。適切にソースの責任を担うとは、ときに周りの人に委ねたり、あるいは毅然と主張したりすることだ。

　こうした支援者から、あなた自身の成長に何が必要かを教わることもあるだろう。

‖ ソースコンパス

　ソースとして自分のビジョンと向き合おうとすると、あらゆる方向に引っ張られることになる。

　ソースは〈迷い〉と〈明確さ〉のあいだを揺れ動く方法を学ぶ必要がある。

　ソースであっても、イニシアチブがどのように展開していくかわからない状態が圧倒的に多いのだ。しかし同時に、究極的にはその方向を明確にできるのは自分だけだ、ということを受け入れる必要がある。

　迷いの状態について、私の同僚であるリア・ベックは〈まだわからない状態〉だと見事に表現している。

　ソースはイニシアチブの一貫性を保つために〈境界を守る〉よう注意しておく必要があると同時に、自分のビジョンの一部を周りの人たちに任せて、ビジョンが自分の創造を超えて進化することを受け入れる、〈委ねる〉ことも必要だ。そこには〈トップダウン〉と〈ボトムアップ〉の健全な緊張関係（テンション）がある。

　これらの関係をソースコンパスとして図示すると以下のようになる。

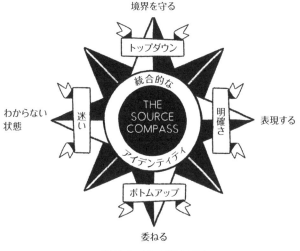

境界を守る

トップダウン

統合的な
THE
SOURCE
COMPASS

わからない
状態

迷い

明確さ

表現する

アイデンティティ

ボトムアップ

委ねる

図5-1　ソースコンパス

　コンパスの中心にあるのは、「自分はソースになる」とい
う内面の旅、つまりソースの〈アイデンティティ〉だ。言い
変えれば、ソースがどのような人間になりたいか、どのよう
な姿を見せたいかを示している。ソースは、さまざまな振る
舞い方を学び、活動のなかで使い分けながら、内面の成長を
続ける必要がある。詳しくは、Part 3で解説する。

　イニシアチブでは、状況は常に変化するものだ。だから
ソースは、明確さと迷いという相反する状態を行き来しなが
ら、意識的にトップダウンとボトムアップの両方から振る舞
い続けなければならない。これは、イニシアチブが閉じられ
るか、ソースの役割が継承されるまで終わることはない。

　次に、ソースコンパスの2つの軸について詳しく見てみ
よう。

‖ 明確さと迷い

ソースの役割として重要なのは、ビジョンに何が含まれて何が含まれないか、そしてイニシアチブ全体の次の一歩が何かを絶えず明確にすることだ。

▍表現する

ビジョンとは組織ではなく個人に紐づくものであるという前提に立つと、ソースが持つビジョンを実現するために何が必要かは、本質的にはソースしか知りえないことになる。周りの人たちは提案したり、推測したり、自分たちの願いを語ったりすることはできても、ビジョンの所有者は自然とソース 1 人になる。

チャールズ・デイビスは、これを〈創造的権威〉（クリエイティブ・オーソリティ／ creative authority）と呼んでいる。

従来型の組織で使われているような、正式な肩書に基づく権威ではない。英語での「author」のもともとの意味である「つくった人・創始者」が持つ権威、ということだ。〈オーサーシップ〉も同じように、「自分のつくったものという意識」を指している。

ソースが自然に持つ創造的権威は、ソースとしての責任と密接に関わっている。チャールズ・デイビスは次のように記している。

> 権威も責任も同じ瞬間に生じます——何らかの内なるビジョンが具体的な行動となって世界と出会う瞬間に生じるんです。権威と責任は双子のようなもので、イニシアチブを立ち

上げた瞬間に生まれます。

　私は自分が生み出しているものに対する権威を持っています。……それを生み出した人間として、私がビジョンをつかんでいる。そして、私にはそのビジョンに対する責任がある。ビジョンを明確にし、ビジョンに基づいて行動する責任です。それは他の誰にもできないことだからです。

　権威と責任の大きさは同等です。私には、自分が権威を持っている物事に対する責任がある。同時に、自分が責任を持っている物事に対する権威がある。責任がないところには、権威もないのです。[12]

　第7章では、ビジョンを明確にするのに役立つ方法をいくつか紹介する。また、付録にも集合知を活かす探求プロセスを掲載しているので、それを活用して他者の力を借りながら明確にしていってもいい。

わからない状態

　ソースはイニシアチブに対する創造的権威を持ち、明確さを生む力を持った存在であるが、次にどんな行動を取るべきか〈わからない状態〉であることも多い。

　何年も前のことだが、最初に起業した会社のソース役が自分であることに気づいて悩んでいた私に、ピーター・カーニックは「ソースというのは、明確さではなく迷いを持つ状態のほうが普通なんだよ」と教えてくれた。

　私はそれを知ってずいぶんと気が楽になった（あなたもそうなってくれれば嬉しい）。

　私は、自分がイニシアチブのソースなら、物事をどうして

いくか明確に知っておくべきだし、尋ねられたらすぐに答え
を返せるようになっておくべきだ、と思い込んでいた。

　しかし、何にでも答えを持っている「ビジョンを掲げる英
雄」のようなソース像には、違和感があった。

　幸いなことに、本当はどんな人間も全知全能にはなれない。
この世界や、私たちの創造的な取り組みは、あまりに複雑す
ぎる。

　私たちは神ではないし、超人的な力があるようなふりをす
る必要もない。老子も「知りて知らずとするは上なり」と記
している。

　わからない状態は自然だし、避けられないものだ。その状
態を受け入れたほうがいい。わからない状態と仲良くなろう。
それと付き合いながら、明確さをもたらすスキルは練習しな
がら伸ばしていこう。

　わからない状態に居心地の悪さを感じるかもしれないが、
自分たちはすべてを知っていると考えることはとても危険だ。
将来がどうなるかを完璧に把握できる人など誰もいないのだ
から。

　ついつい、そういう状態に我慢できなくなって答えを決め
ようとするかもしれない。もちろん、決断をしないより何か
決断したほうがいいような緊急事態の場合もあるし、そんな
ときにも悩んだほうがいいと言っているわけじゃない。

　しかし、何かを創造しようとするイニシアチブについて、
その範囲や方向性といった大きなことを決めようとするとき、
急を要することはほとんどない。迷いのなかに身を置く余裕
はきっとあるはずだ。

じっくりと耳を傾ける

　明確さがもたらされるのをじっと待っているとき、ソースの役割は耳を傾け続けることだ。

　これは、自分が何を生み出したいのかと内側に耳を澄ませることでもあり、外側のあらゆる情報源に耳を傾けることでもある。

　ソースの創造的な思考は、これらの情報を人知では計り知れない形で処理していて、準備が整ったら明確さが訪れるはずだ。

　この章を書いているとき、私は自分が立ち上げたイニシアチブに迷いがあった。

　とても重要な役割を果たしていた仲間の1人がイニシアチブから去って別の会社に移ることになったので、イニシアチブが岐路に立たされていた。

　私は次にとるべき行動として8つの選択肢を思いついた。たとえば、代わりの人を採用する、会社を売却する、出資を募る、思い切って方向転換して新商品を開発する、ここで終わりにして新しいプロジェクトに取り組むなどだ。

　けれど正直に言って、どの道を進むべきかわからなかった。明確にしたい気持ちはあったものの、迷うのも悪いことではないと考えていた。

　このことは、そもそもなぜこのイニシアチブを開始したのか、自分の個人的な願いは何なのかに立ち戻って考えるいい機会になった。

　私は顧客からの要望に耳を傾け、世界はこのイニシアチブに何を求めているだろうか、と考えた。自分より優秀な人た

ちに助言を求めたし、友人たちにも相談した。準備が整えば、明確さはおのずと訪れるものだと信じて。

　明確さは驚くような瞬間に訪れることも多い。明確な結論が出る日というのは、カレンダーにスケジューリングできるようなものではない。

　あなたも、何か大きな物事に対する迷いを抱えていたのに、ある日突然、シャワー中や、ランニング中や、朝目が覚めたときに、はっきりと答えが降りてくるような経験をしたことがあるのではないだろうか。その明確さは、身体で感じるものだ。頭のなかだけでなく、心や腹の底もすっきりする感覚だ。

「わかるときは、本当にわかる」とピーター・カーニックは言う。

　だから、明確さが訪れるまでは、重要なステップに取りかからないようにしよう。

　明確でないまま進んでしまうと、必ずと言っていいほど痛々しくて代償の大きい軌道修正に迫られる。そのため、明確さが訪れるのをじっと待ちながら、耳を傾けよう。

　いちど明確になれば、真のエネルギーをもって前進することができる。公民権運動の活動家ローザ・パークスは、「長年をかけて学んだことがある。心を決めれば、恐れは減る。何をすべきかを知れば、恐れは消え去る」と語っている。

結果とは切り分ける

　イニシアチブの次のステップや境界線について明確にすることと、その判断がもたらす結果を明確にすることは同じ

ではない。この2つを混同しないようにしよう。

　未来のことを常に予測しコントロールできる人なんていない。未来はいつだって流動的で、リスクは絶えず存在する。

　あなたが得ようとしている明確さは、「これは、いまとるリスクとして適切か」を見極めるためのものだ。大切なのは、自分がとろうとしているリスクが、いま持っている情報や、実現を目指しているビジョンや、あなた自身がビジョンに全力を捧げている理由からみても妥当なものかどうかだ。

　自分の望むように進む物事もあれば、そうでないものもある。じっくりと耳を傾け、明確さが訪れるのを待ち、適切なリスクをとれば、想像もつかなかったようなすばらしい状況に展開していくことも多い。この不確かさの波を乗りこなしていくことこそ、イニシアチブの醍醐味だといえる。

‖ トップダウンとボトムアップ

　コンパスの縦軸は、ソースがトップダウンとボトムアップという対立軸を行き来する必要があることを示している。

▤ 境界を守る
　第2章や第9章で示しているように、クリエイティブ・フィールドは入れ子状のものとして捉えられる。ソースが特に注意するべきなのは、一番外側の円（境界）の範囲を明確にして、境界が崩れないよう一貫性を保つことだ。

　イニシアチブにそぐわないものは境界内に入ってこないようにしよう。もしソースが、イニシアチブにそぐわないと知

りながら侵入を許してしまったら、緩やかに、しかし確実に、クリエイティブ・フィールドの一貫性が失われていく。

その結果、ソースのエネルギーも失われて、ビジョンの実現に向けて参加しているあらゆるメンバーの活力も弱まっていくだろう。

このトップダウンの役割は、従来型の独裁的なリーダーシップスタイルだと誤解されやすい。

たしかに独裁の弊害は歴史からも明らかだ。独裁者たちは大規模な活動のトップに力ずくで上り詰めることはできたが、多くの場合で、たとえばナチスから犯罪組織に至るまで、不安定でやがては崩壊している。

一方で、私が関わった参加型組織のリーダーの多くは、このトップダウンの振る舞い方に苦労する。

独裁者にならないように警戒するのは、とても適切なことだ。世界をよくするために何かを創造しようとするなら、恐れをベースにした独裁的な文化では、長期的にはメンバーたちは最大限の力を発揮できないだろう。

一方で、ビジョンの実現を目指すなら、トップダウンでオーソリティを行使するタイミングを知ることが決定的に重要になる。そう、非常に少ないが、独裁者になるべき時間と場所はたしかに存在するのだ。

とはいえ「境界を守る」ための振る舞い方は、独裁的なリーダーという言葉からイメージされるような強権的で暴力的になることはほとんどない。

ソースが明確さを持ち、究極的には愛をもって行動すれば、自然な振る舞いとして受け止められるだろう。

もしメンバーが強い抵抗を示すなら、ソースが十分に耳を

傾けていなかったり、無意識のバイアスに基づいて行動していたり、自分でも気づいていない心の一面が現れているかもしれない。

そんな場合の解決策は、自分のやり方を押し通そうとするのではなく、もっと耳を傾けたり、自分の無意識に目を向けたりすることだ。しかしそれと同時に、しかるべき瞬間にはトップダウンで行動できるように備えておこう。

この考え方を分散型のイニシアチブに参加している友人に話したところ、その活動のソース役の人も、しかるべき場面でトップダウンで力を行使するのがうまいと教えてくれた。

たとえば頻度は多くないが、会議で行き詰まったり自分たちの価値観を見失いそうになったりしたときに、そのソースは手を叩いて「もう十分だ!」と声をかけるという。

メンバーたちはそのソースが持つ創造的権威を感じ取り、彼の言葉の意図を理解して、間違った方向に進むのはもう十分だという考えに賛同し、その対話は適切な方向に戻っていくという。こうした状況で本当に危険なのは、何も行動せず流れのままに任せてしまうことだ。

ソースの発揮する影響力は、「取締役」や「株主」といった組織の公式な役割とは異なるものだ。これらの公式な役割が過大評価されていることは多い。ソースが自らの役割に真摯に向き合い、明確なビジョンを持てているときほど、本当に強い影響力が発揮できるのだ。

委ねる

ソースがトップダウンに振る舞う責任を負うのは、クリエイティブ・フィールドの中だけである。その外側については

関知しないし、他人の人生を制約することもない。

　もし参加メンバーのなかで天職がイニシアチブにそぐわない人がいる場合は、その人の創造への衝動が「フィールドの外側で」満たされる方法が見つかるように手助けすることが解決策になるだろう。これはサブソースとうまく関わる方法のひとつで、次の章で詳しく取り上げる。

　縦軸を下へと向かうほど、ソースはビジョンの具現化は自分1人で達成できないことに気づく。ソースは、自分のフィールド内で他人がサブイニシアチブを立ち上げ、その中で役割を果たすことを受け入れる必要がある。サブイニシアチブがクリエイティブ・フィールド全体の境界を侵害しない限り、ソースは余計な手出しや介入を避けよう。

‖ ソースの行動

　ソースコンパスを使うと、ソースがとるべき重要な行動は4つにまとめることができる。それが、〈耳を傾ける〉〈ホストする〉〈分かち合う〉〈決断する〉だ。

　図5-2は、各行動がコンパスのどの部分に該当するかを示している。これらの行動は切り離されたものではなく、同時並行的に実践されることも多い。

耳を傾ける

〈耳を傾ける〉という行動は、〈トップダウン〉と〈迷い〉の交差するところにある。究極的にはソースだけが全体のビジョンを持つ存在であるため、これはトップダウンの行動だと

いえるだろう。他の誰も、ソースと同じような耳の傾け方は
できないからだ。

　耳を傾けることは、ソースが自然に持つ〈迷い〉と向き合
ううえで重要になる。耳を傾けることでソースは境界の範囲
や次のステップを明確にしていく。

ホストする

　サブソースや他のヘルパーたちとの対話やセンスメイキン
グ（認識合わせ）の機会を設けて〈ホストする〉ことも、〈迷
い〉と向き合う効果的な方法だ。

　ソースだって超人ではない。ビジョンの実現へ前進してい
くために必要な情報を集めて整理するには、仲間からの手助
けが必要だ。そのためホストすることはボトムアップの行動
で、ソース以外の人間がアイデアを提供できるような空間を
つくることである。

分かち合う

〈明確さ〉を手に入れたあとでも、ソースは自身のオーソリ
ティを〈分かち合う〉ことでボトムアップのあり方を保つこ
とができる。

　サブソースはビジョンを実現する活動の一部を自分自身の
責任範囲として、全面的に引き受ける。ソースはイニシアチ
ブ全体の境界が侵害されない限り、余計な手出しをすること
はない。

　サブソースになるほどの役割を負わないヘルパーに対して
は、作業の一部を任せることで責任を分かち合うこともある
（第6章参照）。

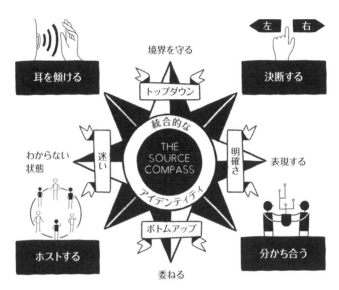

図 5-2　ソースの行動を含めたソースコンパス

決断する

　最後に、〈明確さ〉を手に入れたら、ソースは〈決断する〉
準備をしなければならない。

　この行為は、ソースが持つ創造的権威の究極的な表現形態
だ。つまり、イニシアチブ全体の方向性や範囲についての重
要な決断を真の意味で下せるのはソースだけだという事実が
表現されるものだ。明確にトップダウンの振る舞いである。

　しかしソースが真に明確であるなら、メンバーに強制す
る必要はほとんどない。自然と周りの合意がとれるはずだし、
そこに至った経緯はみんなで決めていったと解釈されるだ
ろう。

‖ 内省

　この4つの行動のうち、どれが自分にとって自然でどれが
難しいかを考えてみよう。

　どんなソースであっても、コンパスのなかでどこかに偏っ
ていて、得意な行動と苦手な行動がある。ソースとして成長
するためには、コンパスのどの方向にも自然と振る舞うこと
ができるようになろう。

　特定の行動に難しさを感じるのは特定のアイデンティティ
（ソースの性格）が原因となっているので、そうした部分には
注意を向けておく必要がある。Part 3 では、自分のアイデン
ティティと向き合い、物事の流れを阻んでいるものから自分
を解放する方法を紹介する。

⩉ 集合知を活かす探求プロセスのなかでソースになる

　集合知を活かす探求プロセスにおけるソースとしての振る
舞い方も、その他の状況と違いはない。だから、ここでも
ソースコンパスを指針として活用できる。明確さと迷い、そ
してトップダウンとボトムアップを行き来するのだ。

　それはつまり、自分を丸ごと表現するという意味でもある。
ソースは、ただ問いを投げかけて、その場を離れたり受け身
で観察したりする存在にはならないようにしよう。それは自
分が場を支配したくないという善意からの行動かもしれない
けれど、そうしてしまうと、別の誰かが空いている権威の座
を埋めようとして、探求プロセスが不安定になるからだ。

　**ソースは自分の弱さをさらけ出し、そもそもこの探求プロ
セスが始まるきっかけとなった自分の強い衝動について心か**

ら語ろう。

　それと同時に、探求プロセスの一貫性をしっかりと維持し、そのプロセスの結果に対する責任を引き受けなければならない。ソースと同じような形で責任を負える人は他にいないからである。

　より具体的に言えば、グループが協力してイニシアチブのビジョンをより詳しく描こうとしている場合に、ソースがビジョンについてのコンセンサスを得ようとするのは問題ではない。

　しかしその過程においても、クリエイティブ・フィールドの一貫性が損なわれると感じたら、ソースははっきりと異議を唱えることが重要だ。ソースが真に明確さを持っていれば、周りもその意図を理解してくれるはずだ。

　こうした異議を具体的で客観的な形で語るのは難しいかもしれないが、たとえ完全なる合意が得られないとしても、ソースはみずからのビジョンと揺るぎなくつながっている必要がある。

　このようなプロセスにおけるソースとしての優れた振る舞いは、委ねる準備をするということでもある。

　自分が提示した問いに参加者が向き合い続けているなかで、ビジョンの一部を担うサブイニシアチブを思いもよらなかった創造的な方法で引き受ける人が現れるかもしれない。

　クリエイティブ・フィールドの一貫性を脅かさないのであれば、ソースは参加者たちがサブソースとして行動することを妨げるべきではない。

‖ ソースになるための余白をつくる

　イニシアチブが一定の規模になると、たとえかなり小さな組織であっても、**ソースとしての主な役割を果たすだけで実質的にフルタイムの仕事となる。**

　真に耳を傾け、取りまとめ、明確にし、決断をし、コミュニケーションをとろうとすれば、そのための時間や余白が必要だ。会議から会議へと飛び回り続けていると、必要な明確さを得ることが難しくなってしまう。

　アイデアが降りてくる瞬間というのは、ノートパソコンで作業しているときよりも、たとえばパソコンを閉じてランチタイムに散歩へ出かけたときであることが多い。

　ソースとしての思考は、ほとんど常時動いている。ヨガや瞑想の時間、エクササイズの時間、自然のなかや子どもと遊んでいるときだって動いている。たとえば私には、現代美術のギャラリーに行くことが非常に効果的だ。アートに触れると、世界が広がるような創造的な感覚を得られる。思考の広がりが、よりよいソースになる役に立つのだ。

　何かを生み出す経験が豊富な人はこうした余白の必要性を認めているにもかかわらず、多くの人がその重要性を理解していない。

　私はさまざまなソース役の人たちに、せわしないスケジュールのなかにも普段の業務から完全に離れる余白をつくるようコーチしてきた。初めはたまに午前中の数時間、やがて週に何回か半日もしくは終日の余白をつくって、自分の創造性を発揮させるのに必要な物事に取り組むのだ。

　スケジュールのなかに余白を設けて、たとえ周りから時間

の使い方に異議を唱えられてもその余白を守るには、強い規律が必要だ。緊急度が高いように感じないかもしれないけれど、何より大切なことだと思ってほしい。

‖ 創業者シンドローム

　取り組みが発展していくにつれて、創業者が権力に固執する現象、いわゆる創業者シンドロームがイニシアチブの健全性を損ねることがある。そうなると、有害な社内政治がはびこったり、意思決定の質が下がったりするなど、数々の問題が生まれてしまう。

　こうした事態において推奨される対策は、基本的には創業者が周りに委ねることだ。たとえば経営に関する公式な権限を取締役会やCEO、あるいは参加型の対話プロセスなどに委譲することだ。

　善意ある創業者であれば、イニシアチブ立ち上げの時期にはソースとして権限を持つことが重要だが、成熟したイニシアチブで権限の必要性が下がれば自分から委譲していったほうがいいかもしれない。

　一方で、クリエイティブ・フィールドに機能不全がはびこっているのに、創業者が自分の権力にしがみつくことがある。そういう場合は正式な議決権を持つ投資家や理事たちが強制的に介入を試みるかもしれない。その場合、WeWorkの創業者でありソースでもあるアダム・ニューマンの象徴的な事例のように、創業者が望まぬ形で解雇される可能性もある。[13]

創業者シンドロームを「ソース」というレンズで眺めてみると、新たな捉え方ができる。**問題はソース自身にあるのではなく、責任の扱い方や活かし方にあるのだ。**

　たとえば、あるスタートアップの初期段階においては、ソースがイニシアチブのあらゆる面に手を出すのはとても健全なことだ。そもそもイニシアチブを立ち上げられたのも、ソースの実行力によるところが大きいこともあるだろう。

　しかし、そのレベルでの介入は、イニシアチブが数十人、数百人、あるいは数千人の規模になると不可能になってくる。

　イニシアチブの初期段階なら、ソースが少人数のメンバーに耳を傾けて迅速に決断することは簡単だ。規模が大きくなるにつれて、大人数の集合知を活かせるような、丁寧な準備と優れたファシリテーションが必要になる。ただその能力をソース自身が持ち合わせているとは限らないため、それを実行できるサブソースを採用する必要が出てくるかもしれない。

　たとえ組織の規模が大きくなってガバナンスの仕組みが変わったとしても、ソース役が持つ創造的権威はまったく変わらない。

　取締役会はソースの意見に反対することもあるかもしれないが、それは問題をすり替えているだけかもしれない。ソースの自然な権威の発揮が阻まれると、クリエイティブ・フィールド内のエネルギーや創造性が低下してしまう。こうした状況は、かつて活気があったスタートアップが、創業者が去ったことで「会社」的でつまらないものになってしまったときによく見られるものだ。

　すべてがエネルギーに満ちたビジョンにつながるよう、ソースが全面的な責任を負わなければ、組織はお金（売上、

利益、株価、非営利団体なら資金調達の機会など）を追うばかり
になってしまうリスクがある。

　ソースがイニシアチブの目的を阻むような自滅的な行動を
取ることは決してない、と主張しているのではない。

　しかし、創業者シンドロームにはソースがすべてを手放す
こと以外に対策はないと考えるのも間違っている。むしろ、
イニシアチブの規模が大きくなって成熟するにつれ、ソース
は自分がおのずと持つ役割を認め、4つの主な行動（耳を傾
ける、ホストする、分かち合う、決断する）を現在の状況やイ
ニシアチブの規模に合わせて調節していくべきだ。

　ソースはまた、常に自己成長の旅に優先的に取り組まなけ
ればならない。

　創業者による独裁的な行動や、ときには病的ともいえる行
動はソースの役割自体に由来するものではない。そうした行
動を乗り越える鍵は、ソースが自己成長を続け、イニシアチ
ブが発展していくどの段階でも適切な振る舞いができるよう
にしていくことだ。

　イニシアチブの規模が大きくなっていっても、ソースコン
パスの4つの行動は重要なものであり続ける。

　ソースは、周りの参加を促すような働き方ができるよう成
長する必要がある。具体的には、より耳を傾け、より大規模
で洗練された方法で多くの人を対話に招集し、クリエイティ
ブ・フィールドをサブソースたちと分かち合い、適切で賢明
な決断をおこなうためにより洗練された意思決定の方法を採
用しよう。

　そうでありながら、トップダウンに振る舞うべきタイミン
グを見極めて、必要に応じて、愛をもって適切に実行しよう。

6 イニシアチブを 推進するサブソース

　ソースはイニシアチブ全体のビジョンの唯一の保有者である。同時に、サブイニシアチブが生まれ、育っていく空間をつくる必要がある。

　大聖堂を建てるときに、ひとつひとつのレンガにソースが責任をもって目を配ることはできない。創造する活動の規模を大きくしていく鍵は、サブソースと責任を分かち合っていくことだ。

　この章からは、混乱を避けるため全体のビジョンの保持者を〈全体ソース〉と呼び、ビジョン内の特定の領域に責任を持つ人物を〈サブソース〉と呼ぶ。[14]また、イニシアチブを手助けしてくれるヘルパーの一種である〈業務協力者〉についても紹介する。

‖ 従属関係ではない

　サブソースは、全体ソースに従属すると誤解されることがある。つまり、サブソースの主な仕事は全体ソースに仕えることで、自分の欲求や天職よりも全体ソースのビジョンに重きを置くものだと思われてしまうのだ。

　だからこそ、二人三脚に見える共同創業者 2 人の物語を分割し、片方を全体ソースに、もう片方をサブソースにすることが問題をはらんだ行為に感じられるのだろう。クリエイティブ・ヒエラルキーにおける自然な序列を認めることで、共同創業者をまったく平等な存在として扱う心地よい物語に亀裂が生じるように捉えられやすい。

　階層というものに抵抗があるのはよくわかる。組織における有害な階層の例は枚挙にいとまがないため、この概念に警戒感を抱くのももっともだ（第 11 章では、より詳しく説明している）。

　スタートアップの共同創業者たちは、誰か 1 人がみんなの「上司」になって、その肩書に付随するすべてを背負わせるのを避けようとする。そしてまた、管理職が何層にも重なって官僚的な組織になることも嫌う。

　しかし多くの場合、クリエイティブ・ヒエラルキーという概念に対する抵抗は過去の経験から生じる拒否感の名残であって、クリエイティブ・ヒエラルキーの機能を真に理解したうえで抵抗しているわけではない。

　同じように、あるイニシアチブに参加したという理由だけで、参加者 1 人ひとりの人生のパーパスが、ソース個人のパーパス（あるいは会社が表明しているもの）とまったく同じであるかのようなフリをする必要もない。

　企業のパーパスに焦点を当てて成長を支援する事業をおこなう「Within People」の創業パートナーであるジェフ・メルニクは、個人は組織と同じパーパスを持つべきだという考えに異論を唱えるエピソードを教えてくれた。

「Facebookで働く人は誰もが同じパーパスを持っている。だからこそ、みんなここで働いてる」

　ある女性の発言に私は悩んでしまった。それは、成功した著名な企業の経営陣から聞いた発言のなかでもとりわけ奇妙なものだった。……私はFacebookの人たちと会うのを非常に楽しみにしていたから、組織カルチャーについて相手が抱く考え方に期待しすぎていたのかもしれない。

「でもあなたは、この会社と同じパーパスを持っているからここで働いているわけではないですよね」と私は尋ねた。「同じに決まってるじゃない！」彼女はすぐに反論した。

　しかし、入念に整えられた彼女のLinkedInのプロフィールに載っている職歴をのぞいてみると、彼女はFacebookが掲げるミッションのように「よりオープンで、つながった世界にする」ためにずっと仕事をしてきたわけではないことがわかった。同じように、彼女のFacebookの同僚であるシェリル・サンドバーグはアメリカ財務省の補佐官としてキャリアをスタートさせていることから、彼女自身のパーパスが「人と人をつなげる」ではなかったことは明らかだ。そしてFacebookの従業員の平均在籍期間はわずか2.02年である。会社を移る際に、Facebookのパーパスを持ち続けるわけではないだろう。[15]

　サブソースはソースと従属関係にあるわけではなく、サブソースも自分の人生のビジョンに焦点を当てるべきだ。全体ソースや全体のイニシアチブがあろうとなかろうと、サブソースが個人的に抱くビジョンは偽りのないものであり、その人のエネルギーの源となる。

　全体ソースとサブソースには自然な序列が生まれる。しか

し、その序列によってサブソースが押さえつけられることはなく、むしろ第2章で紹介した兄弟の物語のように、あらゆる面で全体ソースよりも影響力を発揮することが多い。

チャールズ・デイビスは、このことをチェスにたとえて見事に説明してくれた。

チェスで言えば、キングの駒が全体ソースに該当する。肩書は立派だが、実際にはとてももろい駒だ。ゲームの大半で後方に隠れて過ごし、周りからたくさん助けてもらう必要がある。

ゲーム中、自分自身は大きな力を発揮することができず、1度に1マスしか動けない。しかしキングはゲーム全体の中心となる駒なので、犠牲にすることはできない。

一方で、クイーンは最も強力な駒だ。盤面をあちこち動き回ってゲームを活性化する。しかしクイーンがいなくてもゲームに勝つことはできるし、たとえクイーンが取られたとしても、別の駒がクイーンに「昇格」することもできる。

これはまさに、創造的な取り組みにおける重要なサブソースの役割と似ている。

誰がキングであり誰がクイーンであるかを把握しておくのは、とても役に立つ。そうすることで各自の役割を存分に発揮できるようになるし、お互いの働きを認めて尊重しあえるようになるからだ。

そしてチェスの駒とは違って、**私たちは誰もが人生のあらゆるゲームに参加することができる。**

クリエイティブ・ヒエラルキーは個人の力を削ぐような階層構造だと誤解しないようにしよう。実際はその正反対だ。自然に生じるクリエイティブ・ヒエラルキーを活かすことで、

誰もが存分に創造的な自由を発揮できるようになるだろう。

　たとえば、いま私はとても大きなイベントを主催するグループに参加している。このイニシアチブの全体ソースが私たちに参加を募ったとき、彼は「自分の人生における天職の一部でない役割には、責任を持ってはいけない」と強調した。

　だからこそ参加者たちは、全体ソースのビジョンの実現を手助けするために参加しつつも、自分自身のビジョンを最も優先しているのだ。

‖ サブソースがイニシアチブに参加する方法

　これから、クリエイティブ・フィールド内でサブソースと権限や責任を分かち合うステップを紹介しよう。

▤ ステップ1　サブソースの人生のビジョンを明確にする
　第7章「ビジョンを明確にする」で紹介する方法を活用すれば、サブソースは自分の人生という旅の目的は何か、世界に何を生み出し、世界をどう変えたいと願っているかを理解することができる。

　どんなときも、この人生のビジョンが進むべき道を示す「北極星」であるべきだ。たとえ全体ソースのクリエイティブ・フィールドにいるときであってもだ。

　サブソースが自分の人生のビジョンに専念し、そのうえで全体ソースが自分の役割をきちんと果たせば、自然な副産物として全体のビジョンが実現へと向かっていくだろう。

ステップ2　全体ソースのビジョンとつながる

　サブソースが、全体ソースのイニシアチブ内で自分の人生のビジョンのすべてやその一部を実現しようと考えた場合、そこに多くのエネルギーを注ぐことになる。

　全体ソースはクリエイティブ・フィールド内のすべてに影響を及ぼす。そのため、サブソースがそこに自分のエネルギーを注ぐのが適切かどうかを判断するときに、全体ソースの存在はクリエイティブ・フィールドの目的や範囲を理解する重要な手がかりとなる。

　これは、組織のミッション／パーパス／バリューのようなよくあるスローガンの奥に目を向け、全体ソースの役割を担っている人物と個人的な関係を築くということだ。

　なぜなら、組織のスローガンはたしかにビジョンの一部を表現しているかもしれないが、そのビジョンを抱いた全体ソースの個人的な願いや衝動や無意識のこだわりが省かれていることが多いからだ。

　サブソースは全体ソースに対して、「**このビジョンを実現することは、あなた個人にとってどんな意味がありますか?**」「**このイニチアチブ全体に対して、あなた個人はどんな期待をしていますか?**」のように問いかけてみてもいい。

　そのときに、本人と深く結びついていないような回答には注意が必要だ。たとえば、「どんな子どもも飢えるべきではない」という答えは力強く意義深いものかもしれないが、ソースが自分をさらけ出すような表現ではない。

「子どもたちが苦しんでいる記事を読むと個人的に心が痛くなるため、行動せずにはいられない」といった全体ソースの個人的な願いが表に出てくるまで耳を傾け続けよう。そう

すれば、自分がどんな活動に参加しているかも明確になる。

　全体ソースは自分のビジョンと特別な形でつながっているが、自分が感じたビジョンをうまく周りに伝えられていない場合もある。サブソースは、それを明確に表現していくプロセスにおいて重要な役割を果たす。

　私は、周りが十分に理解できない不明瞭なビジョンを繰り返し語る全体ソースをたくさん目にしてきた。

　そうしたまとまりのないスピーチの最後に、サブソースが「あなたがおっしゃろうとしていたことは……」と言って、全体ソースのビジョンの核心を見事に要約するのもよくあることだ。

　それを受けて全体ソースは「ああ、助かるよ、そう――まさにその通りだ!」と答えたり、「いや、そうじゃない。つまりこうだ……」と言って、ビジョンがより明確にされていったりする。

　しかし、どれだけ明確に表現されたとしても、サブソースは全体ソースのビジョンを完全に理解することはできない。どれほど人に共感したところで、相手の経験を完全には理解できないのと同じだ。

　サブソースは他のメンバーがそれを理解して活動を始められるレベルにまでビジョンを明確にしていく手助けはできるものの、100パーセント明確になるまでエネルギーを注ぐ必要はない。ビジョンを掲げ、必要に応じて解像度を上げて、前進しながら修正していくのは全体ソースの役割である。

　サブソースはビジョンを明確にする手助けをして、ときにビジョンを拡大する方法を提案することもあるかもしれない

が、全体ソースの願いから外れてしまうほどビジョンを広げ
たり曲げたりしたくなる誘惑は抑えるのが賢明だ。

　自分の創造への衝動を満たそうという全体ソースのエネル
ギーがクリエイティブ・フィールドに命を吹き込むのだから、
ビジョン自体がソースの願いから外れてしまうと創造的なエ
ネルギーが失われてしまう。ビジョンとソースの個人的な結
びつきが損なわれたり失われたりすると、関わる全員が苦労
することになる。

　サブソースは、たいていは全体ソースのことをよく理解し
ていることが多く、それはビジョンを明確化する助けにも
なる。

　全体ソースの言葉に耳を傾けるだけでなく、それらの言葉
が心からの偽りのないものであるかを判別できるからだ。

　いま耳を傾けているソースの言葉は、自分の奥底にある願
いから出ているものだろうか？　それとも自分とはつながっ
ていないのに表面的には意味がありそうなビジョンを語って
いるだけだろうか？

ステップ3　参加するかどうかを決める

　自分の人生のビジョンを明確にし、参加を検討しているク
リエイティブ・フィールドについても明確に把握したら、サ
ブソースは次のステップについて十分な情報に基づいた決断
を下すことができる。

　あるクリエイティブ・フィールドに対して、サブソースが
「ここは自分のいる場所じゃない」と判断したとしても、そ
れはきわめて健全なことだ。

　不満を募らせるだけの場所には立ち入るよりも離れるほう

が賢明だ。**相容れないビジョン同士で無理やり力を合わせるよりも、よい形のコラボレーションの方法を探すほうがいい。**

そのクリエイティブ・フィールドの外で自分自身のイニシアチブを立ち上げたい、という思いが生じることだってあるだろう。その場合は、挑戦してみるべきだ。

サブソースは、クリエイティブ・フィールドに自分のビジョンのすべてといかなくても、一部だけを持ち込むこともできる。

たとえば、サブソースが消費者向けの製品開発と純粋な社会貢献の追求という2つの個人的なビジョンを持っていたとする。その場合、全体ソースのフィールド内で前者を実現し、社会貢献というビジョンを実現する手段は別の場所で見つけることができるかもしれない——もしくは、後者のビジョンは将来取り組むものとして保留しておくこともできる。

サブソースは自分の創造への衝動を抑えるべきではない。それによって創造的なポテンシャルがむなしく失われてしまうだけでなく、有害なものだ。

ブレネー・ブラウンは、「活用されない創造性は悪性の腫瘍のようなもので、しかも転移してしまう」と語っている。つまり、「創造」という深い人間的な欲求が抑制されると、私たちは内側から蝕まれるということだ。

サブソースは、次の2つのうちいずれかの形でクリエイティブ・フィールドに呼び込まれる。

全体ソースが「この人はビジョンの一部の責任を喜んで引き受けてくれるんじゃないか」と感じ取って声をかける場合。あるいは反対に、誘われるのではなく、サブソースが機会を感じ取り、効果的に自分を売り込んで、全体ソースに参加を

認めてもらう場合だ。

　どちらの形で参加したかを素直に認めることも役に立つだろう。詳細はこれから説明するが、どのように参加したかは、全体ソースとサブソースの協力関係を維持する方法にも影響を与えるからだ。

ステップ4　サブソースになる

　サブイニシアチブを立ち上げたら、サブソースの仕事はその中でソース原理に沿って振る舞うことだ。第5章で紹介したソースになるためのアドバイスはすべて活用できるし、「ソースコンパス」もよいガイドになるはずだ。

　サブソースの仕事は全体ソースよりもシンプルだ。サブソースのサブイニシアチブは領域が特定されている分、目標にまっすぐ向かっていきやすい。そのためサブソースは、どんな創造活動をおこなっていくかについてより具体的で解像度の高いものを描けるし、そうすることで全体ソースの創造的な可能性が際限なく広がっていく。

　さらに、サブソースはクリエイティブ・フィールドが世界に与える影響や、そこにあるリソースからも恩恵を受けることができる。

　たとえば、国際環境NGOグリーンピースの一部として環境保護キャンペーンをおこなう場合、グリーンピースというブランドや、その組織が持つ広報機能を活用することは、おそらくゼロから自分で活動を始めるよりも効率的だろう。

　やや難しいのは、サブソースには2つの仕事がある点だ。サブイニシアチブのソースとしての役割を担うことと、そのうえで全体ソースや全体のビジョンとつながりを保ちつづけ

ることだ。

しかしクリエイティブ・フィールド全体の一貫性を保ち、ビジョンを明確にし、サブソースがビジョン内にとどまるよう導いていくのは全体ソースの責任であることは変わらない。

ステップ 4.1 ビジョン内にとどまる

図6-1は、2つのシナリオを表している。

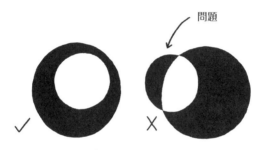

問題

✓　✗

図 6-1　サブイニシアチブが全体のビジョンから
はみ出していると問題が生じる

1つ目は、サブイニシアチブ全体が、全体ソースのビジョン内に収まっている状態だ。

2つ目は、サブイニシアチブの一部がビジョンからはみ出している状態である。この外側にある領域が、問題が生じるリスクのある場所ということになる。

たとえば、全体のビジョンが希薄になり、そのせいで全体のビジョンに対する混乱が生じたり、あるいは全体ソースに不満の蓄積やエネルギーの低下が見られたりするかもしれない。

全体ソースの創造性が損なわれると、否応なしに全員がネ

ガティブな影響を受けるため、全体ソースに対して意思に反
するビジョンの変更を迫っても得られるものは何もない。[16]

　自分のビジョンを完全に明確な形で表現することは誰にも
できないため、ときとしてはみ出す状況が起こってしまうの
は避けられない。

　また、サブソースがどれだけ善意を持っていたとしても、
うっかり範囲外に出てしまうこともある。解決策としては、
こうした事態を察知し、問題が大きくなる前にできるだけ早
く修正をおこなうことだ。

▓ ステップ 4.2　創造的な修正をおこなう

　いくらサブソースがビジョンに忠実に従っているつもりで
も、全体ソース本人から見るとサブソースが境界を踏み越え
てしまっていると感じることもある。

　そういう場合は、まずは全体ソースが謙虚にその状況に向
き合うことが望ましい。全体ソースは、自らの振る舞いに至
らない点があったと感じたなら、素直に非を認めるべきだ。
そのうえで、改めてビジョンを明確にしてサブソースのイニ
シアチブが境界内に収まるようにサポートすればいい。

　あるいは、サブソースが全体ソースとは相容れない個人的
なビジョンを追いかけることで境界からはみ出してしまう場
合もある。

　こうした状況では、全体ソースのクリエイティブ・フィー
ルドに無理やり押し込めようとするのではなく、サブソース
があり余るエネルギーを満たせるような機会を境界の外側で
見つけたりつくったりすることが解決策となるだろう。

　サブソースはまったく別のクリエイティブ・フィールドで

役割を担っていくかもしれないし、自分の願いを満たすための別のプロジェクトを立ち上げる好機だと考えるかもしれない。

　こうした動きは、全体ソースが自分のビジョンを妥協してイニシアチブの形を曲げるよりも、はるかによい。全体のビジョンを曲げてしまうと、全員にとって困難が生じてしまうからだ。

図 6-2　各イニシアチブは完全に領域の内側か外側に
　　　　存在しなければならない

　サブソースが細心の注意を払って全体ソースのクリエイティブ・フィールド内にとどまることで協力関係はスムーズに進んでいくが、**クリエイティブ・フィールドを保持する最終的な責任は全体ソースにある**ことを忘れないようにしよう。

　そして全体ソースは、うまく進んでいるときはサブソースによる自律的な活動を尊重し、サブイニシアチブに介入しないようにしよう。

ステップ4.3　適切ならビジョンを拡大する

　全体ソースは、サブソースの活動が全体のビジョンをエネルギーに満ちた創造的な形で押し広げつつあると感じ取る場合もある。そういう場合は、サブイニシアチブに変化を加える必要はなく、全体のビジョンを拡大させよう。

　ぜひ覚えておいてほしいのは、境界からはみ出している部分が問題なのかチャンスなのかは、全体ソースしか判断できないという点だ。

　成功をおさめた多くのイニシアチブは、このようにして成長や発展をしてきた。全体ソースは自分のビジョンに対する確固たる姿勢を保ちつづける必要があると同時に、ビジョンを拡大する適切な機会が来る可能性に対してオープンになる必要もある。

ステップ4.4　必要なときはソースチェックインをおこなう

　全体ソースとサブソースがつながりを保ち、すべてを明確にしておくために「ソースチェックイン」を活用することもできる。

　これは特に共同創業者たちのチームに効果的で、取締役会などの会議とは大きく異なるものだ。

　また、全体ソースからサブソースに声をかけてイニシアチブに参加してもらったケースでも特に有効だ。このケースのほうが、サブソースが全体のビジョンと歩みを共にしているかチェックする必要性が大きいからだ。

　みずから進んで参加してきたサブソースは、自然と最後まで境界からはみ出すことがない可能性が高いので、チェックインの必要性は低くなる。

EXERCISE　ソースチェックイン

❶全体ソースは、自分のビジョンを再確認しよう。その
　ビジョンはイニシアチブ立ち上げのきっかけとなったも
　のであり、協力関係の土台になる。

❷サブソースは、全体のイニシアチブが何を目指してい
　るか明確に把握しているだろうか？ クリエイティブ・
　フィールドに関して新たに明確になった内容や、変更
　点はないだろうか？

❸全体ソースのビジョンがうまく軌道に乗っているかを探
　求しよう。全体ソースがどう感じているかを心から語っ
　てもらえるような場をつくろう。これは財務的な数字や、
　売上のようなビジネス目標に対する進捗状況を尋ねる
　ことではない。そうした物事は、全体ソースの奥底に
　ある何かを創造したいという衝動が満たされているかど
　うかを教えてくれるとは限らない。解決する必要があ
　りそうな問題が浮かび上がったらメモをしておこう。

❹各サブソースに、各自の活動の理由を再確認してもら
　おう。自分の人生における、より大きな創造の旅とは
　どのようなものだろう？ 全体ソースのクリエイティブ・
　フィールド内で担っている責任のエネルギー源はなんだ
　ろう？ 自分が担っているサブイニシアチブにおけるビ
　ジョンはなんだろう？

❺ サブソースのビジョンが達成に向かっているかどうかを探ろう。 真に自分のビジョンだと感じていない物事の責任を担ってはいないだろうか？ あるいは、 満たす機会が得られていない願いはあるだろうか？ 対処すべき問題があればメモしよう。

❻ どんな問題にも共に取り組もう。 そうすることで、 やるべきことと、 やめるべきことのリストをつくることができる。 ポイントは、 誰かの願いを無視して何かを押しつけたりしないことだ。 誰も従属関係にはない。 サブソースが全体のビジョンにおさまらない衝動を感じるなら、 それを明確にしたうえで、 全体ソースのビジョンの外側で実現させる創造的な方法を見つけていこう。

ステップ 4.5　去る準備をするか、 反抗する

　サブソースは全体ソースと従属関係にあるわけではない。 長い人生のなかで自身の価値観を表現していくという点においては、究極的には自分自身のビジョンに常に忠実でなければならない。全体ソースのクリエイティブ・フィールドが自分のいる場所ではないと感じたときに、去る準備を始める場合もあるだろう。

　あるいは、全体ソースの振る舞いに無自覚な影（シャドウ）の部分が表れていると感じたり、自分を偽って責任を果たしていないと感じたりしたら、サブソースはクリエイティブ・フィールドにとどまって反抗するのが適切かもしれない。

　ちょうどこの章の執筆中に、マーク・ザッカーバーグが

163

Facebook（現：Meta）で批判にさらされていた。[17] ザッカーバーグは、言論の自由を擁護すること（発言していいことと発言してはいけないことの決定権をFacebookに持たせないこと）と、ヘイトスピーチや偽情報の発信と拡大を許容するプラットフォームを提供していることの大きなジレンマに直面していた。

　Facebookの従業員たちは公に立ち上がり、トランプ大統領の扇情的な発言を検閲しないというザッカーバーグの決断は受け入れられないと表明した。この問題を受けて退職した人もいれば、会社に残ってザッカーバーグに反抗する人もいた。

　この状況は、ザッカーバーグのソースとしての力を試す機会かもしれない。この対立は1人ひとりの価値観に深く根ざすものであるうえ、ソースの決断がどんな結果を招くかは複雑すぎて完全に予測することはできない。

　彼が前進するための最良の方法は、自分の意図に深く耳を傾け、自分のなかにある盲点に対処し、この複雑な問題を理解して打開策を探るための対話の場を設けることだろう。

　こうしたプロセスを通して、彼はフィールド内のメンバーと一体になって新しい方向へと進むかもしれないし、意見を変えずにサブソースを引き連れていこうとするかもしれないし、サブソースが去っていけるような方法を探そうとするかもしれない。彼がクリエイティブ・フィールドに誘った影響力のあるサブソースの中には、何かを生み出すようなビジョンよりもお金を稼ぐことに強い関心を抱く人がいることだって考えられる。

　ザッカーバーグのフィールドを去ったサブソースは、実際

にザッカーバーグとは逆の価値観を掲げた別のイニシアチブ
を始めたりそれに参加したりしている。

「偽情報やソーシャルメディア上の情報操作を検知し軽減す
る」を掲げるアリシア・グループの創業者であるリサ・カプ
ランは、最近「Facebook に勤めていて辞めたいと思ってい
るなら、私が雇う」とツイートしている。[18]

‖ 業務協力者

クリエイティブ・フィールドには、サブソースだけでなく、
創造的な願望はあるもののそこまで大きくはないという他の
ヘルパーたちも参加してくるだろう。

そうした人のことを〈業務協力者〉と私は呼んでいる。彼
らは、仕事自体に充足感を抱くことが多く、健全な度合いの
自律や、自分の成長と発達、そして好きな人たちと働ける機
会を求めている。また、給料があれば安心だという認識から
参加している場合もあり、自分が注ぐ労力に見合った「フェ
アな」額を稼ぐことを願っている（お金と創造的な人生の関係
については Part 3 で詳述している）。

業務協力者はサブソースに比べて知的に劣っているわけで
はないため、決して見下してはいけない。同等の創造性を
持っているし、きわめてクリエイティブな仕事をすることも
できる。

しかしまだ本当に自分なりの創造する旅路に乗り出してい
ないのであれば、完全な自由を渡すよりも、適切な役割を任
せたほうが優れた成果を生むだろう。これはマイクロマネジ

メントとは違うが、業務協力者が自律的に実現できるような明確な成果を設定することが重要になる。

　サブソースと業務協力者への接し方を混同してしまうと問題が生じる。

　サブソースは全体ソースから目指すべき成果をあてがわれると息苦しさを感じる。一方で業務協力者は、ソースから「自由を与えるからビジョンの一部を担ってほしい」と提案されると面食らってしまう。そうしてしまうと、業務協力者はビジョンの実現を意図せず妨げてしまう可能性が高い。それは本人たちのせいではなく、ソースの責任だ。

　どんな人間も生まれつき創造性を持ち合わせている——それは人間であることの一部だ。違いは、その力を存分に発揮する準備ができているかどうかだけだ。

　業務協力者は生涯変わらずそのカテゴリーに居続けると考えないようにしよう。今は人生の別の出来事に貴重なエネルギーを費やしていて、より創造的な道にリソースを割けていないだけかもしれないからだ。

　イニシアチブのなかでは、準備が整った業務協力者が創造性を発揮していけるような機会を積極的につくり出していくといいだろう。

7 ビジョンを 明確にする

言葉は彼女に明確さを与え、動機と形をもたらした
——マイケル・オンダーチェ
『イギリス人の患者』（新潮社）

　ビジョンという言葉は、「パーパス」「ミッション」「北極星」など、決まり文句のように使われるたくさんのまぎらわしい用語のひとつだ。

　長年視聴され続けているサイモン・シネックの TEDトークでは、「なぜ（WHY）」から始め、それから「どうやって（HOW）」「何を（WHAT）」の順に考えよう、と提唱されている。[19]

　もしあなたが「どうやって」と「何を」の順番や、「パーパス」と「北極星」の違いがよくわからないと悩んでいるなら、私と同じだ。こうした用語の定義について、万人に共通する認識なんてないのだ。

‖「WHAT」の力

　チャールズ・デイビスは、こうした用語をわかりやすく理解することはできないかと長年考えた結果、美しくシンプル

な洞察にたどり着いた。

つまり、どれも同じということだ——どの用語も「自分たちは何を（WHAT）しているのか」を説明していて、違うのは短期の視点か長期の視点かという時間軸だけだ。[20]

私はよく「ビジョン」という言葉を使うけれど、各々が自分に合った言葉を使えばいい。しかし具体的に「何をしているか」を考える際は、さまざまな角度からその問いに答えられるようになっている必要はある。

私が立ち上げた「Maptio」という会社の例を紹介しよう。「自分たちは何をしているか」という問いに対する回答を、長期から短期の視点の順に並べている。

> » 地球上の生命の持続的な生存に貢献する
> » そのために、気候変動、貧困、グローバル金融システムなど、最大規模の構造的な問題に取り組む
> » そのために、10万のパーパス志向型イニシアチブの成功確率を高める
> » そのために、官僚主義にとらわれない組織化と成長のあり方を簡単に実践できるようにする
> » そのために、動的な組織構造をマッピングするためのソフトウェアツールを開発する
> » そのために、実用最小限の製品を実際の顧客でテストし、そのフィードバックに基づいて行動する

ポイントは、どのレベルでもたとえば「貢献する」「取り組む」「支える」「○○にする」「拡大する」「テストする」など、動詞として記されていることだ。すべてが連動している

活動なのである。

　このようにリストアップしておくと、日々の生活で自分に問いかけ、こうした行動を取れているか確認することができる。各用語のややこしい定義や、考える順番などを覚える必要はない。

‖ 自分のビジョンを明確にする方法

「何をするか」について考えるとき、短期から長期までのどこから考え始めてもいい——自分の天命だと強くつながりを感じるところからで構わない。

　それは、ビジョンの上位に位置する長期的なことかもしれないし、非常に短期的だがより大きなものにつながっていると感じられることかもしれない。『はじめてのGTD ストレスフリーの整理術』（二見書房）の著者デビッド・アレンは、その日の受信トレイやタスクリストなど目の前の物事を精査することも、「何をするか」を考えるのにとても役に立つと語っている。そうした行為がリストにあることにも理由があるので、それらを整理してみると、長期的なビジョンにつながるものがたくさん見つかるかもしれないからだ。

　このようにボトムアップで長期的なビジョンを探っていく場合は、ToDoリストには載っていないものの、みずからの選択でおこなっている物事にも忘れずに目を向けよう。

　自分はどんな本や記事を読んでいる？　どんな番組や映画に最も心を惹かれている？　どんな趣味に時間を費やしている？

直接関係のなさそうな物事のなかにもヒントは存在する。自分の情熱を探しに出かける必要はない。それは目の前にあって、あなたが追いかけてくるのを待ち望んでいるのだ。

‖「WHY」と「HOW」を活用する

「なぜ（WHY）」と「どうやって（HOW）」は、質問形式で使うと有用な言葉だ。チャールズ・デイビスは次のように語っている。

「『なぜ』と『どうやって』を使えば、異なるレベルの『何をするか』を行き来できる。それらの言葉は、さまざまな時間軸を行き来する方法だ」

つまり、自分が出発する点に対して、「なぜ自分はこれをしているんだろう」と問えば、ひとつ上のレベルの答えを得ることができる。逆に「どうやって」を問うと、ひとつ下のレベルのより具体的な答えを得られる。

明確な理由がわからないまま取り組んでいる物事も多いため、「なぜ」と問うことで現在の仕事が整理される。ビジョンから余分なものや不要なものを手放せるだろう。

「どうやって」と自問しても、次に取るべき具体的な行動がわからないこともある。そんなときは、（たとえば第3章で紹介した対話プロセスを使って）周りに助けを求めることもできるし、迷いに身を委ね、明確さが訪れるまで耳を傾け続けることもできる。

最後に、「自分たちは何をしているか」を長期から短期の視点の順に並べて仕上げる際は、各行の冒頭に「そのため

に」を付けることで、ひとつ上のレベルの行動を実現するための行動だと明確に理解しておこう。

‖ オーセンティシティ（偽りのない自分）を
‖ 表現する

ビジョンは、ソースの意図が真に反映されて初めて、追求する意味を持つものだ。そのために私が非常に役立つと考えているのが、チャールズ・デイビスが提唱する〈ベリー・クリア・アイデア〉の内省プロセスだ。[21] 私は自分でもこのプロセスを実践しているし、多くの創業者たちのコーチングにおいても活用してきた。

〈ベリー・クリア・アイデア〉は、「あなたは何をしているのか?」という問いを、7つの観点から眺めることにより、真の偽りのない答えを手にすることができるというものだ。

EXERCISE　ベリー・クリア・アイデア

これは、チャールズが10年以上にわたり自ら実践しコーチングに活用してきた、アイデアをクリアにする方法だ。これは、シンプルな問いを投げかけることを通じて、自分が本当に求めているものを探索し、明らかにしていくものだ。

まず、静かに落ち着ける環境を整えよう。次に、自分

が明確にしたいアイデアを思い浮かべる。過去に起きたことや、未来に起きるかもしれないことではなく、「今この瞬間」に起きている、あるいは行動していることとして「○○をしている」という形で表現することをお勧めする。

アイデアを文章で表現したら、次の「確認の問い」を自分に投げかけてみよう。

» これは、私に欠かせないものか？　Is this what I need?
» これは、私が望んでいるものか？　Is this what I want?
» これは、私が具体的に求めているものか？　Is this what I demand?
» これは、私が好きなものか？　Is this what I love?
» これは、私が願うものか？　Is this what I wish for?
» これは、私が夢見ているものか？　Is this what I dream of?
» これは、私の生きがいか？　Is this what I live for?

これらの問いに対する答えは、明確で力強い「イエス」でなければならない。答えが「ノー」なら、さらに掘り下げるべきだという有用なサインとなる。何か本心から望んでいないものが含まれていたり、逆にまだ足りないものがあったりするのかもしれない。

もし「ノー」があったときは、自由回答式の「探索の問い」を考えてみよう。

» 私は、何が欠かせないのか？　What do I need?
» 私は、何を望んでいるのか？　What do I want?

> » 私は、何を具体的に求めているのか？　What do I demand?
> » 私は、何が好きなのか？　What do I love?
> » 私は、何を願うのか？　What do I wish for?
> » 私は、何を夢見ているのか？　What do I dream of?
> » 私は、何を生きがいにするのか？　What do I live for?
>
> そこで出てきた答えに、また「確認の問い」を投げか
> けて、すべてに明確で力強い「イエス」で答えられる
> まで、自分と向き合おう。
>
> 最後に、これらの問いに答えるときに、細かい言葉の
> 意味や定義にこだわりすぎないように注意してほしい。
> 大切なのは、自分の内側に丁寧に耳を傾けて、問いか
> けから浮かび上がってくるイメージをすくい上げるこ
> とだ。

　自分のビジョンを明らかにするときには、どこから考え始
めるといいかがわからなかったり、普段とは違った観点から
深く考えたいと感じることもある。そんなときには、自由回
答式の「探索の問い」から始めることも有効だ。
　その場合は、先に7つの「探索の問い」を投げかけて、そ
れぞれの問いから浮かんできたことを書き表してみてほしい。
整った文章を書こうとする必要はないし、違う質問に何度も
同じ答えが出てきても構わない。何度も出てくることの中に
は、あなたにとって大切なことが潜んでいる可能性も高い。
　すべての問いに回答し終わったら、それを1つの文章に
まとめてみよう。誰かに見せるものでもないのだから、こ

れも美しい文章である必要はない。自分のビジョンがおおよそ表現されていると感じられる文章であれば十分だ。その文章ができたら、前半の「確認の問い」に戻って、1つずつ投げ掛けてみよう。そして、すべての問いに対して力強く「イエス」と答えられるまで、何度でも向き合おう。

‖ 身体に耳を傾ける

〈ベリー・クリア・アイデア〉を実践するときは、「イエス」や「ノー」と答えるときの身体の反応にこそ意識を向けるべきだ。何のためらいもなく「イエス」と答えているだろうか? たとえ口で「イエス」と言っていたとしても、少しでも迷いや揺らぎを感じるならそれは「ノー」だと判断しよう。

自分のビジョンを明らかにするために、より直接的に身体感覚をガイドにすることもできる。それには、コーチ兼トレーナーのボブ・アンダーソンから学んだテクニックが役に立つ。

まず静かに座り、自分が人生のなかで生き生きと過ごし、エネルギーに満ちていたときのことを思い起こそう。その瞬間のことを身体で感じながら、自分に問いかける。

「この瞬間において、何が私にとって最も大切だったのか?」

答えが出たら、さらに同じことを問いかけよう。それを3回繰り返す。

その問いかけを繰り返しながら、自分の身体の反応に丁寧に意識を向けよう。やがて、自分が世界に対して何をすべきか、一番深く偽りのない部分までたどり着く手がかりを得ら

れるはずだ。

‖ 固定観念を乗り越える

　最も強力なビジョンとは、今この瞬間に感じている意志に
根ざしたものであると同時に、未来を見据えたものだ。
　しかし私たちは、創造的なビジョンは過去の名残から生ま
れるとみなしてしまうことも多い。
　たとえば、私がコーチした創業者たちのおよそ半数が、
〈ベリー・クリア・アイデア〉の問いに対し、「自分と家族の
ために金銭的な安心を築く」といった回答をする。
　表面的には、これはきわめて筋の通った答えに聞こえる。
多くのコーチはこの答えを有意義なものと受け止め、先へ進
み、クライアントがさらなる安心を得られるよう支援するだ
ろう。
　しかし、ソースという個人が過去の経験を通じて培って
きた「安心」に対する考え方をより深く掘り下げてみると、
違った捉え方が見えてくる。
　子どもの頃の出来事や、幼い頃に両親から聞いた物語は、
各個人のなかで変えられない固定観念となっていることが
多い。
　興味深いことに、私が仕事をしてきた創業者たちのなかに
は、「安心」などビジョンに組み込むものではないと考えて
いる人たちもいた。
　そうした創業者たちは際立って恵まれていたわけではなく、
「安心」とは自分のなかにあるリソースであり、どんな状況

でも必要なときに自分で引き出せると考えていた。彼らは、幸運にも周りがどんな状況であろうと安心感を抱けるように育った人か、金銭面での不安という固定観念を乗り越えるために必要な自己成長に取り組んできた人だ。

　この点もまた、世界をより良くするためのビジョンを追求する人にとって自己成長が欠かせない理由のひとつだ。

　私たちはいとも簡単に創造的な道から逸れ、過去から物語を持ってきてしまう。もし「金銭的な安心」といった形でビジョンにお金のことが現れたら、それはビジョンに必要な要素というよりも、自己成長の機会が訪れたという強力なシグナルかもしれない（Part 3参照）。

‖ 具体的に表現する

　ビジョンを複数の「何（WHAT）」に落とし込んでシンプルにすることには大きな力がある。さらに「何」に具体性を持たせることで、それが達成された瞬間を具体的に知ったり、達成に向けての進捗状況を把握したりすることができる。たとえば「2030年までに、イギリスで少数民族出身の初の女性首相が選出される」というような具体性だ。

『エッセンシャル思考』（かんき出版）の著者グレッグ・マキューンは、長期的で野心的なビジョンから短期的な戦略に至るまでどこに位置するものであっても、自分たちは「何をするのか」をきわめて明確にすべきだ、と説いている。

　ビジョンの中にある具体的な「何」は「共有ミッション」のようなものでもある。

　その具体性は、ビジョン実現のために大人数の組織化に役立つだろう。具体的に取り組めるものがあると、その目標をもとに全員をまとめたり、進捗を確認したりしやすくなるし、マイクロマネジメントで全員の邪魔をすることなく各自が貢献の形を見つけやすくなる。

　ビジョンの中に具体性があるほど、みんなが同じ方向を向いて取り組んでいる実感を持つことができて、ビジョンが共有されていることを確認できる。また、そのイニシアチブに参加することが自分の天命かどうかを判断できるようになるし、目標達成の基準も明確になる。

　自分たちは「何をするか」を具体的に表現することが、ビジョンの実現にどのように役立つのか、と考えるかもしれない。

　しかし、大きな変化を起こすうえで「夢を持つこと」ほど重要なものはないことは、これまでのきわめて先駆的な取り組みが何度も実証している。何より欠かせないことは、全体に責任を持つソースの存在なのだ。

｜ビジネスモデルとソース

　ビジネスモデルとは、顧客のニーズを感じ取り、応える方法をつくり、さらにそのニーズを満たしながら資金が循環する財務モデルをつくることだといえるだろう。

　ビジネスモデルによって、より大きなビジョンを実現するうえで必要な多くの要素、つまりより細かな「何」の数々を明確にできるだろう。

ソースは内面に目を向け、自分が世界にどんな貢献をするかについて自分なりの答えを見つけることができる。しかし、答えを見つけたからといって他の人がそのアイデアに説得されるとは限らない。そこでビジネスモデルが重要になる。スタートアップが失敗する最大の原因は、マーケットがないことなのだ。

　アレックス・オスターワルダーはビジネスモデルに必要な要素を考えるためのテンプレート「ビジネスモデルキャンバス」を作成している。[22]

　オスターワルダーはビジネスモデルキャンバスにクリエイティブ・コモンズ・ライセンスを付与して公開しているため、その範囲内で誰もが自由に使うことができ、実際にそこからたくさんの派生物が生まれていった。

　なかでもアッシュ・マウリャがつくった「リーンキャンバス」はスタートアップ向けのフレームワークとしてよく知られている。[23]

　こうしたフレームワークの活用で大切なのは、あらかじめ成功する方法を知ろうとすることではなく、効果的なモデルをつくるために一定の規律に則った試行錯誤を繰り返すことだ。これは世界にアイデアを実現していく際の複雑さや不確かさを受け入れた考え方である。

　私はこうしたアプローチを推奨しているが、ここには落とし穴もある。試行錯誤を繰り返すうち、ソースは資金を稼げる市場を――とにかく何でも――見つけようとしてしまう可能性があることだ。これは、ソースの真の創造的権威を、お金という架空の神に譲り渡すに等しい行為だ。

　この落とし穴を回避するために、私の友人で起業家を支援

する企業の創設者であるローレンス・マッケイヒルとカルロス・サバは、「リーンキャンバス」の改善版を開発したが、それは「パーパス」と「ビジョン」をピラミッド型のモデルの頂点に据えたモデルだ（私の言葉で言えば、ビジョンの高位に置いている）。彼らの「ハッピー・スタートアップ・キャンバス」はインターネットで自由にダウンロードできる。[24]

　このフレームワークは、複雑なマーケットでも通用するビジネスモデルを築くための試行錯誤を繰り返しながらも、同時に、ソースが長期的なビジョンとのつながりも持ち続けるために活用できるだろう。

‖ ビジョンとつながる

　数年前、私はヨーロッパで急速に成長を遂げるテクノロジー企業のソースである創業者をコーチした。

　彼女はあらゆる新製品の開発を民主化し、投資家ではなく一般の人々に意思決定に関わってもらうという大胆なビジョンを持っていた。その取り組みは順調に進んでいて、ごく標準的なオンラインショップの設立など、ビジョンの最初の一部はすでに実現されていた。

　しかし、この企業のパーパスはたんに商品を販売することではなく、民主化された商品開発という大きなビジョンの顧客基盤を築くことだった。

　この創業者にとっての大きな課題は、誰も彼女の長期的なビジョンを明確に理解していないことだった。彼女自身と、彼女に近い同僚の数名は完全に理解していたものの、さらに

多くの人へと伝えていく必要があった。

　そこで問題が持ち上がった。組織のメンバーも投資家も、このオンラインショップの設立がメインイベントだと誤解していたのだ。ソースが探求したいと願っていたことの全体像や、そこで描かれる心躍るような未来が伝わっていなかったのである。

　私がソースと取り組んだ最初のステップは、彼女と最も近しいサブソースたちに呼びかけて、全体のビジョンを明確にするのを手伝ってもらうことだった。

　それを終えたあとは、ビジョンに向かう大きなステップやアイデアのなかで、現在のプラットフォームがどのような位置付けにあるかを伝える必要があった。これは「戦略」と呼ばれるものだ。「自分たちは何をするのか」を、きわめて長期的な視点から目の前の戦略的ステップに至るまで、細かく考えていった。

　私は、著名な起業家のイーロン・マスクからヒントをもらおうと提案した。彼には決して真似しないほうがいい点もたくさんあるが、ビジョンを持つことや、それを実現するための大まかなプランを立てることには非常に長けている。「WAIT BUT WHY」というウェブメディアでは、イーロン・マスクへの取材をもとにした連載記事が掲載されており、そこではスペースXのビジネスプランが紹介されている。[25]以下は、その記事のプラン図を要約したものだ。

スペースXのビジネスプラン

» フェーズ1　宇宙へと打ち上げる方法を探る
　活動：試行錯誤
　重要目標：何かを軌道に打ち上げる

» フェーズ2　宇宙旅行の費用に革命を起こす
　活動：宇宙旅行ビジネス
　重要目標：火星への旅費を50万ドルにまで下げる

» フェーズ3　火星に植民する
　活動：宇宙旅行ビジネス＋火星への植民
　重要目標：100万人の移住

　フェーズ1の「何かを軌道に打ち上げる」とフェーズ2「火星への旅費を50万ドルにまで下げる」はどちらも大きなアイデアだが、あくまで火星への移住という最終的なビジョンの中間目標として置かれていることがポイントだ。
　スペースXの戦略を参考にしながら今ある材料を活かし、私とソースは彼女のビジョン実現に役立つであろう大きなステップやアイデアを明確にすることができた。

‖ ビジョンは進化する

　私たちが生きる世界も、私たちの身体も心も、常に変化している。そのため、創造的なビジョンも常に変化する。本章

の内容を参考にすることで、最も遠くを見据えているビジョンほど、安定的で長期的なガイドとして活動を導くものになるだろう。

　一方で短期的なビジョンは、それが実現したり、新しいビジョンが出現したりすることを通じて、自然と変化していくはずだ。

　自然の移り変わりのような流動的な状態をビジョンにも反映させるためには、ビジョンの長期的な要素も定期的に見直すのが賢明だろう。数ヶ月に一度、時間をとってチェックすることで、ビジョンとのつながりを保ち続け、重要な変化に気づけるようになるはずだ。

　最も遠い長期ビジョンは、「価値観（バリュー）」と呼ばれることも多い。「なぜ」を問い続け、もうこれ以上答えは出ないというところまで突き詰めたら、それが「価値観」だ。価値観に関する助言で多いのは、石に刻んで変わらないようにするべきだ、というものだ。

　しかし、私はそれは間違いだと思う。ビジョンは絶対視された教義となるべきではないし、心からの思いを反映しなくなったら追いかけ続ける必要はないはずだ。ビジョンのあらゆる側面は人間の魂と密に結びついている。ビジョンも私たち人間と同じように、呼吸をしながら成長させていこう。

8 ソースと文化の深いつながり

「文化」とは、愛や魂や意識と同じようにすばらしい事象のひとつだが、どれも短い表現で厳密に定義するのは事実上不可能だ。とはいえ文化は、私たちの人生に計り知れない影響を与えている。

たとえば「文化は、ある地域における物事の進め方」といった過剰にシンプルな定義では、文化が持つ本当の奥深さや豊かさを捉えることはできない。エドガー・シャインは、ありがたいことに『組織文化とリーダーシップ』（白桃書房）のなかで、文化について次のように説明してくれている。

> 文化は、私たちの周りに常に存在するダイナミックな現象であると同時に、私たちと他者との接触によって常に生じ、つくり出されるものであり、リーダーの行動や、行動の指針あるいは制約となる構造や、ルーティンや、ルールや、規範によって形作られている。文化を組織のレベルで、さらには組織内の各グループにまで浸透させることができれば、リーダーは文化がどのように生まれ、組み込まれ、進化し、最終的には操作されているかを明確に把握できると同時に、文化がいかにしてメンバーたちへ制約や安定、そして構造や意義をもたらしているかも理解することができる。[26]

（新規に訳出）

そして『変化と踊る』（未邦訳／ *Dancing with Change* ）の著者エリック・リンも、似たようなことを述べている。

> シンプルに言えば、文化とは、私たちが生き生きと過ごす方法、私たちが人生というものに魂を吹き込む方法を決定し、反映したものだ。文化は私たちのコミュニティでの生活に影響を与える。その一方で、コミュニティでの生活が文化に影響を与える。
>
> これは矛盾だろうか？　そんなことはない。文化の力学とはつまり、絶えず変化することだ。この自然の力学がなければ、生命は存在せず、遅かれ早かれ死があるのみだ。……文化とは生きている状態のことである。[27]

リンは文化を「あるシステムにいる人たちの考え方や感じ方の動的な相互交流であり、絶えず進化するもの」だとまとめている。しかし本人も、これは文化というものの「説明」であって定義ではないと断っている。

つまり、**文化は固定的な実体のある「モノ」というよりも、相互交流によって生まれる動的な「現象」**と理解することができる。そのため、私たちは文化というものを直接的に変えることはできない。考え方や感じ方、そして交流の形を調節していくことで、文化は間接的に変わっていくものなのだ。

ソース原理の視点を持つことで、イニシアチブ立ち上げのどういう瞬間から自然で美しい文化が生まれ、その文化を何が牽引しているかをメンバーが理解できるようになる。牽引しているのは、組織の肩書上のリーダーではなく、全体

ソースやサブソースで構成されたクリエイティブ・ヒエラルキーだ。

　ソースが明確で創造的で、究極的には愛に基づいて行動すれば、文化は生き生きとした、可能性やつながりや活気に満ちたものになるだろう。逆にソースが無意識に抱えた影の部分を行動に表してしまったら、文化は痛みと混乱に満ちたものになる。

CASE STUDY　文化とソース

　シリコンバレーの大手企業では、創業者であるソースの個人的な弱点が組織の文化にまで浸透してしまう不名誉な例も見られる。

　ある企業では、女性蔑視や非情なまでの成果主義といった文化面での問題を抱えていたが、それは創業者の奔放な振る舞いに起因していたようだった。

　同社の有害な環境に対する内部告発が起こったのち、そうした文化を変えようとするソースの試みが不十分であることが明らかになると、彼は株主からの要求を受けて辞任した。

　ここで補足しておくと、辞任が迫った日々においてソースは自分を変えようと取り組んでいたふしがある。もし、彼が前向きな自己成長を遂げて、周りもそれを認めて職を追われていなかったとしたら、会社を去るよりもはるかにポジティブな変化をもたらしていた可能性もある。ソースが自己成長に取り組むことで、波紋のように組織文化にも

影響を与えていたはずだからだ。

その際、ソースがその役割を後継者に引き継いだかはわからない。ソースの継承は自動的に起こるものではなく（第15章参照）、辞任を株主から迫られた彼には自身のクリエイティブ・フィールドを手放す準備や意志がなかった可能性も十分に考えられる。

もし創業者がソースを引き継いでいないなら、イニシアチブに残っているメンバーたちはひとつの問題と引き換えに別の問題を招き入れてしまった。

ソースの継承がおこなわれなかったことで現れるいくつかの兆候に気をつけるべきだ。

たとえば、きわめて権威主義的なリーダーシップや、逆に過度に個人の力が薄められた合意ベースのアプローチなどには注意が必要だ。

創造的なビジョンではなく業績を重視するリスクもある。こうした事態が起こり、優れたメンバーがより創造的なチャンスを求めて去ってしまうと、かえって業績を長期的に維持することが難しくなる。

まだ創業者がソースである場合、会社の文化は彼の影響を受け続けている可能性がある。

彼から広がる波紋は、クリエイティブ・フィールドを通して伝わっていく。もし彼が自身の改善に取り組めば、文化も改善されていくだろう。こうした伝達は、いまも創業者と会社のメンバーをつないでいる非公式な関係性の回路を通しておこなわれる。

難しいのは、彼がもう会社には存在しておらず、それゆえにソースの役割を効果的に発揮することができないため、

彼から発せられる波紋が微弱なものになることだ。

　結論を言うならば、ソースの何かが変わらない限り、文化は大きく変わらない。ソースは自己成長に取り組み（Part 3参照）、自身のクリエイティブ・フィールド内できちんと責任を果たす方法を学び（第5章参照）、よりよい取り組みをおこなえる後継者にイニシアチブを引き継ぐ必要がある（第15章参照）。

クリエイティブ・フィールド
における文化の流れ

『恐れのない組織』（英治出版）の著者エイミー・C・エドモンドソンは、大きな組織における「文化」とは、組織全体だけではなく、組織の部分的な領域にも存在すると指摘している。

　つまり、全体としてはすばらしい組織で働きながらも、どこかのチームでは、公式な権力であれ非公式な影響力であれ、人間性に難のある人の下で苦しむ人もいるかもしれない。

　こうしたケースは、企業のような整った組織だけに起こるものではない。エクスティンクション・レベリオンの活動においても、各地域の支部や、もっと小さなグループ単位で局所的な文化が存在している。

　大きなクリエイティブ・フィールドの特定領域を担っているサブソースは、その領域内で文化を形成する。しかし、たとえ局所的にばらつきがあったとしても、すべてはイニシアチブ全体のソース役を担う個人に帰結する。どこかでビジョン

の実現に反するような行動があるとしたら、結局は全体ソースが全体に対する責任を果たせなかったことが原因なのだ。

　起業家で医学博士のキャメロン・セパは「企業文化とは、誰を雇い、解雇し、昇進させるかだ」と記している。[28]この考えに基づいて、私なりに表現するなら、企業文化とはクリエイティブ・フィールド内で全体ソースが誰に責任を委ね、影響力を発揮させるかだ。

　以前、心理的安全性に大きな問題を抱えたチームに参加したときのことだ。それは深刻な組織文化の問題で、心理面だけでなく、創造性や協力関係にも悪影響が及んでいた。

　複数のメンバーがチームを去る際にその問題を指摘し、ソースも問題を認識していたにもかかわらず、誰も真剣に受け止めて対処しようとしなかった。

　かなり独裁的なソースだったのだろうと想像する人がいるかもしれないが、実はこのソース自体は周りに多くの心理的安全性を生み出していた。

　私個人としては、このソースとのやりとりはいつも楽しいものだったし、この事例の場合はソースが問題の元凶でもなかった。しかし、自身のクリエイティブ・フィールド内で力を持っていたサブソースの良くない行動を許容していたために、フィールドを、ひいては文化が汚される事態を招いてしまっていたのである。

類は友を呼ぶ
そして正反対の人も集まってくる

Part 3では、人間のアイデンティティをミラーボールにたとえて説明している。

ボールに付いた小さな鏡は、そのひとつひとつが私たちが人生で演じる何かのキャラクターを象徴するものだ。どのアイデンティティにも、ミラーボールの裏側に正反対のアイデンティティがある。人にはそれぞれ、光って周りの目に映るアイデンティティと、周りからは見えない抑圧されたアイデンティティの組み合わせがある。

ソースは、自分と同じようなアイデンティティの輝きを持つ人たちを、クリエイティブ・フィールドに自然と引き寄せる。自由で柔軟であることに重きを置いているソースのクリエイティブ・フィールドには、そうした個性を持つ人たちが集まるだろう。

一方で、ソースは正反対の特徴を持つ人も引き寄せる——たとえば自由と柔軟さを重視するソースのもとに、きっちりとした仕組みを好む人が引き寄せられる。正反対の特徴を持つ人は、ある個人に欠けた部分を補うために集まってくる。

多様な人が集まることはソースにとって強みになりうる。全員が同じような傾向を持った一様な文化だと、同調的な思考になったり認識の盲点が生じたりするからだ。

しかし同時に、メンバーが健全に対立に対処できない場合、正反対のアイデンティティの存在が対立の温床ともなりうる（対立への対処法については第12章参照）。

さらに深い問題なのは、自分に足りない部分の補填を、

無意識のうちに他人に期待してしまうことだ。

　そうした場合もソースやメンバーが自己成長に取り組み、正反対の特徴を含めた多くのアイデンティティを自分に取り込んでいけば、ビジョンの実現に欠かせない多様な意見や人間性をクリエイティブ・フィールド内に共存させやすくなるし、不要な対立を避けられるようになるだろう。

‖ 組織の成長と自己成長

　こうした背景もあって、「組織文化を変えるのに最も効果的なのは、組織の成長か自己成長のどちらか?」が活発に議論されている。

　組織の構造や慣行は、特定の行動を促したり、抑制したりする働きをする。それによって、メンバーの最高の強みを引き出すこともあれば、最低の部分を引き出すこともある。

　職場では、物事が行き詰まると、リーダーはメンバーのせいにしがちだし、メンバーもリーダーを非難する。

　このようなときに、たとえば階層をできるだけ減らして自律的な協力関係を促すなど、組織の運営方法を改善することで文化ががらりと変わることもある。

　しかしサイモン・モンが「失敗したホラクラシーの検死解剖」という優れた記事で見事に光を当てたように、たとえ先進的で分散型に思える組織でも、日常的な攻撃や無意識バイアスなどの見えにくい問題が生まれ、ビジョンの実現が妨げられてしまう可能性がある。[29]

　参加型の組織なら、こうした問題にすばやく気づいて対処

できる可能性は高いかもしれない。しかし、本質的な原因は組織ではないと私は考えている。

　大切なのは組織内のメンバー、特にソースの成長だ。ソースの自己成長がなければ、どれほど組織に手を加えたところで、クリエイティブ・フィールドのポテンシャルを存分には発揮できないだろう。そもそも、形式的な権威を手放して、より創造的で参加型の組織を受け入れていくことにすら、一定レベルの自己成長が必要だ。

　とはいえ、どんなにソースが自分を磨いても、組織化の方法がうまくいかなければ失敗する可能性もある。

　つまり、意義ある大きなビジョンを成し遂げようとするソースにとって、組織の成長と自己成長は密接に絡まりあっているということだ。

　しかし、ソース自身が自己成長に取り組もうと心から突き動かされなければ、何も始まらない。

　ソースが自分を知り、自分を成長させようという意志を持って、自分の影（シャドウ）や有害な部分が抑制されるような文化を築いて、創造性がもっと発揮されるよりよい組織をつくろうとしなければ、どんな組織開発の方法もうまくいかないだろう。

　だから私たちは、まずは自分の内側を見つめて自己成長に取り組み、それから外側に目を向けて組織化の方法を考えていく必要がある。Part 3では、この内面の旅を深く掘り下げる。

9 フィールドマップを
つくる

決して変化しない、
言葉にできない神聖なるものの地図のために、
今、犠牲にできないものがあろうか?
それを自分のものにすることは、
まるで雲の世界地図を手にするようなものだ
——デイヴィッド・ミッチェル
『クラウド・アトラス』(河出書房新社)

第2章で紹介したように、フィールドマップは大きな円の中に小さな円がある入れ子構造で表現できる。この〈フィールドマップ〉の一番外側の円は、ソースが抱く全体のビジョンを示し、その円のなかに描かれるさまざまな円は、サブソースによるサブイニシアチブを示すことになる。

‖ 優れたマップが持つ価値

効果的なマップを描くことができれば、以下のような利点を得られるだろう。

» フィールドマップは、イニシアチブの規模が大きくなって

も責任の所在をはっきりさせることや、新しい人に担って
もらえそうな領域を特定することに役立つ。

» 全体像が把握できることで、組織づくりやビジョンの実現
に大いに役立つ。現状を理解せずに全体を再設計しようと
しても、うまく進むことはほとんどない。

» マップとして可視化されることで、チーム内の情報の透明
性が高まる。そうすることで、ソースに備わる自然な権威
と、全体のビジョンに対する各サブイニシアチブの貢献の
形も示される。

» 新しく入る人のオンボーディング・プロセスを、劇的にス
ムーズにできる可能性がある。マップがあれば、誰が何に
対して責任を持ち、自分たちはどこで貢献できるのかを直
感的につかめるようになるからだ。つまり、より早く状況
を把握し、自分の価値を発揮できるようになるだろう。

» 意思決定にも非常に有効だ。意思決定がフィールド内のど
こに関係していて、誰が影響を受けるかを把握できる。つ
まり、よりビジョンの実現に貢献する意思決定になる可能
性が高まるだろう。

　このようにマップをつくる目的は、誰が何に責任を持って
いて、誰が誰を手伝っており、全体のビジョンがどのように
小さなアイデアに分かれて支えられているかを示すことだ。

マップづくりには、以下に紹介するMaptioのようなツールを使ってもいいし、紙に描き出すことから始めてもいい。

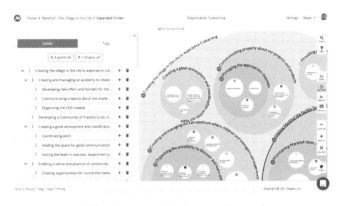

図9-1　Maptioで描いたフィールドマップ

フィールドマップを描く

フィールドマップづくりは、探索的なプロセスだ。イニシアチブの大きさによっては、多くの人にインタビューしたり、共通認識を得るための対話を重ねたりする必要があるかもしれない。

このマップは現実を反映していることで初めて役に立つ。そのため、実態を正しく把握できるように皆の心理的安全性が担保される環境を整えよう。

誰かが不安を感じることがないように配慮して、話を聞く全員から信頼を得られるようにしよう。

フィールドマップは、3つのステップに沿って描いていく。

フィールドマップの描き方

❶ マップの一番外側の円を明確にする
❷ サブイニシアチブを位置付ける
❸ 緊張関係を認める

ステップ1　マップの一番外側の円を明確にする

　まずイニシアチブの全体ソースを特定し（第4章参照）、次にイニシアチブ全体のビジョンが明確かを確認しよう（第7章参照）。もし明確になっていなければ、明確にするチャンスだ。

　実際に一番外側の円を描く際は、円周上のどこかに全体ソースの名前かイニシャルを書いて、ビジョンを簡潔に記述しよう——シンプルな言葉で、あとから読む人にもわかりやすい表現を心がけよう。

　デジタルツールを使ってマップ化しているときは、ビジョンの詳細な説明ページのリンクを貼るのもひとつの手だ。

　仕上げとして、ビジョンの協力者のリストを全体ソースに尋ねよう。

　そのリストはイニシアチブに参加する全員である必要はなく、最も外側の円のビジョンに協力してくれる人たちに留めておこう。その人たちの名前やイニシャルをマップに描き込んでもいい。

ステップ2　サブイニシアチブを位置付ける

　次に、特定の領域に責任を持っている人たちに話を聞いて、円の外側から内側に向かってサブイニシアチブを描いていこう。それぞれのサブイニシアチブに関しては、以下の瞬間に目を向けよう。

» その特定領域のビジョンの実現に向けて誰かが責任を持って動き出した瞬間
» そのサブイニシアチブが外部から持ち込まれた瞬間
» ソースが継承された瞬間（第15章参照）

　どのサブイニシアチブを描くときも、一番外側の円を描くときと同じプロセスをたどっていこう。

　つまり、サブソースを特定し、そのサブイニシアチブのビジョンを明確にし、サブソースを直接的に支える人たちを列挙する。

　各サブイニシアチブの円は外円の内側にすっぽり入るように、入れ子構造で配置していこう。サブイニシアチブの円のなかに、別のサブイニシアチブが複数置かれることもある。サブイニシアチブをマップに落とし込む際には、いくつか注意点がある。

　「組織」を意識した発言に注意する……ソース原理に慣れていない人は、「組織」を判断基準にして考えてしまうことがある。つまり、誰がこのイニシアチブの責任者かと尋ねられたとき、組織上の公式な肩書を持つマネジャーやリーダーの名前を挙げ、ビジョンの本当の担い手を見逃してしまう可能

性がある。

その典型的な表現は、「そうですね、私は自分の上司であるベティ・エバンズを頼りにして報告しています」とか「このプロジェクトはマーケティング部の管轄です」といったものだ。

そうではなく、どんなときも、マネジャーや部署といった組織構造の奥に目を向ける必要がある。

そのプロジェクトは組織上何らかの部署の管轄かもしれないし、その社員も上司に報告する義務があるかもしれないが、実際には別の部署が責任をもってプロジェクトを動かしていたり、その社員が上司ではなく別の誰かを手伝っていたりする場合もあるはずだ。

そうした創造的なつながりこそ可視化することを目指しているため、相手の言葉の真意を見極めることが大切になる。

どのイニシアチブも境界線がはっきり分かれているようにする……各イニシアチブは、必ず「1つ」のアイデアを実現するための活動である。どのイニシアチブも明確に定義されていると同時に、完全に他の円の内側か外側に存在するべきなので、重なり合わないようにしよう。一番外側の円からはみ出していると、不要な緊張関係や混乱を生むことになる。

誰が誰を招いたかに注意する……そのサブイニシアチブのビジョンは、全体ソースが着想したあとで、責任を担えそうなサブソースに引き継がれたものだろうか？　それとも、事実上サブソースが進み出て、みずからサブイニシアチブを提案し、全体ソースが承諾したものだろうか？

この点は、そのサブイニシアチブのビジョンがどのように保持されるかや、全体ソースによる関与の度合いに影響する。経緯を把握しておくことで、事態がうまく進んでいる原因、あるいはうまく進んでいない原因を理解しやすくなるだろう。

各サブイニシアチブ間のつながりに注意する……組織のメンバーは、ひとつではなく複数の活動に取り組んでいる場合がほとんどだ。

そのため、各サブイニシアチブはそれぞれが他とは違う独自のアイデアを実現させていくものである一方で、メンバーの人間的なつながりによって互いに結びついてもいる。

加えて、取り組むテーマなどの要素でイニシアチブ同士がつながっている場合もある。サブソースとして同じ人の名前が複数出てくることもあるだろう。

こうして名前が記されたマップは、クリエイティブ・フィールドにおける階層を示すと同時に、関係性のネットワークを示している。それは自然な権力の分散でもあるし、自然な集権でもあるのだ。

細かく描きすぎない……どこまで細かく描くべきか悩む人もいるだろう。シンプルな指針としては、サブイニシアチブを描いているときに自分が飽き始めていたら、たぶん細かくやりすぎている合図だ!

比較的安定しているサブイニシアチブ、たとえば少なくとも一ヶ月以上続くようなものに集中しよう。すごく小さなプロジェクトやタスクまでマップに落とし込む必要はない。

もしも各イニシアチブでそうした細かな点まで突き詰める

必要がある場合は、無理にマップに入れようとせず、その
チームが好きなツールを使って掘り下げてもらえばいい。

ステップ3　緊張関係を認める

　マップをつくっていくと、おのずと組織内の緊張関係や問
題が浮き彫りになる。これはすでに問題を引き起こしている
部分に光を当てることになるので、大歓迎だ。
　解決に向けた最初のステップは、緊張関係の存在をきちん
と認めることだ。たとえば以下のような問題が起こっていな
いか、目を向けてみよう。

　**周りから認められたソースの不在。またはソースが去った
のに役割が完全には引き継がれていない**……こうした「幽霊
船」状態のイニシアチブは、あてどなく漂流し、ビジョンの
実現に向かっていないことが多い（ソースの継承については第
15章参照）。

　本当はやりたくない活動のソースになっている人がいる
……こうしたイニシアチブは、優先順位が下がっていたり、
結果が伴っていなかったりする場合が多い。
　本人がやりたくない物事に対して、周りが責任を持たせる
ことはほとんど不可能だ。そのときは無理やり責任を持たせ
るのではなく、そのイニシアチブに心から責任をもって取り
組みたいという人への引き継ぎを促すか、別の新しいものに
時間やリソースやエネルギーを注げるように、そのイニシア
チブを閉じる手助けをしよう。

ある領域内で権威をめぐる争いが起きている。あるいは、権威というものは完全に分散されたと思われている……この問題については慎重に対処しよう。「ソースは本当に1人なのか?」「複数で分け合っているのではないのか?」といった対立的な考え方はあまり役に立たない。

　ソースが自然な権威を発揮することを促す「タッキング」（付録の「対極思考」の説明を参照）をおこなうこともできるし、相手の意見を採用したらどうなるかを実験してみることもできる。

‖ マップのメンテナンス

　マップは最新の状態に保っておかないと役に立たない。更新を続けるためには、たとえば「透明性」タスクフォースを設置する、組織のリズムに組み込む、内部のコミュニケーションツールと統合するなど、複数のアプローチが存在する。

▤ 「透明性」タスクフォースをつくる

　専門ツールを使っていれば、組織の誰からでもマップの更新作業ができる。それぞれが自分の活動に関してアップデートできるので、周りもそこで何が起きているのかをリアルタイムで確認できるようになる。こうした透明性は全員の利益になる。

　しかし、各メンバーが自分たちの領域の情報を更新するモチベーションが減ると、マップが次第に古くなり、役に立たないものになってしまう。

　この問題には、小規模な集権型の「透明性」タスクフォースをつくることで対処できる。

　こうした問題の予防に責任をもって取り組みたいと自発的に進み出るサブソースが現れるかどうか、注意深く見守っておこう。その人はおそらく、明確性や整合性を備えた透明な組織をつくることに誰より関心を持つ人だろう。

　それは創業者やCEOかもしれないし、組織運営において重要な役割を担っている人物かもしれない。

　その人は、マップを最新に保つための協力を呼びかけるかもしれない。そうした集まった人たちは、他のメンバーたちに対して、仕事の透明性を高める方法を教える、サブイニシアチブの情報をアップデートするよう優しく促す、できあがったマップをみんなが見られるように現状を共有するなどの活動に取り組むことで、マップの最新状態を保つことができるだろう。

活動のリズムに組み込む

　チームや組織の運営には、たいてい一定のリズムがあるものだ。たとえば、四半期ごとの全社会議では、全員が集まって進捗を一緒に振り返ったり、この先のことを確認したりする。

　こうした定期的なイベントは、フィールドマップを最新状態に保つ理想的な機会だ。マップの情報更新をアジェンダに組み込んで、イニシアチブの規模感に合った更新の方法を探ろう。

　たとえば、透明性タスクフォースのメンバーが大きなスクリーンで現在のマップを見せながら、全員に向けてマップの

編集方法を改めて説明し、その場で各自のパソコンを開いて
もらって、自分たちのイニシアチブに関連する変更をさっと
更新してもらうこともできる。そうすれば、ものの数分で
マップをアップデートできる。

　あるいは、チームごとの定例会議にマップの更新をアジェ
ンダに組み込んでもらうこともできる。そのような作業を通
して、各チームの仕事が他のチームの人たちにも可視化さ
れる。

内部のコミュニケーションツールと統合する

　多くの参加型組織は、Slackのような社内コミュニケーショ
ンツールを使っている。このような場で全員の目に留まるよ
うにアナウンスすることで、マップをアップデートすること
もできる。

　たとえば、現在のマップのスクリーンショットをSlackの
チャンネルにシェアしてもいいだろう。タスクフォースが
マップをアップデートしたあとに確認するために共有しても
いいし、「新しいメンバーが私たちの組織について学ぶ際に、
このマップを利用します。もし情報に古い部分があれば、今
が更新するいい機会です」と伝えてアップデートを促しても
いいだろう。

10 組織を変える
3 つのステップ

　小さなスタートアップチームほど、働き方はダイナミック
だ。誰もが他のメンバーの仕事内容を把握しているし、意思
決定にも関わりやすい。チームはすばやく、もっとよい方向
へ軌道修正できる。クリエイティブ・フィールドは活気に満
ちていて、邪魔するものなんてない。

　経験上、チームが6〜12人規模に拡大する頃から、成長
痛が現れてくる。

　その規模になると、すべてを非公式な形で進めることがで
きなくなる。全員を一堂に集めることが難しくなって、コス
トもかかる。すべての意思決定に全員が関わることが現実的
に難しいし、望ましくもない。誰が何の責任を担っているか
が曖昧になって、説明責任や情報共有が課題となってくる。

　これは創業者にとって重要な瞬間だ。**組織全体に一貫性を
持たせ、どんどん複雑になっていく状況に対処する必要があ
る**と気づくからだ。

　危険なのは、もっとよい組織化の方法はないかと過剰に取
り組んでしまい、「組織」というモノをつくろうとする罠に
陥ることだ。

　そうなると、クリエイティブ・フィールドから目をそらし
てしまいがちになる。ソース原理の考え方では、組織は動詞的

な現象として「実践する」ことと捉えていて、名詞的に実在する何かを「つくり出す」とは捉えない。

　こうした観点で、本書ではクリエイティブ・フィールドに焦点を当てて話を進めてきた。

　Part 2の残りは、組織化の方法を掘り下げていきたい。全体の隅々まで網羅した組織開発のガイドを提供するわけではない。そんなことをしようとすれば、この本の倍の量の本がもう1冊必要になってしまう。

　これからは、ソース原理の実践にあたって本当に重要なポイントに絞って紹介している。私が創業者やいろんなチームと仕事をするなかで、折に触れて立ち戻って頼りにしてきた考え方や実践方法なので、ぜひ参考にしてほしい。

‖ 組織のあり方をどう変えるか

　あなたのいまの状況はさまざまだろう。イニシアチブを立ち上げたばかりで、成長に伴って何を整えていけばいいかを考えているかもしれないし、活動をある程度続けてきて組織の形は確立しているものの、そこに変化や発展をもたらす考え方を必要としているかもしれない。

　多くのビジネススクールで教えられる標準的な考え方は、事前に将来の状態を設計し、それに向かってトップダウンの変革プロセスで引っ張っていくというものだ。ときには嫌がるメンバーたちを叱咤激励しながら、うまくいけば目的地にたどり着くと考えている。

　その種の変革活動を経験したことがある人なら、それがい

かに苦痛で非効率的なものかを知っているはずだ。たとえ目的地にたどり着いたとしても、それが事前に期待したようなすばらしいものであるとは限らない。

　これとは違うアプローチをとりたければ、成長や変化のプロセスを庭の手入れのように考えてみるといい。つまり、何かを植えて、草を刈って、剪定して水やりをするイメージだ。季節に合わせて地道に取り組んでいくと、やがて思いも寄らない形で成長した庭を目にするかもしれない。

　このような形の変化は、大きな目標を立ててそこを目指したいという欲求を手放し、もっと短期間で小さな改善を繰り返すことで生み出されるものだ。いわゆるアジャイルなアプローチだが、ソフトウェア開発や、新しい製品・サービスのデザインに関わっている人なら馴染みがあるだろう。

　チーム内に変化を起こす活動は、どんなものであってもそれに本当に参加したい人だけが参加する「オプトイン方式」をとるのがいいだろう。そのときに気をつけたほうがいいのは、参加しないことを選んだ人にもネガティブな影響はないと安心してもらうことだ。

　オプトイン方式をとると、誰もが子どもではなく大人として扱われた、熱心なグループができやすくなる。そのグループが心から楽しんで前進し、学ぶ様子を目にすれば、周りもやがて参加するようになるはずだ。

┃ チェンジループ

そのプロセスは、3つの段階からなるループで表現できる。[30]

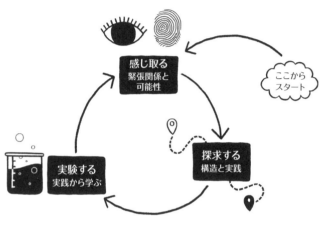

図 10-1　チェンジループ

┃ ステップ1　感じ取る──緊張関係と可能性

このプロセスは、組織のなかでうまくいっている部分とそうでない部分に耳を傾けることから始まる。メンバーがそれぞれのサブイニシアチブで活動するなかで起きている緊張関係を特定し、今よりもよい組織の姿になったときには、どんなことが実現しそうかを考えよう。

私は以前、組織変革の支援事業をおこなう The Ready に勤めていたが、そこではクライアント先に入ったときに相手の社員によく尋ねる問いがあった。「あなたが人生で最高の仕

206

事をすることを阻んでいることは何ですか?」。これは、メンバーの邪魔をしている問題を表面化させる話をするときに、優れた切り出し方だった。

Greaterthan での同僚であるフランチェスカ・ピックが好む問いは、「いまここにある最高のポテンシャルの発揮を妨げていることは何ですか?」というものだ。これは、目の前の仕事を超えて、実現を目指すビジョンに目を向ける効果的な問いだ。

これらの問いへの回答はさまざまだ。たとえば、長いのに結論が出ないミーティング、誰かの有害な振る舞い、官僚的なプロセス、お金まわりの問題などがあるだろう。

〈感じ取る〉のステップは、いつでもどんな形でも実践できる。共同創業者たちの小さなグループでも、特定の何かに取り組んでいるチームでも、数百人が集まるような大きなミーティングでも可能だ。

うまくファシリテーションをすれば、すべての声を聞いたうえで、3つ〜5つの緊張関係やポテンシャルを可視化できるだろう。そこにたどり着くために、まずたくさんの課題を挙げてもらったうえで投票する、というやり方もある。

それができたら、次のステップの〈探求する〉へと移っていこう。

ステップ2　探求する──構造&プロセス

さあ、ここからはクリエイティブなプロセスだ。組織のいろんなところをどうやって改善していくのか、またどんな新しい働き方や組織のあり方を目指すのかを探求しよう。

改善策は必ずしも大がかりなものになる必要はない。小さく

ても組織に役立つものにも目を向けよう。それがうまく機能することが確認できたら、規模を拡大していけばいい。

　さいわい、まったくの手探り状態で取り組む必要はない。数多くの先進的な組織が参考になるアイデアをオンラインで無料公開している。

　ちょっと専門的になるが、私はSociocracy 3.0も気に入っている。Sociocracy 3.0は初めはたくさんのことを学ぶ必要があるので大変かもしれないが、1970年代から参加型の組織で使われてきたシステムを、ひとつの型にはめるのではなくモジュール化していろいろな状況にカスタマイズして使えるようにしているのがいいところだ。

　改善策や組織づくりの方法を吟味したら、熱量が高まって今すぐ変革に取り組みたいという大きな誘惑に駆られるかもしれない。

　働き始めた頃の私は、次のように言って何度も失敗したものだ。「よし、これはすばらしいアイデアだ。さっそく導入して様子を見てみよう」。これが信頼性の低い、不要なリスクを抱えた戦略であることを、私は痛い目にあいながら学んだ。大切なのはすぐに導入することではなく、よく考えられた実験に取り組むことなのだ。

▓ ステップ3　実験する──実践から学ぶ

　組織に変化をもたらすためには、まず入念に実験を計画し、懸命に取り組んでやり抜くことが必要だ。これこそが、真の学びを得て、アイデアが実際に役立つものであるかを知るための最も確かな方法だ。

　幸いなことにこれは長期間の活動にはならないし、実験の

設計もたいてい 1 ページで済む。設計の際にはどんな点を考慮すべきか、いくつかポイントを記しておく。

> » どんな緊張関係やポテンシャルを扱うか
> » 解決策の仮説は何か
> » その仮説を検証するために、具体的に何をするか
> » 実験の期間はどれくらいの長さか
> » 実験が大きな害を生まないために、どんなガードレールが必要か
> » 誰が実験に取り組むか、それぞれの役割は何か
> » 週に一度のチェックインなど、どれくらいのリズムで確認するか
> » 成功／失敗の基準と、それを踏まえた実験の評価方法は何か

いくつか不要ではないかと思っても、ぐっとこらえてほしい。それぞれの要素に違う目的があるので、省略しても長期的に見ると時間の節約にならないからだ。むしろ学びの機会が減って、成功の確率が下がるだけだろう。

特に、成功の基準を決めておけば、より客観的な視点で実験に取り組めるだろう。実験の設計に役立つ他のヒントも記しておこう。

> » どんな実験も、実質的には大きなビジョンのなかのサブイニシアチブであることを忘れないようにしよう。サブソースを特定し、その人が実験に対して自然に責任感をもって歩み出せるよう後押ししよう。

» チームの仕事が既に手いっぱいで、これ以上何か作業を増やす余裕がないという場合は、そのこと自体がひとつの緊張状態だといえる。たとえば数週間、定期的なミーティングの数を減らしたり、よりよいファシリテーションで会議の時間を半分にしたりして、どうなるか実験してみるという方法もある。

» 実験は参加者たちの権限内でおこなえるようにしよう。そうすることで確実に実行できるし、始まる前から失速することがなくなるからだ。

» 期間は無期限とせずに、終わりを定めよう。目安としては最大でも8週間くらいだ。それが不可能だと感じても、期間を延ばしたり、メンバーに過剰な負荷をかけたりするのではなく、実験の規模を狭めよう。実験期間が長くなると、真の学びが先送りになっていきやすくなる。また、どんな場合でも、すばやく追加の実験をおこなうことができる。

» 実験は、計画書を書いたり情報を集めたりするだけでなく、かならず具体的な変化を伴うものでなければならない。

» できるだけ早く、全員のカレンダーに定期的なチェックイン・ミーティングを設定しよう。その場で尋ねる問いは、シンプルなもので構わない。「先週は何があっ

た？ 今週はどんなことが起きている？ 安全性が損な
われるようなリスクはない？ あなたの邪魔をしている
ものはない？ 何か必要なサポートはある?」。こうすれ
ば、45 分のなかでも 4 つの実験くらいは簡単に確認で
きる。また、実験期間の終わりには振り返りのミーティ
ングも設定しよう。

» 各自の役割を決めるときは、実験チームのなかで誰か
コーディネーター役を 1 人決めよう。この人はメンバー
たちの「上司」になるわけではなく、主な連絡先や
チェックインの調整役を担う。コーディネーターが連絡
や調整をすることで、進捗や問題を確認するチェックイ
ンのミーティングには、必ずしも全員が参加しなくても
よくなるだろう。

» 複数の実験を並行しておこなおう（ただし多すぎに注意)。
そうすることで、チームが前進していくにつれて健全な
競争が生まれるだろう。

» 自分たちの外の、より広いイニシアチブに取り組むチー
ムや同僚たちに、大きな声で自分たちの活動を共有す
ることを奨励しよう。同僚の中で話題となることで、将
来的により多くの人が変革活動に参加してくれる可能
性が高まる。

» 実験に入る前に、チーム全員が実験しても安全である
と納得しているかを確認しよう。もし不安に思う人が

いたら、先に進む前にリスクを減らす方法を探ろう。実験によってチーム外の人が影響を受ける可能性がある場合は、より広い範囲に助言を求めるのが賢明だ。

　こうして準備を整え、実験をおこなったら、最後に自分たちが定めた成功／失敗の基準を用いて評価しよう。

　そこでは再び〈感じ取る〉のステップに戻ってくることになる。緊張関係やポテンシャルをめぐる問題がうまく解決できたかを感じ取るのだ。

　ある緊張関係は弱まったが別の緊張関係が浮かび上がった、ということもよくある。そうなっても落ち込む必要はない。それは自然なことだ。

　完璧には機能しなかったからといって、すぐにそのアイデアを手放してしまわないようにしよう。アイデアを磨いていくためには、もう1〜2サイクルが必要になることも多い。

11 クリエイティブな組織構造

　組織化を試みるときには、必ず何らかの構造が生じてくる。ソース原理を活かすのに適した新しい組織化の方法論を語る前に、典型的な組織構造について簡単に確認しよう。

　何かを生み出す活動が創業メンバーの小さなグループ以上に発展していくと、一般的には階層型のヒエラルキーが生まれていく。誰もが階層のどこかにある公式の「役職」が与えられ、上司・部下の関係が生まれ、階層が上がるほど権限と責任範囲が大きくなっていく。

　ヒエラルキーは、以下の図のように表現される（図11-1）。CEO、代表取締役、あるいは社長が一番上に位置付けられ、その下に管理職の階層が置かれ、現場で仕事をする大半のメンバーがさらにその下に置かれる。

　こうした組織化の方法は、軍隊や機械的パラダイムの影響を受けている。小さな部品で構成された機械のような組織だ。

　機械的パラダイムは、それが生まれた産業革命の時代と、その後の大企業が成長していった第二次世界大戦後の時代を映し出している。

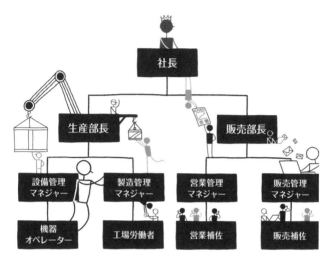

図 11-1　伝統的なヒエラルキー型の組織図

‖ 創造性を阻む官僚主義

　こうしたヒエラルキー構造を取り入れたイニシアチブは、成長していくにつれて、いつのまにか硬直化した官僚主義に陥っていきやすい。知らないうちに「○○担当役員」や「部門長」などが設けられ、管理者や責任者、そしてあれこれの「副担当」が大量に生まれていく。

　組織に階層がつくられていくのは、リーダーたちが愚かだからでは決してなくて、多くのメリットがあるからだ。

　こうしたヒエラルキーは何千、何万人もの規模に適用できるし、階層のない無秩序な状態よりもアウトプットを効率的にコントロールできる。説明責任も明確にしやすい。人類を

月に送ることだって実現した。けれど、深刻な悪影響もある。

たとえば、上の地位になるほど人数が少なくなるため、社内での競争を生みやすい。メンバーたちの関心が、ビジョンの実現のためにベストを尽くすことから、どうすれば上の人たちによい印象を与えられるかに移ってしまうのだ。

よりフラットな組織の場合であっても、昇っていける上位のポジションがさらに少なくなるため、内部の競争がより一層激化することもある。

意思決定も、上からの指示が降りてくるか、許可を仰いでそれが認められるまで待つことになる。結果的に意思決定のスピードは遅くなる。またヒエラルキーによって組織が縦割りになり、別部門のメンバーと十分な協力関係が築けずに、全体がバラバラな状態になってしまうかもしれない。

ヒエラルキー型の組織は硬直化しやすいため、イニシアチブを取り巻く変化に合わせてスムーズに進化していくことも難しい。現代の複雑で変化の早い環境において、それは致命的だろう。

たとえリーダーがビジョンの実現にふさわしくない組織構造だと気づいても、新しい組織構造を築いていくのに何年もかかってしまうかもしれない。膨大なコストがかかるし、貴重なリソースや関心を注がなければならなくなる。

そして残念ながら、こうしたヒエラルキー型組織にはあまりにも多くの悪いマネジャーが存在している。彼らのもとで働く部下たちにとっては、悪夢のような職場かもしれない。

端的にまとめれば、クリエイティブ・フィールドの発展に応じてヒエラルキーが築かれたにもかかわらず、実はそれ自体がさらなる発展を逆に抑制してしまっているのだ。ソース

がビジョンを表現することを妨げたり、メンバーたちが自発的に進み出てサブソースになり、より大きな責任を担おうとする試みが阻まれたりする。

そのため、誰より創造的なソースたちが、ヒエラルキーが組織構造のスタンダードとなっている現状に不満を募らせているのも不思議ではない。

‖ ヒエラルキーを愛すべき理由

このような弊害を乗り越えるために、自主経営という新しいアプローチが最近実践されている。この形を好む人たちは、ヒエラルキー自体を完全に遠ざけようとすることがある。

しかし、この考えは間違いだ。**ヒエラルキーというものは、自然に生じるからだ。**

生き物の体はヒエラルキーで成り立っている。分子があり、細胞があって、より複雑な器官や構造物を形成し、それらをもとに完全な個体ができ上がっている。森のなかの一本の木にも、幹、枝、小枝、葉といった形でヒエラルキーがある。

問題はヒエラルキー自体ではなく、官僚的で非人間的なトップダウンの権力構造としてヒエラルキーが誤用されていることだ。

ヒエラルキーを創造性や愛情がこもったものにすることは可能だ。権力による強制を食い止めるだけでなく、メンバーたちと権限を分かち合い、互いの力を活かし合うためにも活用できる。

第2章で見たように、クリエイティブ・フィールドにも自

然なヒエラルキーが生まれる。

　全体のビジョンを持ったソースがいて、そのなかにサブソースが率いるサブイニシアチブがある。このヒエラルキーは、よくあるピラミッド型の組織図ではなく入れ子になった円で描いたほうがわかりやすいが、構造的には階層があるといえる。

『［イラスト解説］ティール組織』（技術評論社）のなかで、著者のフレデリック・ラルーはピーター・カーニックのアイデアに触れながら、次のように語っている。

　　　これは権力型のヒエラルキーの再導入ではなく、自然なヒエラルキーが機能していると認める行為である。……［ソースが］物事の進む方向を直感して伝えると、メンバーたちは注意深く耳を傾けることが多い。
　　　……自主経営組織の新しい点は、「CEO ／ソース」［＝全体ソース］が自分のビジョンを押しつけることができないという点だ。……2つ目の点は、メンバーたちも［全体ソースと］同じように感じ取り、表現することを促されている点だ。たしかに［全体ソースである］創業者やCEO はソースのなかでも特に影響力が強く敬意が払われているかもしれないが、やるべきだと感じ取ったことは誰もが行動に移す権限があることを全員が認識している。[31]
　　　　　　　　　　　（引用での [] 括弧は著者補足。新規に訳出）

　こうしたヒエラルキーは、大きなビジョンが自然に個別のビジョンへと分かれていく「創造活動」のための構造だといえる。

ここに見られる権力は、クリエイティブな形の権力だ——ビジョンの実現へと歩みを進めていくための力である。ヒエラルキーを構成する要素は相互に影響し合い、ひとつひとつがうまく機能することによって、クリエイティブ・フィールド全体がうまく機能する。

　こんなふうに物事を捉えれば、どんな人も生まれつき等しく価値を持つと認めることができると同時に、あるクリエイティブ・ヒエラルキー（創造のための階層）においては、ビジョンを実現するという点で誰かが他の誰かよりも重要性を持つ状況が自然と生じうる、ということを受け入れられるようになるだろう。

　謙虚なソースは自分のことを控えめに語るかもしれないが、もしその人物がイニシアチブを離れるとなったら、別の人が離れるときよりもはるかに大きな影響があることは、誰もが直感的に理解しているものだ。

‖ 法的ヒエラルキー

　組織変革の専門家であるニールス・フレキングが指摘しているように、会社や非営利団体といった法人を設立する場合、その法人が法律を遵守し、社会への説明責任を果たすために、自然発生的なクリエイティブ・ヒエラルキーに加えて、ある種の法的な階層が必要になってくる。

　まずは取締役や理事が設けられるし、そのあとは非常に小さい規模のイニシアチブでもないかぎり、もっと個別分野の法的責任を担う人も必要だ。具体的には、労働法や財務コン

プライアンスなどに専任の担当者を置くことなどが挙げられる。

　問題が生じるのは、この法的なヒエラルキーが法律に則るためだけでなく、意思決定や働き方までの責任を定義するものとして扱ってしまうからである。

　これを回避するためには、法的なヒエラルキーの影響力をできるだけ小さくして、他のことに干渉するのを防ぎ続けることだ。そうすれば、この法的ヒエラルキーがクリエイティブ・フィールドの本来の活力を削ぐことはなくなるだろう。

CASE STUDY　最小限の取締役会

　ニュージーランドで創業された「Enspiral」は、自分たちの組織を「多様なグループと人々をつなぐネットワークであり、それぞれの目的を達成しながら世界中で力を合わせて活動する社会起業家、ベンチャー、個人からなる DIY 集団」だと記している。

　Enspiral には公式な組織構造はほとんど存在しないが、法人であることには利点もあるので、取締役会は設けている。同社のハンドブックには次のように記されている。

　　Enspiral の目標は、ビジョン、戦略、そしてリーダーシップをできるだけ広くネットワーク内に分散させること。そのためコンプライアンスに焦点を絞った "実用最小限の取締役会（minimum viable board ／ MVB）" というアプローチをとっている。[32]

取締役会は法的な義務を果たしはするが、危機的な状況以外の意思決定には立ち入らないことが定められているのだ。

クリエイティブ・フィールドに
見合ったチームをつくる

　法的要件を満たす最小限の構造にしたとして、重要な問題はビジョンの実現に向けて、実際にどのように取り組むかということだ。

　それはまず、クリエイティブ・フィールドにおいて自然と生まれる構造に目を向けることから始まる。第9章では、入れ子状の円を用いてフィールドマップを描くプロセスを紹介した。

　可能な限り明確で正確なフィールドマップがあれば、全体ソースやサブソースは、自分たちのイニシアチブをより効果的に機能させるために今以上に明確な組織構造をつくれるようになるだろう。そのためのポイントは、**階層的な「命令系統」ではなく「チーム」という観点から考える**ことだ。

　チームは、ビジョンを追求するどんな組織にとっても重要な構成単位だ。チームは何か特定のものを達成するために力を合わせるものもあれば、たとえばITエンジニアのギルドのように、共通の関心事のもとに集まって知識やサポートを提供し合うことだけを目的とするグループもある。

　パフォーマンスの高いチームをつくるための情報はイン

ターネット上に転がっているが、そこではひとつの重要な点が見過ごされやすい。

組織のなかでチームがつくられるということは、全体のイニシアチブのなかにサブイニシアチブが生まれることを意味する。つまり、そこには常にサブソースが存在するのだ。誰がサブソースであるかを明確に把握しておくことや、本人もその役割を自覚しておくことはチームづくりに役立つだろう。

チームの必要性を感じ取って協力者を集めはじめたのは全体ソースであるかもしれない。その場合、ソースは実際の業務の大半において手を動かすわけではないかもしれない。

そうであっても、そのソースがチーム全体の最終的な責任を負うという点が重要だ。そのチームで起きるすべての問題は、最終的にはソースが引き受けるものだからだ。

責任を担うソースがいないと、チームは徐々にまとまりや目的を失っていく。ここでは第5章や第6章が参考になるだろう。

クリエイティブ・フィールドの自然な構造に沿って効果的に機能するチームづくりをすることで、クリエイティブ・フィールドを傷つけることなく、成功するチームをつくるための効果的な方法を最大限に活かせるのだ。

CASE STUDY　フォロワーシップによるリーダーシップ

第3章で触れたW. L. ゴア＆アソシエイツ社は、成功するチームづくりのすばらしい例だ。この会社の行動規範のひとつは「フォロワーシップによるリーダーシップ」だ。[33]

同社の働き方は、私からすれば無意識的にソース原理を実践しているように思える。

　ゴアでは、「昇進」も「任命」もない。誰もがイニシアチブを立ち上げる権限を持っている。同じように、誰も特定のリーダーの「下」で働くことを強制されることはない。

　すると、組織におけるひとつの大きな問題である、「悪い上司の下での仕事を強制される状況」が起こらなくなる。つまり、誰についていくかを選ぶことができるし、自分の天職だと思う物事のソースになることができる。各イニシアチブはトップダウンの意思決定によってではなく、サブソースの魅力によって引っ張られるのだ。

　ゴアでは、あなたの人柄やアイデアが、同僚たちがついていきたいと感じるほど魅力的なものでなかったら、たんにそのアイデアは実現しない。

　ゴアで最も多くの人がついてきているサブソースは、自然とその状態になるように行動している。誰もがいつでも自由に出入りできるため、メンバーがついてくることを当然だと考えることはできない。また、メンバーはそれぞれの担当領域の中で、ある程度自由に業務に必要なチームを組むことができる。

縦割り組織から
アウトプット志向のチームへ

　チームとしてサブイニシアチブが立ち上がっていくなかで、全体ソースは、それらがアウトプット、つまりビジョンの実

現に貢献するような形で生まれているかに注意しよう。

　当たり前だと感じるかもしれないが、一般的な組織構造はマーケティング、製造、カスタマーサポートといった「部門」に応じて成り立っており、そうした部門のなかにさらなるチームが生まれていく。そうしていくうちに、官僚的な組織になっていったり、縦割り化されて流動的な協力関係が失われていったりするリスクがある。

　それに代わるのが、小さなチームがそれぞれのイニシアチブのライフサイクル全体に責任を負うような組織構造だ。チーム単位で、何を創造すべきかを感じ取り、それを計画し、顧客へと届け、その後のサポートまでを手がける形だ。このモデルは、チームができるだけスリムにつくられるので、ミーティングなど組織内調整の手間を最小限に抑えてすばやく動けるようになるはずだ。

　私が関わる社会的ムーブメントでは、このようなチームは「細胞」のように考えられている。自分たちでアクションを起こすべきタイミングを感じ取ると、それを計画し、必要なものを調達し、官僚的な中央からの指示命令なしに最後までやりとげる。こうしたやり方は身軽なだけでなく、国の規制当局によって「中央本部」を排除されても全体が潰れてしまうことがないため、とても打たれ強く回復力がある。

　ビジネスにおいて、こうしたクロスファンクショナルチーム（部門横断的なチーム）には、色んなスキルをもった人たちが集まってくる。たとえばカスタマーリサーチ、営業・マーケティング、デザイン、エンジニアリング、カスタマーサービスなどだ。

　こうしたチームは、大きなシステムのなかの「マイクロ

エンタープライズ（小型企業）」といえる。中国の家電メーカーのハイアールには、顧客ごとに担当するマイクロエンタープライズがあり、対象製品に関するすべての意思決定を任せている。IT企業なら、大きな製品の特定の機能や領域をチームごとに担当し、最初から最後まで顧客への責任を持つことも多い。

このようなマイクロエンタープライズや細胞のように動くチームを支えるために、ITや法律面で助言をおこなう専門チームを設ける場合もある。これはある面では従来の機能別組織にも似ているが、マイクロエンタープライズが成果に直結する働きをするのに対して、これらの専門チームは間接的な役割だけを果たす、という明確な違いがある。

ソース原理を活かすときに、こうしたアウトプット志向の組織化は、伝統的な工業化時代の分業制に比べてはるかに自然な方法だといえる。細胞やマイクロエンタープライズが生まれるとき、そこには必ず最初にその試みにコミットするサブソースがいるからだ。

その人物が自分の役割を認識し、適切に責任を担っていくように促すために、ここでも第5章や第6章が参考になるだろう。

動的な役割の力

本書では主にソースやサブソースの役割に焦点を当てているが、イニシアチブが発展していくにつれて他にもたくさんの役割が生じてくる。

　従来型の企業では、メンバーは組織階層上の肩書や職務を
ひとつだけ担うことが多い。しかし、そうしてつくられるシ
ンプルで整然とした構造が、ビジョンの実現に向けて多くの
人が関わっている現場の複雑な実態を的確に表していること
はほとんどない。同様に、職務記述書がその業務を担ってい
る人の真の貢献内容を表していることもあまりない。

　メンバーを組織図上のひとつの役職の箱に押し込んでしま
うことは、大きな機会損失でもある。人は思いも寄らない形
でビジョンに貢献することがあるからだ。たとえば清掃ス
タッフが写真の才能を持っていて、優れたイベントカメラマ
ンとして会社に貢献するかもしれない。

　肩書や仕事内容を1種類だけで表現するのではなく、以
下のように動的なアプローチへと変えていってはどうだろ
うか。

動的な役割のアプローチ

❶各メンバーはひとつだけでなく複数の役割を担う。

❷役割とは、そのメンバーが特定のサブイニシアチブに
　対してどのように貢献するかを示すものだ。ビジョンと
　同じように（第7章参照）、役割とはシンプルに、どん
　な文脈でそのメンバーが「何をしているか」を表現し
　たものともいえる。

❸役割が生まれるのは、やるべきことを感じ取ったり、
　ビジョンに貢献するアイデアを提案したりするときだ。

役割は、特定の文脈でその人に期待されていることを明確にする。

❹各メンバーが担う役割は時間とともに変わっていく。たとえば自分の長所を活かせないとか自分の使命感に沿っていないといった理由で、自分に合わない役割を降りたり引き継いだりして、新しい役割を選ぶことができる。

❺組織のガバナンスにおいても、動的な役割という考え方をベースに、役割の作成、割り当て、引き継ぎ、終了の方法などに関するルールを設けてもいい。民主的な意思決定（第12章参照）も役割決めのひとつの方法で、仲間たちの同意によって各自の役割が決まっていく。

　このように役割によって考えることで、イニシアチブへの貢献方法が常に複数存在する状態となり、従来型の組織のようにひとつの公式な権力階層を昇っていく必要もなくなっていく。

　つまり、階層構造に伴う機会損失を大きく減らすことができるので、仕事のなかで成長していく新しい道が示されることになる。

　その道とは、ただ次の地位への昇進を待つのではなく、自分が担っている複数の役割で最大限に力を発揮しながら今まで以上の貢献をすることで、個人的に充実感を得るとともに、自分の能力をより高めていくことだ。

‖ 役割とソース

　クリエイティブ・フィールドに見合った組織の形を保とうとするとき、私はよく「責任は引き受けることしかできないし、決して与えられるものじゃない」というチャールズ・デイビスの知恵を思い出す。

　何かに対する責任を誰かに与えたのに思うように実現しなかった、と嘆くリーダーがいる。物事は、そのことに誰かが真に責任感を引き受けることで初めて実現することが多いのではないだろうか。

　大切なのは、自分が責任者だと文書に署名するといった手続きがあるかどうかではない。**ある個人が、その実現に向けて取り組むことが心からの願いを満たすものだと感じ、自ら深く身を投じるかどうかだ。**

　だからこそ、役割を形式的に割り当てるガバナンスだけに頼るのは危険なのだ。

　その代わりに、それぞれが抱く「何かをしたい」という内発的なモチベーションに寄り添おう。各グループがソース原理に慣れて自己成長に取り組むようになると、明確なガバナンス体制の必要性は減るか、もはや完全に必要なくなることもある。

　誰もが創造するために働き、ビジョンやビジョン内のサブイニシアチブに責任を引き受けるポテンシャルを持っている。しかし、個人の成長という点で準備ができていない人もいる（第6章参照）。

　準備ができている人を見極め、その人に責任を引き受けるようにサポートしていくためには、繊細な手腕が必要だ。まだ

準備ができていない人に対しては、マイクロマネジメントは避けるべきだが、適切な権限委譲という伝統的なアプローチを取るのが適切だろう。

役割を形式的に割り当てることは、従来型の組織からまったく新しいものへ移行していく過程の暫定的な手段だと考えておくといい。

そうした形式的な割り当ては、仮設の足場のようなものだ。クリエイティブ・フィールドにいるメンバーたちが本章で示したような働き方への準備が十分にできていない場合、その場が崩壊してしまわないよう足場を導入すればいい。

逆に準備ができている人に対しては、形式的な役割を最小限にして、足場をできるだけ軽くするといい。

形式的な割り当ては、何かを創造するイニシアチブの自然な階層を乱すものにならないようにしよう。

サブソースは、投票して「決める」ことはできない。代わりに、誰かにあなたがサブソースではないかと促すことはできる。

役割の終了や引き継ぎのプロセスを考える人は、第15章「ソースの継承」や第17章「イニシアチブを閉じる」を参考にすることで、継承時に問題を積み残さないようにできるだろう。役割の終了や継承のプロセスでは、形式的な割り当ては役に立たない。それは、責任を手放していく個人的なプロセスなのだ。

第6章で見たように、誰かをソースやサブソースだと認識することは、周りのメンバーがその人の下に従属することを

意味しない。

　この人がこのイニシアチブを始めた、という事実を認めるのであって、その人のクリエイティブ・フィールドに参加するかどうかはそれぞれが決められる。そこでの結果に対する責任をソースに持たせ続けるのが、フィールドに参加した人たちの義務でもある（第5章参照）。

　クリエイティブ・フィールドにおいては、ソースやサブソースがしっかりと耳を傾け、意思決定をし、皆と対話する場を設け、周りに仕事を委ねていかないと、自然と抵抗感が生まれていくだろう。ソースやサブソースにとって、ついてくる人がいないということは物事がうまく流れていないというサインであり、改善していくチャンスと考えよう。

12 意思決定と対立

　イニシアチブ内の動きには、すべて意思決定が伴う。意思決定の方法をアップグレードすれば、イニシアチブのあらゆる活動の質が向上するだろう。

　ほとんどのソースやチームは、自分たちの意思決定の方法にあまり注意を向けていない。そのため、気づかないうちに意思決定の質が悪くなり、後から修正の必要が生まれて時間やリソースを無駄にしたり、そもそも意思決定というものが失われてただ会話が続くだけになったりすることもある。

　こうした状態は、従来型の階層組織では、トップダウンの権力によって話し合いを終わらせて先へ進められるかもしれない。しかし、トップダウンで進めない組織では、議論が堂々巡りになっていつまでも決まらないという、深刻な問題を引き起こす可能性がある。

　このような命令やコントロールと真逆の症状を「コンセンサスによる死」と私は呼んでいる。これは、できるだけ多くの人の意見を聞いて、誰もが合意するような結論に至ろうと際限なく議論を続けてしまう状況だ。

　コンセンサスによる死はつらい症状であるため、リーダーが参加型の組織づくりを諦めたり、より官僚的なヒエラルキーに立ち戻ってしまったりすることも多い——そして優秀

な人たちがイニシアチブを去り、別の場所を探そうとしてしまう。

‖ 同意による意思決定

　トップダウンの意思決定や、合意形成（コンセンサス）の落とし穴を避けるためには、「同意（コンセント）」を得るという第三の効果的な方法がある。

　意思決定をする際には、「私の提案に賛成してくれますか？」といった尋ね方ではなく、もう少し回答へのハードルを下げて「**これをやることに違和感はありますか？**」や「**（リスクがあるとはいえ）これは試しても安全だと感じますか？**」といった形で尋ねる。その意見をある程度考慮したうえで、意思決定をするというものだ。具体的にはあとで述べる「統合型の意思決定」も参考になるはずだ。

　これなら全員の完全な賛成を目指すのではなく、たとえばオフィスの壁を派手なピンクに塗るといった決定を受け入れられない人がいることを前もって知ることができる。

　この「同意プロセス」は、ただ拒否権ばかりが強くなることがないようにコントロールできる。そのためには、提案に反対する人は、代わりの解決策や建設的な変更案を考える責任を負うようにするといい。たとえばオフィス全体の壁はニュートラルな色で塗り、提案者の作業空間だけをピンクに塗ればいいのではないか、といった案を出すということだ。

　意思決定には何らかのバイアスがかかっているものだが、このプロセスなら質の悪い決定がなされる可能性を減らし

つつ、サブソースが責任をもって行動するステップに踏み出せるようになる。

コンセンサスの罠を避ける
統合型意思決定プロセス

　こうした「同意」による意思決定を組織に取り入れるために、私はよくホラクラシーの統合型意思決定（Integrated Decision-making ／ IDM）プロセスを活用している。

　このプロセスは全員が集まる会議でも使えるし、使い勝手のいいオンラインツールを用いて各自が都合のいいときに利用することもできる。基本的な手順は次のようなものだ。

統合型意思決定プロセス

❶何かの意思決定をしたい人が、提案内容を資料にまとめる。

❷関連する知識や経験を持った人、そしてこの取り組みによって影響を受ける人に資料を見てもらう。

❸会議の参加者は提案者に対して質問する——修正箇所の指摘ではなく、提案内容をより明確にするための質問であること。

❹参加者は提案者にリスク、懸念点、改善点などを

フィードバックする。

❺ 提案者は、今回の内容の自然な創造的権威を持っているという立場で、どのフィードバックを検討して、どのフィードバックには目をつぶっておくかを決める。そして提案の改訂版をつくる。

❻ 提案者は参加者に提案に同意するかを尋ねる。同意が得られて提案者も納得していれば、意思決定プロセスが完了して提案が実行に移される。

❼ 同意されなかった場合、参加者たちが修正内容を提案することもできる。このやりとりは提案が同意されるか、提案者が案を撤回するまで続く。反対意見が出続けた場合でも、反対意見の扱い方を決めておくことで、次のステップに進むかどうかを判断できる。

‖ ソースと同意プロセス

こうした意思決定プロセスをおこなうと、みんなが共に意思決定をしているような感覚が得られるはずだ。そのような側面もたしかにあるが、ソース原理の視点から眺めてみると、このプロセスのことがよりよく理解できる。

これは実際に行動する前に、ソースを担う人自身が活動内容を明確にしていくプロセスでもあるのだ。

参加者たちからの質問やフィードバックは、第5章で述べた

ように〈耳を傾ける〉というソースに不可欠な習慣を鍛える機会となる。

ソースが明確さを持てば、そのクリエイティブ・フィールド内にいるメンバーたちも自然と提案に同意するはずだ。トップダウンによる強制や、「コンセンサスによる死」もない。

また、このプロセスはクリエイティブ・フィールドに協力者を招待するのに適した方法でもある。提案者の意図を明確に理解することで、自分が貢献する方法を見つけやすくなるからだ。

一方で、落とし穴もある。その例を挙げながら、正しく実行するヒントをいくつか紹介しよう。

内側にも耳を傾けよう

同意プロセスは、自分の外側に意識を向け、周りからの情報に耳を傾けることに特化している。

それはとても役立つが、提案者であるソースは自分の内側にある創造願望やビジョンにも耳を傾け続けることを忘れないようにしよう。そうした願いやビジョンと密接につながっているのは、自分だけだからだ。

陥りがちな罠は、グループからの同意を得ようと修正を繰り返すうちに、**ソース自身がやりたいことの核心部分が失われてしまう**ことだ。

グループからの同意が得られたとしても、ソースがエネルギーを注げないような提案内容になってしまうリスクがある。

そのため、ソースはしっかりと内側に耳を傾け、取り入れるべきフィードバックとそうでないフィードバックを感じ取

り、ビジョンに対して自分が自然に持つ権威を譲り渡さないようにすることが重要になる。

全体ソースとつながる

誰かがサブイニシアチブを提案する場合、クリエイティブ・フィールド全体のソースやビジョンとのつながりが保たれることが重要になる。

サブソースは、**提案が全体ソースのクリエイティブ・フィールド内に完全に収まる**ように気をつけよう。そして全体ソースは、自分のフィールドを乱すような提案は決して受け入れないようにしよう──同意してしまうと、あとから問題が起きるだけだ。

健全な解決策としては、次の2種類ある。「サブソースが提案の一部かすべてを全体ソースのフィールド外でおこなう」か、「フィールド内の一貫性を乱すことなく、サブソース自身の創造願望を満たす別の方法を見つける」だ。

創造的な権威をサブソースたちと分かち合っていく方法については、第6章を参考にしてほしい。

招待するときは慎重に

誰をプロセスに招き、誰の意見に耳を傾け、どの意見には耳を貸さないか、慎重に検討しよう。

基本的なアドバイスとしては、関連する知識や経験を持つ人、そして提案によって影響を受ける人を招待しよう。

加えて、細かいけれど覚えておきたいのは、参加者の中にはソースのビジョンと心からつながりを感じている人もいれば、物理的には同じ部屋にいながらも、そこまで深い創造的

なつながりを感じていない人もいる、という点である。

　誰にでも自分の意見を主張する権利はあるが、創造性という観点から考えると、つながりを欠いている人のフィードバックは、つながりを感じている人のフィードバックと同等に扱うことはできない。

反対意見の扱い方を決めておこう

　同意に基づく意思決定プロセスは、多くの人を巻き込むことができる。ソースが真に明確であれば自然と同意が得られるはずだ。とはいえ、グループの規模が大きくなると、1人くらい反対者が現れる可能性も高まる。

　こうした事態に対処するために、**提案が通るためにはどの程度の同意が必要か**をガイドラインに定めておく方法がある。

　もしその反対者が本当に真剣に心配しているのだとしたら、イニシアチブ内の他のメンバーも反対するはずだ。その場合はソースが十分に明確さを持ち合わせていないことの強いサインになる。

　逆に、しっかりと耳を傾けた結果、ごく少数が強く反対していたとしても、提案内容は間違っていないという明確な気持ちが揺らがない場合もあるだろう。

　反対者に関する重要な例外は、クリエイティブ・フィールドにそぐわないからという理由で、全体ソースがサブソースの提案を受け入れない場合だ。

　たとえ全体ソースが何百人のなかでたった1人の反対者であったとしても、ソースの意見を無視して進まないようにしよう。

　これは全体ソースにとっても、大きな勇気が求められるこ

とだ。全体ソースには、周りにはうまく理解してもらえない
ような理由であったとしても、フィールドの一貫性を保つ
責任がある。全体ソースは自分の内側にしっかりと耳を傾け、
適切な助言を求めてから反対を伝えよう。

‖ 対立の解決法

　最近、ある会社のソースである創業者のコーチをした。そ
こはパーパス志向のすばらしい会社だが、何度もメンバー同
士の対立が起きていた。メンバーは自分たちだけで対立を
解決できず、そのたびに創業者が事態の収拾にあたる羽目に
なっていたのだった。
　最近起きた問題は解決に３日もかかったうえ、本当に解決
したのかも怪しかった。こうした状況では貴重なメンバーが
去ってしまう大きなリスクがあった。

▤ 有害な対立
　仕事において対立は避けられないし、どこの職場にもある
問題だ。
　対立は、それ自体は悪いものではない。何の対立もないよ
うに見える職場というのは、対立への不安や未解決の問題に
満ちている可能性が高く、いつかその鬱憤が爆発するかもし
れない。あるいは、皆が似た意見しか出さない同調的な思考
に陥る可能性もある。
　**対立は避けるべきではなく、冷静な態度と建設的な方法で
対処できるようになっておく必要がある**、という点は理解

しておいてほしい。

　とはいえ、実際に対立に向き合うとなると、話は別だ。とくに、本書で語ってきたような参加型を原則とする組織では難しい。親・学校の教師・裁判官・陪審員のような役割を果たす上司が存在しないため、「同僚間での健全な対立」を文化の一部にしていくことが必要不可欠になる。

　そして何より、これは自身のクリエイティブ・フィールド内で起きている問題なので、全体ソースは有害な環境の原因が究極的には自分にあることを認識しなければならない。

　対立が生まれるのは周りの人間の落ち度だと責めたくなるかもしれないが、そのフィールドを生み出したのは自分であり、対立している人間たちをフィールドに招いたのも自分だ。

　直接的でない遠回しの攻撃であっても、あからさまないじめであっても、フィールド内で起こるあらゆる対立はソース自身の影に根ざしている。これもまた、ソースが自己成長に取り組むべき理由のひとつだ。

健全な対立

　健全な対立の文化を育むために、まずは全体ソースがクリエイティブ・フィールドの健全な環境づくりに取り組もう。実績ある方法はいくつもある。本章ではそのうちひとつを取り上げ、付録でもいくつか紹介しているのでぜひ参考にしてほしい。

　参加型組織のパイオニア的な企業であるモーニング・スター社の対立解決プロセスは、対立する同僚自身に問題解決の責任を負ってもらうようになっている。たとえばあるメンバーが未解決の対立に気づいたら、その悪影響がチーム内に

広がらないように、対立解決プロセスが始まる。

　モーニング・スターの考えでは、どんな対立であっても、その背景には「誰かに何かをしてほしい・やめてほしい」というリクエストや期待がある。多くの場合、対立は当事者たちがじっくりと対話して合意に至ることができれば、大きな問題に発展するまえに解決する。

　当事者間で対立を解決できない場合、別の同僚にサポートを求める。しかし、その場合でも同僚はサポートに徹して、あくまでも解決策を考えるのは当事者同士だ。

　それでもうまくいかなければ、複数の同僚に依頼して助言グループをつくってもらう。このグループは何らかの判決を下すトップダウンの権威を持っているわけではない。ただシンプルに助言をして、当事者が互いに耳を傾けるサポートをするだけだ。

　モーニング・スターによれば、このプロセスをおこなって対立が解決されないことはとても少ないそうだ。解決されなかった例外的なケースにおいては、全体ソース（創業者クリス・ルーファー）が最終的な調停者として登場し、決断を下す。

　モーニング・スターの研究者によると、ルーファーは創業者の自分が特別な役割を持たない完全な分権型の組織構造を目指し、何年も熱心に取り組んできたという。

　しかし現在の彼は、イニシアチブのソースとして、調停者の役割からは逃れられないと直感的に受け入れているように見える。フィールドの一貫性を保つのは、いつだって最終的にはソースの責任なのだ。

対立の難点

世の中には効果的な対立への対処法がたくさんあるので、メンバーにトレーニングの機会を提供して現場で使えるガイドラインをつくれば、みんなが簡単に活用できるのではないか、と感じるかもしれない。

しかし私自身の経験から言えば、本章で「健全な対立」について書いているとはいえ、それを毎回実践することは難易度が高い。

実践がそれほど難しいのは、モデルやプロセスは手助けにはなるものの、対立を解決するためには、深い内面的な変化が必要になることが多いからだ。それはすぐに起こるようなものではなく、そうした変化に抵抗する人もいる。

たとえば、非暴力コミュニケーション（NVC）は、参加型組織のなかでメンバー同士の難しい会話を支援する手段のひとつとしてよく活用されている。

NVCのトレーニングでは、感情やニーズを特定することや、対立に対処するための独特な会話の進め方を学ぶ。それももちろん大切なことであり、実際に役に立つ。

しかしNVCの重要な条件である「①相手とつながろうとする姿勢を保ち続けること」「②目の前の瞬間に注意を向け続けること」については、賛同するものの実践できない人が多い。そもそも、簡単に実践できるものではないのだ。

激しく怒っている人に、どうすれば同じ人間として相手へのつながりを感じ、十分な敬意を払ってもらうことができるだろう？　どうすれば過去の出来事や未来についてあれこれ考えずに、いまここに留まって目の前の会話に完全に集中していられるだろう？　しかもそういったことを、ストレスホ

ルモンが体内を駆けめぐり、共感や創造的な問題解決に必要
な脳の部位がうまく働かなくなっている状態で、どうすれば
実践できるだろう?

　不都合な真実ではあるが、その実践には多大な時間と努力
が必要になる。

　ではどうすればいいのだろう?　最初のステップは、**対立
の解決がイニシアチブの存続にかかわる重大な問題であるこ
と、そして健全でない対立がもたらす真のコストを認識する
こと**だ。たとえば、次のような問題を引き起こすだろう。

> » 対立が長引くと時間が浪費され、イニシアチブの建設
>   的な活動にリソースが割かれなくなってしまう。

> » 本来なら去らなくてもよかった優秀なメンバーたちがイ
>   ニシアチブから離れ、その人たちが持っていた知見も
>   失われてしまう。そのため、代わりの協力者を見つけて、
>   時間をかけてチームに馴染んでもらう必要がある。

> » 対立を恐れるあまり、有害な行動を指摘する声をあげ
>   づらくなってしまう。

　この問題は客観的な経済面から考えてみることもできる。
小さな企業であっても、不健全な対立の代償は数百万円にも
及ぶだろう。大きな組織であれば、数億円単位かもしれない。

　簡単には削減できない不要なコストを抱えていた場合、唯
一の解決策は時間をかけてでもそのコストを減らしていく努
力をすることだろう。

繰り返しになるが、対立のトレーニングを1〜2日受けて、ごく少数の準備ができている人は自分を変えられるかもしれないが、多くの人は実践するのに難しさを感じるだろう。

　健全な対立の文化を築くためには、継続的な努力と、真のリーダーシップや真摯な姿勢が求められるのだ。

　ソースはまず自分の成長に取り組んで、より建設的な行動のロールモデルになろう。たとえば本章や付録で紹介した対処法を学びながら、対立によりよく対処できるようになることをメンバーに約束して、対立が起こるたびに自ら実践していこう。

　ソースはまた、対立の回避や不健全な対立などの問題の背景には、もしかしたら「心理的安全性」という奥深い問題があって、そこにまず対処する必要があるかもしれないことを覚えておいてほしい。

　心理的安全性はツールやプロセスをなぞっただけでは向上できないので、ソースは自己成長にも取り組もう。学び続けていくうちに、無条件に相手に敬意を払い、思いやりを示し、難しい場面でも今この瞬間に集中していられるようになる。

　ソースやその後継者がそれを実践しなければ、よりよい文化が生まれてくる可能性はゼロに等しい。

　しかし、イニシアチブのソースが自分自身を成長させていけば、より多くの人をイニシアチブに招き入れることができるようになるはずだ。その結果、他のメンバーをコーチしサポートできるような、健全な対立の文化づくりに協力してくれる人も集めることができるだろう。

13 採用

　イニシアチブが進んでいくと、当然ながら新しく入ってくる人や出ていく人がいる。

　どうすればうまく採用やオンボーディングをできるかについて書かれたものは多いが、「組織」に参加するというプロセスの奥で進行している、より深いプロセスに触れられることは少ない。

　それは「誰かのクリエイティブ・フィールドに入っていく」というプロセスだ。これを考えることは、自分の旅への参加者を集めようとしているソースにとって、大きな意味を持つ。

　よい人に参加してもらうことで得られるリターンは計り知れない。ソースが適切な人をクリエイティブ・フィールドに招き、力を合わせて効果的に働く場を整えることができれば、驚くほど多くのことが可能になる。

　しかし、人を採用するのはとても難しいことだ。ソースは自身の直感を信じつつも、無意識のバイアスによる影響を避けるという、バランスをとる必要がある。そのうえ、しばらく一緒に仕事をしてみないと、本当にその人に適した役割を担ってもらっているかを確かめることも難しい。

　人を採用する最適な方法は、活動の規模や、必要な人数、

役割への要望、求めている役割のタイプなど、さまざまな要因に左右される。社会的なムーブメントに活動家を連れてくることと、IT企業がエンジニアを採用することにはかなりの違いがあるため、たったひとつの「最適解」なんてない。とはいえ、重要な原則やポイントをいくつか確認しておくと、適切な方法を考えるのに役立つはずだ。

第2章と第3章では、ソースの旅に参加して力を貸してくれるヘルパーのうち、典型的な2つのタイプを紹介した。それが〈サブソース〉と〈業務協力者〉だ。

そこでも語ったように、この2つのタイプはそれぞれ違った動機でクリエイティブ・フィールドに参加している。

サブソースは、自分自身の人生における使命感を一部あるいは全部実現させるべく参加している。一方の業務協力者は、主に給与や、楽しい仕事や職場関係といった、より基本的なニーズを満たすために参加している。

こうした業務協力者に対しては「役割」で一括りに捉えるようなことはせず、どんな人もサブソースになる可能性が十分にあることを忘れてはならない。

しかしソースは、ヘルパーの種類の違いを意識することで、自身のクリエイティブ・フィールドに適切な人を採用し、オンボーディングをおこなうことができる。この章では採用について語りながら、それぞれの協力者に対する採用方法の違いも紹介していく。

‖ 無意識バイアスを乗り越える

　近年の採用活動においては、無意識バイアスに基づいた判断を避けるために多くの試みがなされている。たとえば、応募者の個人情報をすべて隠した状態で、質問に対する答えだけを比較するサービスが登場している。それにより、性別、人種、年齢などに対して採用側が抱く無意識バイアスによって、優れた候補者を意図せず除外してしまう可能性が劇的に軽減される。

　しかし、書類選考を通過して面接にいたっても、無意識バイアスの影響は存在する。

　Google では、たとえば自分と似た性格の人を好むなど、判断を曇らせる可能性のある典型的な無意識バイアスに焦点を当てた入門書を配布している。[35] Google の元人事トップのラズロ・ボックは『ワーク・ルールズ！』（東洋経済新報社）のなかで、あらかじめバイアスの存在を認識しておくというシンプルな下準備があるだけで、悪影響を目に見えて軽減できると語っている。

『ファスト＆スロー』（早川書房）の著者であるダニエル・カーネマンは、人の性質として無意識バイアスに屈しやすいので、それを乗り越えるのも常に苦労が伴うと、やや残念な様子で認めている。一方でカーネマンは、人は相手のバイアスを察知することには長けているという良い知らせも語っている。

　この能力は採用プロセスで活用できるだろう。たとえば採用側がペアになって互いに盲点がないか相談し合うことができる。

マインドフルネスの瞑想もバイアスを減らすことがわかっている。[36] これは、採用における無意識バイアスを減らすためにソフトウェアやその他の仕組みを活用しなくても、個人の内面の成長によって改善できる可能性を示している。

　これは、ダニエル・カーネマンが指摘するより少しは希望があるといえるかもしれない。そう考えると、クリエイティブ・フィールドにいる全員が自己成長を続ける重要性が際立ってくる。

　採用プロセスで無意識のバイアスを何とか取り除けたとしても、一緒に働き始めてからも、同僚間のやりとりにおいても無意識のバイアスは間違いなく現れる。

　そのため、1人ひとりの自己成長の必要性から逃れることはできない。うまく取り組むことができた先には、具体的で客観的な採用方法に加えて、自分の直感も使えるようになる。

‖ 直感を賢く活用する

　プロジェクト内容は先進的なのに、採用は旧来の機械的なプロセスのようになってしまうことがある。応募者はあたかもベルトコンベアに載せられた製品のように、選別され、評価され、最終的に合否を判断される。

　反対に、まったく非公式の採用プロセス（「やあ、まずコーヒーでも飲みながら話をして、そこから考えていこう……」）はバイアスの影響を受けやすいため、優れた才能を逃したり、求める能力レベルに達していない人をフィールドに招いたりしてしまう可能性がある。

　しかし、リスクがあるとはいっても、人間の深い直感を抑えたままにしておくのは間違いだ。人間が何千年にもわたって培ってきた直感は、自分が信頼できる人や、つながりを感じられる人を察知する上で非常に有効で、何かを共に創造する関係を築くためには欠かせないものだ。

　無意識バイアスを恐れすぎることも、意図せぬ副作用を生む可能性がある。

　バイアスを減らすために標準化された採用プロセスは、創造性や能力の高い人材を遠ざけてしまうかもしれない。

　ベルトコンベアからは業務協力者タイプの人たちがたくさん流れてくるかもしれないが、ソースかサブソースになりそうな人に出会うことは少ない。そういう人は定型化された応募フォームの質問では本当の意味で自分の才能を見てもらえないと感じ、もっとワクワクする募集方法に惹かれるだろう。

　また、応募書類を送るにはある種の自己肯定感が必要になる。そのため、自分自身への評価や成功の確率を高く見積もるようなバイアスのある人のほうが、応募する可能性が高い。たとえば、比較的高齢で、白人の、外交的な男性などが当てはまる。

　採用プロセスにおいて直感を活かすためには、採用に関わる全員が自己成長に取り組む必要がある。その努力を継続して初めてバイアスや影を顕在化させ、自分の判断の歪みを避けられる。性別や人種をはじめ、是正すべきバイアスはたくさんある。大変かもしれないが、自分と向き合うことはイニシアチブの前進にとって欠かせないのだ。

‖ 創造的に採用する方法

　大企業は従業員をチームに引き入れることに長けているか
もしれないが、ビジョンの実現にとって最適なサブソースの
採用に卓越しているとは限らない。そのため、Googleのよ
うな有名企業であっても、参考にできること・できないこと
を見極める必要がある。

　たとえばGoogleには1年で300万以上の応募があるが、そ
のうち0.2％程度しか入社できないという。これほど多くの
応募者をふるいにかけるためには、どうしてもある程度の自
動化や標準化が必要になってくる。規模の大きな組織なら、能
力の高いメンバーが採用できれば、その人が活躍できる選択肢
が十分にある。だから、採用プロセスもそれに最適化している。

　一方で大企業は、異端の起業家が始めた会社を買収するこ
とも多い。こうした買収は、その起業家を会社に招き入れる
ことが真の収穫であることも多い。こうした異端児は大企業
の採用プロセスを通過することはないだろう――そもそも応
募する気があればの話だが。

　ポイントは、**自分たちのバイアスをあぶり出す方法を見つ
け、そうしたバイアスによる悪影響を防ぐと同時に、直感を
麻痺させず、優れた仲間を見つけるためのより自然で創造的
な方法を妨げない**ことだ。

　たとえば、ミュージシャンなどのアーティストが組む相手
を探す方法にはヒントがある。役者のオーディションのよう
に決まったプロセスもあるかもしれないが、そうしたプロセ
スも流動的で探索的に進められるものが多い。

　優れたアーティストは、創造力の高い人を見出す能力を

持っている。誰かの作品に惹かれてファンになり、つながり
が生まれれば、一緒にジャムセッションをしたりアイデアを
練ったりする機会を探るだろう。そして実際にスタジオに入
り、一緒に具体的な共創に取り組んでいるうちに、その関係
が発展するかしないかは、自然とはっきりしてくる。

　コラボレーションの相手は、友人の友人からの紹介や、何
かの集まりでたまたま出会った人など、リアル、オンライン
問わず社会的なネットワークを介して現れることが多い。

　こうした関係が有効であることも間違いないが、偶然の出
会いに頼るばかりだと、ソースはすぐ近くにいるさらに優れ
た協力者を見逃してしまう可能性がある。

　FacebookやLinkedInを介して多くの人とつながれる時代
には見落とされがちだが、求人サイトや募集掲示板への広告
掲載などの古くからある手段も、使い方によっては今でも有
効だ。ふだん利用しない場所に募集を出すと、より多様な候
補者が集まってくるだろう。

　ソースのイニシアチブが圧倒的なレベルで関心を集めてい
て、選別に一定レベルの自動化が避けられない場合は、自動
化を可能な限り抑えながら、できるだけ人間的なやりとりを
確保するよう心がけよう。最も優れた人工知能であっても、
ビジョンを実現するために深くつながるべき相手を教えてく
れるレベルにはまだ達していないはずだ。

　サブソースと業務協力者の適切なバランスも考慮しよう。サ
ブソースの採用にはよりリスクを取って、採用プロセスに柔
軟性を持たせよう──サブソースは多くの業務協力者と違い、
きっちりと設計されたプロセスにぴったり収まるとは限らな
いはずだ。

‖ 社会的なムーブメントにおける採用

社会的なムーブメントにおいては、クリエイティブ・フィールドの敷居をかなり下げることもできる。

誰でも参加できるときほど、そこに足を踏み入れた人は周りと関係を築き、貢献する方法を自ら探ることが求められる。

ブラック・ライブズ・マターやエクスティンクション・レベリオンの運動には誰もが参加できるようになっている（私個人の意見としては、誰もが参加するべきだと思う）。これらは非常に多くの人を巻き込んで、野心的で遠大なビジョンの実現に向けて目覚ましく発展してきたが、今なお誰もが参加可能で、正式な採用プロセスなどはほとんど存在しない。

とくにムーブメントの場合は、規模において「クリティカル・マス（変化が生まれるための臨界規模）」に達する必要があり、その性質からしても社会を構成するさまざまなメンバーを包摂していく必要がある。だからどんな人にも門戸は開かれている。

しかし、どんな行動が許容されるのか、どんなサブイニシアチブがムーブメントに合っているか、全体の次のステップは何かなど、ソースは自らの最終的な責任としてイニシアチブの境界を守っていく必要がある。

‖ ソースの磁力

ビジョンに対するソースの情熱は、協力者を引き寄せる究極の磁力だ。

　ソースが協力者を見つけるのに苦労している場合は、ビジョンに対する自分のエネルギーをチェックしてみよう。協力者が不足しているのは症状であり、問題そのものではないかもしれない。

　イニシアチブに対するソースのエネルギーが低下していると、そのクリエイティブ・フィールドは周りの人が参加したがる魅力的な場所にならない。その場所が生き生きとしていたら、不思議とどこからか適切な人が参加してきてくれる。

‖ 新しい参加者のオンボーディング

　イニシアチブに誰かが参加するとき、その参加プロセスはソースとの個人的なつながりを持てるものにしよう。新しく入ってくる人のなかには、「組織」に参加して何らかの役割を担うのだと感じている人もいるかもしれないが、大切なのは**ソースのクリエイティブ・フィールドとのつながりを感じてもらう**ことだ。

　ソースがイニシアチブを立ち上げることは、自分の心をさらけ出す行為だ。新しい協力者にイニシアチブとのつながりを持ってもらうためには、ソースは自分の個人的な想いをさらけ出すことが必要になる。

　その美しい例が、エシカル（倫理的）消費を目指していることで知られるアウトドアウェア企業のパタゴニアだ。

　創業者のイヴォン・シュイナードは並外れたソースだ。何年ものあいだ、彼は新しく参加する社員すべてのオンボーディングに参加してきた。会社が数千人単位の規模になってもだ。

彼は自分のイニシアチブの奥底にあるパーパスが自然環境を守ることであると新しい参加者に知ってもらうためには、ミッションステートメントを読んでもらうだけでは足りないと理解していた。相手の目を見て、心から語り、深く人間的なつながりを感じてもらう必要があった。新しい参加者の全員に健全な地球というビジョンを伝え、そのビジョンとのつながりを感じるか、そうでなければ自分は間違った場所に来てしまったと認識してもらう必要があったのだ。

　最後に、創造するための協力関係はソースやサブソースだけに限った話ではないことを覚えておこう。

　参加した人が望むときに、自らの創造的な衝動をクリエイティブ・フィールドの中で発揮することができるような余白をつくっておくことが望ましい。

　多くの業務協力者は、まだ自分自身の何かを創造する旅路に足を踏み出す準備が整っていないかもしれない。しかし、時が来たときにそれぞれの道を歩んでいける機会が常に開かれているようにしよう。そのための種は、オンボーディングのときに蒔いておけるはずだ。

14 財務を問い直す

　財務は、お金の貯蓄、交換、流通によるストックとフローによって構成されている。きわめてシンプルなイニシアチブをのぞいて、ソースは自身のクリエイティブ・フィールド内でお金がどのように扱われているかを意識する必要がある。

　あらゆるシステムと同じように、財務がどんな形になっているか、そしてそれが人と環境にどんな影響を与えているかは、その仕組みをつくり出したパラダイムに大きく左右される。

　現在の通貨、銀行、ビジネス、そして国家経済の形を規定しているさまざまな金融制度は、植民地および工業化時代の産物として数世紀かけてつくり出されてきたものだ。

　現在の金融制度は、製品の普及や人間のウェルビーイングの向上にこれ以上ないほど貢献してきた――その一方で、人間や環境に対する大きな搾取や破壊にも加担している。

　最近では、ポスト工業化のますます複雑になる世界において、自社のパーパスと財務のあり方が合わなくなる組織が増えている。

　新しい仕組みをデザインするためには、限界を迎えつつあるパラダイムを超えた、これからのガイドとなる新しい原則が何よりも求められている。

‖ お金の新原則

　1999年以降、ピーター・カーニックは「マネー・アンド・ビジネス・パートナーシップ」というカンファレンスを何度も主催してきた。そこは、実践の場が少ないが斬新な方法論を提案する人たちと、実行力はあるものの財務は旧来のままで変えづらいビジネスパーソンが集まる場であった。

　財務の仕組みの全面的な刷新を研究してきたカーニックたちは、より洗練された形でお金と関わるための4つの原則を提唱した。

　本章では、彼との議論を経て私が考案したもう1つを加えた、5つの原則を紹介する。

　これらの原則を指針にすれば、自分たちのイニシアチブだけでなく、経済活動全体においても新しい財務を誕生させることができるはずだ。

　ここではマクロ経済的な視点ではなく、主に事業やイニシアチブ内の財務に焦点を絞って話を進めていく（経済全体の大きな視野で考えるには、ぜひカーニックの「マネー・アンド・ビジネス・パートナーシップ」のイベントに参加することをお勧めする）。まずは原則の概要を紹介したうえで、その実践例をいくつか見ていこう。

‖ 原則1　意識的な「気づき」を活かして、
　　　　　自分に合う解決策を見つける

　Part 3では、私たち1人ひとりの内側に目を向けて、お金の捉え方を見つめ、うまくつきあっていく方法を紹介している。自分はお金にまつわるどんなストーリーにとらわれてき

たかに気づけば、お金に対する執着や嫌悪を手放し、お金との関わり方により多くの選択肢や創造性をもたらすことができる。

この「気づき」は、その場その場で発生するプロセスだ。お金の交換や流通が何らかの形で起きそうになった一瞬一瞬が、自分のなかに湧き上がる感情や身体感覚を知る機会になる。

居心地がよい、緊張しているなどの具体的な感情や感覚は、お金との関わり方が適切か、もしくは何か重要なものが欠けているかを見分ける手がかりとなる。こうした感覚に注意を払うことで、解決策を妥協してしまうことがなくなるだろう。

原則2　自分の価値観にエネルギーが 流れているか確認する

お金は「公正に」使われるべきだという考えには多くの人が賛同している。しかし、お金に関して「何が公正か」の共通認識がほとんどないため、これが意思決定やシステム設計の指針としてほとんど役に立たないものとなっていることが多い。

「公正」という言葉は、その他の価値判断を覆い隠せる都合の良い言葉として使われがちだ。お金という文脈において、公正さはたとえば平等、公平性、一貫性、実力主義、節度、寛大さなど、さまざまなことを意味しうる。

新しい財務のあり方を再構築するには、関わる人々の真の価値観をたえず明確にし、その価値観を具体化できるよう意識的に設計することが必要になる。それができれば、お金との関係を通じて真の幸せが得られるだろう。

自分たちの価値観に合ったお金の活用法が見つかれば、お金の出入りに何の抵抗も覚えることなく、ポジティブなエネルギーを感じることができるだろう。

原則3　そもそものお金の意味を復活させる

　さまざまな場面で、お金は創造活動の障壁となってきた。政治家は、お金がないから社会に必要な変化を生むことができないと語る。起業家は、資金が集まるまでは前進できないように感じる。そして非営利団体の人たちは、お金こそが自分たちの信念を広める活動を可能にする究極のパワーであると考えている。こうした考え方では、どうしても不満が溜まってビジョンの実現に向けて前進できなくなってしまう。

　こうした考え方を手放して、お金は人間のさまざまな活動の力添えとなるひとつの機能（=facility ／由来はラテン語のfacilis、簡単という意味）にすぎないという古来の原則を復活させるべきだ。

　そうすればお金を活用する際にも、お金がすべてを左右する要因——成功や失敗の究極的な要因——になることなく、物事を進めやすくなって、ビジョンに近づくだろう。

原則4　お金と友情を結びつける

　会社（company）という言葉は、「社会、友情、親愛」という意味の12世紀の古フランス語「compagnie」に由来する。

　しかし現代の会社や、非営利団体においても、この友情という基盤が失われていることが多い。職場の同僚、仕事関連の仲間、そして顧客との関係は、機能の提供、業務的なやりとりや競争関係になっていて、相手を「友人」だとはあまり

捉えていない。

　また、もともと友人として接している相手とは、一緒にビジネスをするのがためらわれる場合がある。あたかもそれが危険な一線を越えることのように感じられ、いつの日か仲たがいしたり、ライバルになったりする可能性があるから、一緒にビジネスをすべきではないと思えてしまうからだ。

　心から大切に思っている人たちと力を合わせないなんて、どれほど大きな機会損失だろう！

　人間には「集団に属したい」という生来の深いニーズがあるので、それは仕事やビジネスという環境であっても簡単に消え去りはしない。そうしたニーズの中心にあるのが、友情だ。仕事の協力相手を友人だと考えられるようになったほうが、はるかに生産的で充足感を得られるだろう。

　友人だからといって、すべての協力相手と親しくなる必要はない。「家族」のように考える必要もない。「friend」の語源である古英語「freond」が意味する「個人的な敬意や好みで誰かが誰かと結びつくこと」に立ち返ってみるといい。

　私たちは、お金を使う目的を「友情を深めるため」と捉え直すことで、さらに友情を育むことができる。また、友情の力を利用して、どのようにお金と向き合えばいいかという問いについて、クリエイティブな解決策を見出せるかもしれない。

原則5　効率的な計算式よりも柔軟性を重視する

　私たちは、お金の扱い方を数学の公式のように捉えてしまいがちだ。

　たとえば全員の報酬を一律の計算式で算出したり、だいたい

の時間単価に基づいてサービスを販売したりしている。

　ある意味では、それによって効率化が実現される。あらかじめ公式をつくっておけば、計算も早くすむ。全体で標準化することで、一貫性を持たせようとしているかもしれない。

　しかしこうした標準化は、潜在的に多大な歪みを生じさせている可能性もある。

　第18章では、お金というものに本来備わっている性質が実はきわめて主体的なものであり、そこには無限の創造力が秘められていることを深掘りしている。

　標準化された公式という工業化時代のアプローチでは、お金のポテンシャルを活かして、原則1〜4を満たしながらビジョンに向かって進んでいくこともできなくなってしまう。

　だからこそ、価格や報酬の設定なども含め、仕事でお金を扱う際は効率性が多少犠牲になったとしても創造性や柔軟性を優先するべきだ。そのトレードオフは価値のあるものだといえる。[37]

　では、これら5つの原則を実践していく方法を見ていこう。

‖ 負債と損失を愛する

　これまでのお金の考え方で、とくに負債や損失については問い直すべき余地が大いにある。

　一般的には、負債や損失は望ましくないものか必要悪、資金や利益はポジティブなものとして捉えられている。

　この捉え方はロジカルに思えるかもしれないが、このバイアスを乗り越えることが重要だ。債権と債務も、利益と損失

も、どちらも表裏一体のものだ。いずれも、どちらか抜きには存在できないので、負債や損失に対するネガティブな見方は可能性を狭めてしまっているのだ。

決してむやみな借金や損失を勧めているわけではない。それはむしろビジョンの実現を妨げてしまうし、お金への嫌悪感を生む可能性が高い（Part 3 ではお金に対するネガティブな捉え方を探求している）。一方で、資金の維持や利益にこだわりすぎて、ビジョンがおろそかになるのも避けるべきだろう。

負債と損失を愛するというパラダイムシフトは、5 つの原則すべてに関わってくる。

自分の内側と向き合い、育ってきた環境や文化によって刷り込まれてきた、負債や損失に対するネガティブなイメージを乗り越え、資金や利益に対するポジティブなイメージから距離をとる必要がある。

たとえば、赤字が出たときに、恥じたり罪悪感を抱いたりしてしまう感覚を乗り越える必要があるかもしれないし、自分の価値や安心感を得るためには資金や利益が必要だというこだわりを手放す必要があるかもしれない。このように捉え直していくと、お金との関わり方にもっと自覚的になるはずだ。

お金を追求するのでなく、ビジョンの実現を追求するようになれば、自分の最も深い部分にある価値観を明確にして、それをガイドにしてお金をクリエイティブに活用できるようになる。

その状態になると、資金や借金、利益や損失の有無にかかわらず、充足感を得ることができる。自分を責めることも

なくなり、ビジョンの実現に向けて必要な形でお金を動かすことができるようになるだろう。

　具体的には、**お金を支払うときであっても、お金を稼ぐときと同じくらいポジティブなエネルギーで実践する**ことだ。そのような実例を、私は自分の支援先で何度も目にしてきた。

　そうするとお金の支払先からも感謝されるし、こうした行為によって生まれるポジティブなエネルギーのおかげで、もっと高いレベルのサービスや善意を協力者から得られるようになる。

　私自身の例で言えば、コーチングを提供した新しいクライアントに対する初回の請求時には、払うに値すると感じた場合のみ支払ってもらうよう伝えている。

　いまのところ支払われなかったことはないが、もし払われなかった場合でも、関係やエネルギーを両者にとって最高のものにし、それぞれの価値観に従って仕事をしていくために何を変えていくべきかを再検討するよい機会になる——たとえそれが、協力関係を解消し、よりクライアントのニーズに合ったコーチを見つけるべきだという結論につながったとしてもだ。そういう結論に達した場合、私は喜んで未払いを帳消しにし、損失を受け入れる。

　こうした例が示しているように、資金と借金、利益と損失に対する考え方を変えるとは、人との関わり方を再構築していくということだ。

　お金の借り手や貸し手になることに対する従来の考えや、それに伴う一方的な力関係を手放すことができれば、友情を土台にした新しいパラダイムにシフトできるだろう。

　友人同士であれば、実行不可能な契約を結ばないよう注意

を払い、特に期待より物事がうまく進んでいないようなとき
にこそ、お互いのニーズを大切にしながら懸命に努力するよ
うになる。信頼し合い、どうすればたんなる取引ではなく創
発的な関係を築けるかを考えていくことで、お金をより創造
的に扱えるようになる。

このようなアプローチは、たとえば本章で後ほど紹介する
カーム・カンパニー・ファンドが切り開いているような新し
い形のお金のやりとりにもつながっていくだろう。

ハッピー・マネー・ストーリー・ゲーム

Greaterthanの同僚と私は先日、いくつかの仕事の収益
を2人でどう分け合うかを決める必要に迫られた。これ
は仕事仲間のあいだでは非常に気まずい瞬間でもある。
お金の話になると、何かとても生々しい感じがするのだ。
自分をさらけ出すような感じもする。どうすれば「公
正」だろう？ どれほど価値を生んだかを計算するのは
複雑だが、どうすればありのままの価値を収益に反映
できるだろう？ 自尊心や自信は交渉の方法にどう影響
するだろう？
2人が満足するように収益を分け合うという一見すると
シンプルな作業の奥で、さまざまな感情が渦巻いて
いる。
そのときの同僚と私は、自分の意見に固執したり、妥
協したり、公式を用いて計算したりすることなく解決
策に至ることができた。友情を深め、「楽しむ」という

共通の価値観に合う決め方を模索して、あるゲームをすることにしたのだ。これは、チャールズ・デイビスが〈ハッピー・マネー・ストーリー・ゲーム〉と呼ぶものだ。[38]

まず私たちは、そのお金が自分にとってどのようなものであるかをオープンに話し合った。

数字の話ではなく、そのお金にまつわる「ストーリー」だ。そうした物語からは、価値観、コミットメント、責任感、相互依存といったテーマが見えてきた。

それから私たちは、お金の分配案を提案し合った。その目的は、最も説得力のあるストーリーをつくることだった。誰もが納得したストーリーはそこにいる全員に真の喜びをもたらす（今回は2人でおこなったが、大人数のグループでも実行できる）。そういうストーリーをつくることができたプレーヤーが勝者となる。

つまり、自分自身を含め、全員を幸せにできて初めて勝ちとなるのだ。金額を何らかの方法で分け合うことだけが最も説得力のあるストーリーになるとは限らない。そのほかのどんな手段を加えても構わない。

たとえば、ある比率の分け前を提案したうえで、仕事が終わったら相手に料理をつくると申し出てもいい。これはゼロサムゲームではない。プレーヤーの創造性さえあれば、どんな制約もなくなる。

つい最近Greaterthanで起こったのは、コンサルティングサービスの営業活動に時間を割いている人たちに、

売上から一定の手数料を払うべきかどうか、もし払うな
らいくらにすべきかについての話し合いだった。
私たちは5つ目の原則に従って、計算するための公式
があるべきだという考えを手放し、必要に応じて「ハッ
ピー・マネー・ストーリー・ゲーム」をすればいいとい
う結論にたどり着いた。そうすれば誰もが自分のニー
ズや幸せが大切にされていることを知って安心できるし、
全員がエネルギーを持って仕事に取り組めるようになる
からだ。

‖ 予算の組み方を問い直す

　たいていの企業では、予算は1年単位の長いスパンで組ま
れている。
　予算は、予想される収入、支出、投資に基づいて編成され
る。予算編成の担当者は、自分のプロジェクトに予算を出し
てもらうため、あるいはプロジェクトの期待値や目標を何と
か下げるために策を練ったり駆け引きをしたりする。
　こうした状況では創造性を最大限に発揮できないし、そも
そも「未来は予測しコントロールすることができる」という
間違った前提に基づいている。新型コロナウイルス感染症の
パンデミックが発生する前に年間の予算計画に携わった人な
ら誰でも痛感しているように、社会の将来は予測できないし、
承認に至った時点ですでに古くなっている予算案も数多く
ある。
　さらに、プロジェクトをコントロールするためにあらかじめ

計画や予算を決めることが目的になると、予算を組んだあとにチャンスが生じても必要なリソースを確保しづらくなる。もっといい予算の組み方を紹介しよう。

状況変化に合わせて予算を運用する

1年単位の計画と予算を立てるというサイクルは、創造性を支えるダイナミックで流動的なアプローチに変えることができる。

» 予算を計画する期間を1年に決め打ちするのではなく、そのイニシアチブが置かれている環境に応じたサイクルに変える。地方の村の商店と、急成長を遂げているITスタートアップや社会的なムーブメントはペースが違うはずだ。

» ビジョンや、クリエイティブ・フィールドの現状、そして外部の環境などに照らし合わせながら未来を予測するのはいいが、予算はそれに合わせて固定化しないようにする。

» 個々の項目の予算は、最初から全額を使うのではなく、実際に進んでから投入する。

» 内外の状況変化によって、イニシアチブが追加されたり消滅したりする可能性があることをあらかじめ想定しておく。変則的な事案、例外、あるいは問題として扱わないようにする。

> » 数値による指標だけで進捗確認をおこなうべきではない。そのビジョン実現についてソースやサブソースの持っている感覚なども含めた、多面的なアプローチでおこなうべきである。

　こうした原則を組織でどう実践していくかについて、完璧なレシピはない。ひとつとして同じソース、ビジョン、状況はないからだ。第10章で紹介した組織開発のプロセスを活用し、こうした原則をイニシアチブ内で活かすための新しい実践方法を試していこう。

共同で予算を編成する

　多くの人から資金を得る形として、Kickstarterのようなクラウドファンディングのプラットフォームがある。それを参考にしながら、イニシアチブにおいて創造的なリソースの配分方法を生み出せるかもしれない。

　投資できる総額が決まったら、それを事前に合意された形で各メンバーに割り当てる。そして全体のビジョン実現に役立つであろうサブイニシアチブを立ち上げるためにサブソースが必要な金額を提案する。全メンバーには、あらかじめ合意された割合で自分用の投資額が設定されており、誰もが自分の割り当て分を好きなサブイニシアチブへ自由に投資できる。

　このアプローチなら、多くの応援を集めたサブソースに、協力者のリソースやサポートが流れていくことになる。

健全な報酬の設定

報酬は、お金に関する話し合いのなかでも、最も気まずいテーマかもしれない。一般的には、給料は秘密にしておくべきだし、それを公にすることはパンドラの箱を開けるようなもので不要なトラブルを招いてしまう、と考えられている。

しかし、給料を秘密にしておくことにも問題がある。たとえば、透明性がないために、男女間の給料格差のような大きな不平等が生まれてしまうかもしれない。

また、個々人に適した給料というよりも、交渉能力が大きく影響する可能性もある。それに、言ってしまえば、人はたとえ禁じられていても給料の額を明かしあうことが多いし、それが高じるとゴシップや社内政治のようなものを生んで業務に支障をきたすかもしれない。

お金との向き合い方が十分に成熟していなかったり、より適切な報酬決定の仕組みがなかったりすることで、こうした問題が生まれている。しかし、給料を秘密にしておくのは応急処置でしかない。こうした点を解決すれば、給料の見直しや設定をオープンにおこなうことができるようになる。

お金そのものが真の動機となって突き動かされる人はいない。人は、お金の奥に見ている力や、お金に関して自分が信じているストーリーによって突き動かされる。

自分の内側を見つめ自分が信じているストーリーと向き合うことは、お金をもっと活かせるようになるための最も効果的な方法のひとつだ。

規模が大きくなってくると、こうした自己成長に取り組むよう全員に強制することはできないと感じるかもしれない。

　しかし、自分で取り組む意思と準備のあるソースやサブソースと共にお金のことを深く掘り下げていくことで、大きく前進できるはずだ。まずはクリエイティブ・フィールドの中心メンバーの意識を高めれば、あとから他のメンバーにも伝えやすくなるだろう。

報酬の自己決定

　これまで一般的だった、トップダウンによる決定や一律の計算式による給料制度から、自分で決める自己決定方式に変えるのは、まさしく大きな転換だといえる。このアプローチは参加型の組織づくりでますます注目されているが、それが機能するのはソース自身がお金と十分に健全な関係を築いている場合のみであることに注意しよう。

　そうした関係を築いていなければ、第 8 章で示したようにバイアスなどの負の側面が文化に入り込んでしまい、周りも建設的に協力することができなくなる。

　ソースの準備が整っていない場合は、自分に染み付いたこれまでのやり方を少しずつ改善していく方法を模索していくといい。そうして準備が整ったら、報酬の自己決定を試してみよう。以下は、本章で紹介したお金の原則を取り入れた、自己決定のやり方だ。

報酬の自己決定

❶ いきなり変えるのではなく対話の場を設けて、メンバーたちのお金に対する期待や不安などの感情を出してもらう。

❷財務の透明性を高める。メンバーたちに全体の財務
状況を共有して、どのような条件下で報酬が支払われ
ているかを理解してもらう。

❸公正さではなく、クリエイティブ・フィールドで大切に
している価値観に基づいて報酬を考える。

❹ある役割に近い職業の市場価格などのデータや情報を
集めて共有し、それらを十分に考慮したうえでメンバー
たちが適切に額を設定できるようにする。[39]

❺各自が自分の報酬案をつくり、周りからアドバイスを受
けて最終的な形に仕上げるようなプロセスを整える。[40]

❻それぞれに合った報酬が得られるような柔軟性を持つ
ようにしよう。たとえば、目的を問わず長期間休める
サバティカル休暇制度を設けるなど、各自のニーズを
満たすために金銭以外での報酬や権利を組み込んでお
くといい。

❼サポートチームをつくって、このプロセスのファシリテー
ション、大切にしたい価値観の維持、メンバーへのア
ドバイスやお金との関係における盲点に気づく支援を
してもらうようにする。そのチームは、プロセスをサ
ポートしていきながら、自分たちにはお金に対してどん
なバイアスがあり、それは心の奥底の本当のニーズを
反映しているのか、あるいは自分を過小評価する傾向

を反映しているのかを探求していこう。そのため、こ
のチームにはお金との関係について自己成長に取り組
んできた人たちが参加し、全員がソースとビジョンに
明確なつながりを感じている必要がある。そして何よ
り、お金との向き合い方をよくする取り組みを通じて、
メンバー間の友情を支えていくのが目的であることを
忘れないようにしよう。

❽対立への対処や問題共有の仕組みを整えて、当事者
だけでは手に負えない問題にも対処できるようにしてお
く。どうしても行き詰まってしまう場合は、全体ソー
スが最終的な調停者となるようにしよう。

はじめは堅苦しいプロセスに感じるかもしれないが、メン
バーたちのお金との関係が向上していくと、次第にリラック
スして取り組めるようになる。

最終的には、誰もが自然と適切な報酬を受け取れるように
なるだろう。まるで絵空事のように聞こえるかもしれないが、
私が一緒に取り組んできたいくつかのチームでは、すでに実
現していることだ。

‖ 投資と資金提供者

投資、助成金、寄付といった資金も、ビジョン実現に重要
な役割を果たす。

しかし外部から資金を募る前に、ソースは資金が第一の

動機になっていないかを問い直すことが大切だ。まるで資金があればビジョンが実現する、もしくは逆に資金がないことが行き詰まりや障害の原因だと感じていないだろうか。

資金があろうとなかろうと、次に進む選択肢は常にあることを忘れないでおこう。何かを創造したいというビジョンは、真の意味で行き詰まることはないのだ。

心からエネルギーが湧いてくるようなビジョンと十分なつながりを保ち、常に次のステップを感じ取ろうとすれば、ソースは資金も含めて自分を助けてくれるリソースを引き寄せるようになるだろう。

逆に、資金を追い求めることが第一の動機になってしまうと、それを提供してくれる相手は見つかるかもしれないが、ビジョンの実現からは遠ざかってしまう可能性がある。

投資の罠

エンジェル投資家やベンチャーキャピタルの投資は、ある意味で「賭け」のような側面があるゲームだといえる。投資家たちは多くの案件に賭けていて、その大部分は失敗しても、ごく少数が大きな利益を生むことで、ポートフォリオ全体に高額のリターンをもたらす。

このモデルはつまり、大きなリターンをもたらす可能性があると判断したものにだけ投資するということだ。そのため投資をしたあとは、投資先への影響力を発揮してより大きなリスクをとることを迫り、時価総額1000億円以上のいわゆるユニコーンになるか失敗するか、白黒つけようとする。

その中間であることは投資家にとってほとんど意味をなさない。こうしたモデルは投資家にとっては有効だろうが、

ソースは自分にとって不利でも参加するべきゲームなのかどうかを慎重に検討する必要がある。

多くの投資家は、この章で述べてきたお金の原則には従っていない。

投資家は、なぜ自分が何十億も稼ぐ必要があると感じているのかについて、自分の内面と向き合って解明しようと取り組んでいるとは限らない。

友情の精神や、より深い価値観に基づいて仕事をせず、お金を第一の動機にして、ほとんど宗教的な熱意を持って資本という神に身を捧げている人もいるかもしれない。

どれほど投資家たちが「社会にインパクトをもたらす企業をつくりたい」と言っても、お金に対する一面的な捉え方にとらわれている場合、大きな経済的リターンを最も優先してしまう。

究極的には、ソースが自分の力がお金や株式や投資家によって無力化してしまうと思わない限り、クリエイティブ・フィールド内ではソースが自然と持つ力のほうが、投資家の力よりも優勢だ。

しかし、あらゆる物事がビジョン起点になるようにするために、そして投資家たちとの煩わしい戦いに巻き込まれずにいるためには、ソースは誰を自身のクリエイティブ・フィールドに参加させるかを判断していくことが決定的に重要になる。間違った動機でなされた投資や不適切なパートナーを受け入れてしまうと、イニシアチブから切り離すためには膨大な時間とエネルギーが必要になる。

さいわい、世界をよくしたいと心の底から願っている真のインパクト投資家も存在しているため、本章のお金の原則に

沿った投資がおこなわれることはある。ただし、原則に従ってくれる投資家を選ぶためには、ソースは通常以上に我慢強さや調査が求められるだろう。

優れた投資

カーム・カンパニー・ファンドの創業者たちは、ソース原理を活かした新しい投資モデルを発展させてきた。これは、「急成長か破滅か」のプレッシャーから解放され、自律的に歩んでいきたいと願う起業家たちをサポートするモデルだ。

大まかに言えば、カーム・カンパニーの投資は起業家が新しい事業の資金調達に使える無担保ローンのようなものだ。

起業家は個人的なリスクを負うことなく、利益が出るまでの生活費などを含めた資金を得ることができる。その事業が失敗したら、カーム・カンパニーは損失を被ることになる。

従来の投資とは違って、カーム・カンパニーは、起業家が全権を持ってビジョン実現に向かうことができるように、投資先の取締役の地位に就いたり何らかの権利を取得したりしないようにしている。

その代わりに、投資先の起業家たちへメンタリングや支援し合える起業仲間の紹介などをおこなっている――言い換えれば、起業家が本当に必要としているサポートを提供している。

このモデルで最も魅力的なのは、その事業において起業家が持続的な給料を確保できるようになって初めて返済が発生し、投資家と合意した最大リターンまでの返済条件は事業収益に応じた比率で設定される点だ。

すべてが順調に進めば、起業家は個人的にも見返りのある

ビジネスを構築できるし、投資家も失敗した他の案件で出た損失以上の大きなリターンを得ることができる。

独立系起業家の陥る罠

カーム・カンパニーは、従来型の投資や急成長モデルを拒否し、シンプルにみずからのビジョンを追求したい起業家たちのエコシステムの一員だといえる。たとえば「Indie Hackers」など、こうした形で働く起業家たちが集まるオンラインコミュニティもある。

ただし、大きな盲点もある。こうした起業家は投資家からの期待にとらわれることを拒んでいながら、ビジョンではなくお金を追うという罠に自分自身がはまってしまう可能性があることだ。

事業売却時や上場時の大きな評価額を目指してはいなくても、月次経常収益という聖杯を追い求めてしまうことはある。

Indie Hackersのコミュニティから定期的に送られてくるニュースレターには、起業家がイニシアチブ立ち上げストーリーを語るインタビュー記事が載っている。しかしメールで送られてくるニュースレターの件名では、事業の月次収益が強調されていて、イニシアチブを評価する重要な指標のように扱われていた。

それが中心的な関心事になってしまうと、自分たちが関わりたくないと思っていた従来の投資家とまったく同じ罠にはまってしまうことになる。真にエネルギーが湧いてくるような創造的なビジョンではなく、お金を追いかけてしまうのだ。

結果として、平凡なアイデアばかりを追求して才能を大きく浪費してしまうことにもなりかねない。

非営利団体への資金提供者の負の側面

非営利の活動も、厄介な面と無縁ではない。

投資によって創業者が道を逸れる可能性があるのと同じように、非営利団体もビジョンに合っているとはいえない寄付者や、お金との関係が健全でない寄付者に借りをつくってしまう可能性がある。寄付者を喜ばせようとするあまり、寄付者の意向に沿った形にイニシアチブが変わってしまうと、ビジョンではなくお金が動機となって活動が進められてしまう。

さらに悪いことに、裕福な個人や、政府、その他の機関からの慈善的とされる寄付を受け取った場合、相手が生み出している害の隠蔽にいつのまにか加担してしまう可能性もある。

裕福な国（NGOが乱立し競い合っている国々）からアフリカ大陸に流入する資金援助よりも、租税回避地（タックス・ヘイブン）への資金流入や気候変動対策費用としてアフリカ大陸から流出する額のほうがはるかに多いというのは、その顕著な例だろう。[41] そうした流出の裏にいるのは、表向きには慈善家として知られる人物たちであることが多い。

起業家と同じように、非営利のイニシアチブにおけるソースも自分たちの資金がどのようなストーリーのもとに提供されているのかを十分に理解しておく必要がある。資金提供者との関係がおよぼす波及効果まで考慮したときに、資金調達を優先するあまり、自分たちの信念を広めていく純粋な努力が犠牲にならないよう注意すべきだ。

グローバル経済のシステムは信じられないほど複雑であるため、その資金がどこから来ていて、どのような悪影響を与えてきたかを完全に把握することは不可能だ。

究極的に言えば、すべてはつながっている。非営利団体の

人たちは、資金提供者となりうる相手の業界で資金がどのように流れているかを入念に調査するかもしれないが、より深くその流れを突き詰めれば、どんな資金の動きも何らかの形で悪いものと良いものの両方につながっている。完全に潔白でひとつの汚れもない資金を探そうとすると、逆に身動きがとれなくなってしまう。

　チェックリストや資金提供者の分析だけでは限界があるため、結局はソースが自身の価値観と直感を指針にして、ケースバイケースで可能な限り注意していくしかないだろう。

小さなことからでも
お金の原則を取り入れてみよう

　何年も前にピーター・カーニックがリーダーたちと共にお金との関係について考え始めたとき、彼はリーダーたちが自分自身とお金の関係に向き合ってもっとそこに意識を向けられるようになれば、彼らのチームにも波及して変化が起こり、協力関係やイニシアチブのあり方がもっとよくなっていくだろうと考えていた。それが広がっていけば、その変化はビジネスの世界から社会全体に波及していくはずだと思っていた。

　しかし、そう簡単な話ではなかった。私もマネーワークを主催していくなかで気づいたのは、お金との関係を考えるために自分の意志でワークショップに参加する人たちと、（たとえ参加が完全に任意であっても）勤務先が開いているワークショップだからという理由で集まった人たちには大きな違いがあるということだ。

準備ができていて、そうしたいと願うときに、人は自分自身や人生に対する考え方を変えたり広げたりできるようになる。そのために必要な環境を整えることはできても、人の変化をコントロールすることはできない。

　とはいえ、いい知らせもある。あるイニシアチブのソースが自分と向き合う内省的な探求をおこなえば、クリエイティブ・フィールド内にさざ波が広がっていく。そして、クリエイティブ・フィールドが適切な人を招き寄せたり合わない人を遠ざけたりするようになり、やがて本章で紹介したようなお金に対する新しいアプローチを実験できるようになる。

　ソースは、本当に自分自身と向き合いたいと願っている創業メンバーなど、近しい人たちと探求を始めるといいだろう。

　たとえば新しい報酬制度を始めるまえに、「ハッピー・マネー・ストーリー・ゲーム」をやってみてもらってもいい。その人たちの行動が変わり始めたら、周りも自然と参加したくなり、よりよいお金との向き合い方が緩やかに広がっていくはずだ。

15 ソースの
継承

　ソースの役割は、継承プロセスを経て個人から個人へ引き継いでいくことができる。本章ではソースの継承における原則を掘り下げ、読者がそれぞれの個性や状況にあった継承プロセスを意識的に設計していくためのガイドを紹介する。

CASE STUDY　ソースになる

　グッドコーヒーはイギリスのマンチェスターにある独立系のカフェチェーンで、エシカル（倫理的）な調達をしたコーヒーとオーガニックフードを販売している。

　ソースはニヴァーンという名の男性だ。彼は、このビジネスの価値観ときらめく創造性をまさに体現している。しかしニヴァーンは創業者ではない。彼は2011年にグッドコーヒーを創業者から買収した。その創業者はマンチェスター大学のキャンパス内ですばらしいコーヒーを自転車で移動販売することから始め、やがて街中にいくつかカフェを開いたあと、次の挑戦へ移ることにした。

　この事業の買収は単純明快だった。ニヴァーンが資金を確保し、株式を100パーセント取得し、みずから会社の

新しい社長となる。創業者は去る。正式な手続きの面で言えば、いまやニヴァーンに全責任があり、間違いなく継承は完了していた。

　新しい経営者となって最初の数年は厳しい状況だった。ニヴァーンは、自分が会社を前進させようとすると常に対立や抵抗にあうように感じていた。会社は創造的なエネルギーがあふれる状態を見つけ出せずにいた。

　2年後、ニヴァーンは断固たる決意でグッドコーヒーのブランド・アイデンティティを刷新し、最初の新店舗のオープンにこぎつけた。彼はオープン最初の2日間にお披露目イベントを開催し、2日目には創業者を招待して新店舗を見てもらおうと考えた。実は、仲間たちに混乱を生じさせたくなかったので、それまで創業者とは少し距離を置いていた。

　新しいカフェの外に立ち、ニヴァーンは完成した店を眺める時間を創業者と分かち合った。

　すると次の瞬間、予期せぬことが起きた。創業者がニヴァーンの肩に腕を回し、心の底から言ったのだ。

「君はすばらしい仕事をした。君ならできる」

　その瞬間、ニヴァーンに何か大きなものが託された。それは株式や、法律関係や、資金などの手続きよりも深い何かだった。創業者からの承認が必要だったわけでもない。

　当時の彼は気づいていなかったが、この心温まる瞬間にニヴァーンが抱いたのは、ついに創業者が自分の築いてきたクリエイティブ・フィールドから完全に離れ、ニヴァーンに手渡してくれたという感覚だった。

　創業者の心のこもった言葉を、ニヴァーンはビジネス的
な視点からだけでなく、心の底から受け止めた。こうして
グッドコーヒーは、本当の意味で彼のものになった。買収
契約から2年後に、ようやくソースの継承が完了したのだ。
　この瞬間から、グッドコーヒーは創造的なエネルギーが
あふれる状態になっていった。ニヴァーンは誰かと対立し
ていると感じることもなくなったし、抵抗もなくなった。
もはや自分のやり方を押しつける必要もなくなり、むしろ
オーソリティの大部分をメンバーに委ね、彼らが自発的に
責任を担うことを促していった。
　それによってニヴァーン自身にも思考する余白が生まれ、
これまでになく創造活動に打ち込めるようになった。より
多くのカフェをオープンさせ、グッドコーヒーの新しいビ
ジョンも形になっていった。
　商品であるドリンクやフードの原材料はエシカルな調達
を目指していたが、そこで働く人々を大切にすることも、
会社にとってもうひとつの大きな目的となった。
　グッドコーヒーのような企業は、とくに新卒の若者に人
気だ。そこで働くのが万人にとっての理想のキャリアでは
ないかもしれないが、若い人たちにとって、自分が成長し、
チームワークやカスタマーサービスの力を身につけ、小規
模な事業の仕組みを学ぶ真の機会であるとしたらどうだろ
う？　若者たちは数年後には次のステップに移っていくか
もしれないが、そんな人もグッドコーヒーでの時間はたん
なる通過点というよりも、ポジティブで貴重な経験だった
と振り返るだろう。
　ビジネスが新しい状態に入ると、ニヴァーンは現場に

ほとんど口を出す必要がなくなった。優秀なメンバーが
あらゆることに対応し、報酬を分け合う。彼は創造する役
割を保ち続け、地元の醸造所と提携して廃棄されるパンを
活用した特製ビールの開発にも着手した。そのビールの名
前? 「オプティミスト（楽天家）」だ。

これを執筆しているとき、グッドコーヒーの物語はさら
に新しいフェーズに入った。別の新しいプロジェクトに取
り組むためニヴァーンが会社を去り、妻のキャットがトッ
プに立ったのだ。
またしてもソースの継承プロセスが成功して創造的なエ
ネルギーがあふれる状態が継続されていくかどうかは、時
が経てばわかるだろう。

┃ ソースの継承の原則

ニヴァーンの事例を含めた数多くの物語を研究して、ピー
ター・カーニックはソースを適切に継承する原則を見出した。

ソースの継承の原則

❶ ソースの継承は、CEOのような形式的な役割の継承と
　は別次元のプロセスである。

❷ 継承は個人と個人のあいだでのみ発生する。ソースの
　役割を複数人からなるグループに託したり、分解して

複数人に継承することはできない。

❸ ソースが自身の役割を「置き去り」にしていった場合
でも、 誰かがその役割を「拾い上げる」ことで継承
が起こることがある。

❹ 継承は自然発生的に起きる。 継承プロセスを整えるこ
とはできるが、 結果をコントロールすることはできない。

❺ 継承は、 去っていくソースと引き継ぐソースの双方の
同意によって発生する。

❻ 継承に向けて多少の準備期間が必要な場合もあるが、
役割の移行自体は瞬間的に起きる。

❼ 継承において中心となるのは、 クリエイティブ・フィー
ルドの価値観を引き継ぐことだ。 ビジョンは変わりうる
と捉えよう。

❽ 継承では、 クリエイティブ・フィールド内の長所だけで
なく短所や問題も引き継がれる。

❾ ひとたび継承すると、 前のソースに戻ることはできない。
継承がおこなわれると、 新しいソースがすべての創造
的権威を持つことになる。

❿ ソースが死亡した場合、 その後の展開はわからない。

❶ 形式的な役割とは別次元のプロセス

ソースの継承は、組織における形式的な肩書が引き継がれたからといって自動的に起きるわけではない。第3章で見たように、ソースの役割というのはいわゆる「組織」の一部として存在するわけではないからだ。

組織における形式的な肩書や法人の所有者とは関係がない。ソースという役割は、それら形式的な要素の土台となっている、クリエイティブ・フィールドの一部なのだ。

だからこそニヴァーンは、ただグッドコーヒーの株式をすべて取得して最高経営責任者になったからといって、ソースの役割を得たとは感じられなかった。

ソースの継承には特別な注意を払う必要がある。ニヴァーンの例では、苦しみの時期のあとで幸運にも独特な方法で継承の瞬間が訪れた。

しかしソースの役割について知っていれば、グッドコーヒーで見られたようなよくある問題を避けながら、意識的に継承プロセスをデザインできるようになるだろう。このプロセスについては、のちほど紹介する。

❷ 個人から個人へ

最近参加したイベントで、数百人規模で自己組織化を高度に実現したというイニシアチブの事例発表を見て、とても刺激を受けた。あらゆる点で、このイニシアチブはコラボレーション型の働き方の未来を体現するものだった。形式的な権限は最小限で、自律性が高く、参加型の意思決定をおこない、内部での情報共有や説明責任も明確だ。私はこの組織のファンだ。

　こうしたイニシアチブはトップダウンのヒエラルキーでは
なく、ほとんどが分散型で有機的に動く仕組みを採用してい
そうだが、最初の時点に時間を巻き戻してみると、ほかのタ
イプのイニシアチブと変わらず、立ち上げられた瞬間という
ものがある。その瞬間に、1人の人がソースになる。

　このイニシアチブは、現在もソースである創業者が権限の
分散化を進めている。ソースは「自分を脱創業者化する」と
言っていた。

　こうした取り組みはとてもすばらしいと思う。「仲間が集
まる先進的なネットワーク」というビジョンを実現するため
の創造的な挑戦だし、その思いが出世や名誉への欲よりも上
位に置かれることで、創業者が率いるイニシアチブの多くで
破滅の原因となりうるエゴの暴走を防いでいる。

　しかしこの「脱創業者化」について聞いたとき、私は心配
になった。イニシアチブのソースだという自覚のない彼は、
無意識にソースの役割までも解体しようとしてしまっていた
のだ。あるいはその役割を、グループ全体に譲り渡そうとし
ていたといえる。

　どれだけ参加型の組織であったとしても、長期的にこのや
り方でうまくいく例を見たことがない。[42]それどころか多くの
場合で、このような形で自身の創造的権威を縮小させようと
したソースは、この章の後半で語るような問題に直面してい
る。この組織にも、いつか失敗を通じて学ぶ機会がくるのか
もしれない。

　改めて原則を明確にしておくと、ソースは個人から個人に
対してのみ引き継がれる。解体したり、グループへ引き渡し
たりすることはできない。

❸ 置き去りにして、拾い上げる

イニシアチブに対するソースのエネルギーが尽きたとき、ソースの役割を「置き去り」にしたままいなくなってしまうことがありうる。クリエイティブ・フィールドは閉じられていないが、もはやソースからは自然にまとっていたパワーや、責任感や、権威が伝わってこない。活動的なソースがいないと、そのフィールドの創造するエネルギーは下がっていってしまうのだ。

そうした状況においては、ソースの役割を前任者からきちんと手渡されるのではなく、後任者が「拾い上げる」ことがある。

こうした継承は非常に少ないので、この状況に当てはまると判断する際には注意が必要だ。なぜなら、原則3は他の原則に反しているし、「前任者」とされる人がまだソースの役割を担っている場合が多いからだ。

継承が本当におこなわれたかは、起こりがちな問題が1つかそれ以上生まれてくれば、時と共に明らかになっていくだろう。詳しくは後ほど紹介する。

❹ 後継者は自然に現れる

Part 1で見たように、イニシアチブにおける最初のソースは自然に生まれてくる。そのソースは組織の肩書のように「指名」できるものではない。これと同じように、ソースの後継者も非常に自然な形で現れてくる。

次のように考えてみよう。たとえば人生のパートナーを探す場合、過去の交際からうまくいった点やうまくいかなかった点を入念に分析したり、理想の相手の条件を書き出したり、

マッチングアプリのプロフィールをせっせとチェックして
いったりすることはできるが、結局恋に落ちる瞬間というの
は予想したりコントロールしたりできるものではない。

　パートナーは魔法のように突然現れるかもしれないし、目
の前にいるのに見えていない人——いつもあなたのためにい
たのに、無意識に知らないふりをしていた人かもしれない。

　これはなにも、すべてをまったくの偶然に任せるしかない
と言っているわけではない。2人の人間がつながり、恋に落
ちる理由は常に美しい謎に包まれていることは認識しながら
も、自分のソウルメイトを見つける可能性を高めるための土
台づくりは可能だ。

　ソースの継承は、ある種の「採用」のようなプロセスだと
誤解されることもある。後継者に必要とされる経験は何かと
か、必要な能力や資質は何かという要素に落とし込んで、公
式の評価プロセスを通じて候補者を見つけようとする。

　もちろんこうしたプロセスも、たとえば人生のパートナー
探しのときに喫煙者やヴィーガンを対象から外したり、結婚
前に同棲を試してみたりするのと同じで、それなりに効果は
ある。しかしより深い部分で誰もが直感的に理解しているよ
うに、そうした相手を見つける際にはもっと捉えがたく、繊
細な力学が働いている。

　本章で説明する継承プロセスのデザインとは、継承が自然
に発生していけるような下準備をするということだ。それは
つまり、継承がいつ発生し、誰が後継者になるかは自然に任
せるしかないし、コントロールはできないということだ。こ
れは、ソース・コンパスでいう「委ねる」ことの実践でもあ
る（第5章参照）。

❺ 相互の同意

継承は、双方が心から同意している場合にのみ完了する。
ピーター・カーニックは私に、このプロセスは2人で踊るダンスのようなものだと教えてくれた。このダンスの終わりに、去っていくソースは愛情を込めたジェスチャーで、自分のイニシアチブを手放す意思を示す。後継者はオープンな姿勢で、準備も万全にして、快くそれを受け取る。

ソースの役割は強制的に奪えるものではない。一定以上の議決権を手放すと、創業者でも自分の会社から解任される可能性があるし、物理的にオフィスから締め出されることもある。

しかし、本人の同意なくソースの役割を剥奪することはできない。「組織」から強制的に追い出されたあとでさえ、クリエイティブ・フィールドにおけるソースとしての立場は変わらず存在するため、誰もが変わらぬ影響力を感じるはずだ。

同じように、ソースの役割を引き継ぐ気のない人物に押しつけることもできない。

私はイギリスの湖水地方にある家族の農場を継いだ人物と話をしたことがある。その青年の父親は、息子も準備ができているから彼に責任を負わせても構わないと決めつけて、彼に引き継ぎを迫った。

それは間違ったやり方で、ストレスばかりが募っていつまでも合意に至らなかった。息子がソースの役割を担うのは、彼のなかで引き継ぐ準備ができたときだけだ。

❻ 特別な瞬間

ほとんどのイニシアチブでは、継承にいくらかの時間が
かかり、数年かかることもある。しかし、継承されるとき、
ソースの役割はリレーでつながれるバトンのように瞬時に手
渡される。

この継承の瞬間は、**前任者にも後継者にも特別な瞬間とし
て記憶される**はずだ。どちらにとっても節目となる通過儀礼
のように感じられるだろう。

去っていくソースは、自分の創造に向かうエネルギーが自
由になる解放の瞬間として記憶するだろうし、新しいソース
は、エネルギーを得て新たな次元に足を踏み入れたような感
覚を抱く。成人式のあとの若者の気持ちに似ているかもしれ
ない。

この原則は、継承が本当に起こったかどうかを明確にする
ときにも有効だ。

うまくいっていないイニシアチブの支援を頼まれた場合、
私はまず現在のソースの特定から始める。現在のソースか以
前のソースの可能性がある人に会ったら、継承のプロセスが
完了した特別な瞬間のことを覚えているか尋ねてみる。誰も
そうした瞬間のことを覚えていなければ、継承は起きていな
いはずだ。

私がソースだった最初の事業も、まさにそうだった。私が
組織を去ったとき、みんなで心温まるセレモニーや会を開い
た。しかし私がソースの役割を手渡すような明確な瞬間はな
かった。そしてその点が重大な見落としとなった。

❼ 価値観は継続し、ビジョンは進化する

あらゆるビジョンには、ソース自身の意識の深層にある性格や考え方に由来する深い優先順位がある。こうした優先順位は、「価値観」(バリュー)と呼ばれることが多い。

ソースが継承されたあとは、イニシアチブでどんなことを創造し、世界にどんな変化をもたらそうとしているのかに関する詳細な内容は、時間と共に進化していく。人間同様、世界も絶えず変化する。しかし、**クリエイティブ・フィールドに根付いた価値観はもっと永続的なものだ**。[43] だからこそ「石に刻まれた不変のもの」と考えられていたりもする。

そのすばらしい例がバルセロナのサグラダ・ファミリア大聖堂だ。建築家のアントニ・ガウディは、このイニシアチブのソースとして有名だが、発案者ではなかった。このプロジェクトを着想したのは、あまり知られていないジョセップ・マリア・ボカベラという書店オーナーだった。[44]

もともとのビジョンは現在完成へと近づいている大聖堂とはずいぶん違うものだったが、主な価値観は変わっていない。

最も明確なのは、この建物がカトリックの祈りの場であり続け、カトリックの価値観を維持しているところだ。2010年にはローマ教皇によって聖別された。

より興味深いのは、このプロジェクトが大きな機関からの資金ではなく、小口の寄付者たちによるボトムアップの支援で始まった点だ。現在のクラウドファンディングの先駆けといえる。

これはソースの役割がアントニ・ガウディに渡ってからも続き、ガウディがバルセロナの家庭を一軒一軒回って寄付を募ったという逸話も残っている。完成まで10年を切ってい

る 2020 年の段階では、公式ホームページでクレジットカードでの寄付も募っている。

> 1882 年の着工以来、この教会の建設資金は何千人もの匿名の個人による寄付や寄贈によってまかなわれてきました。現在も、このプロジェクトはガウディの夢と傑作を現実のものにしたいと願うあなたのような献身的な個人の参加と寛大な心が頼りです。[45]

根底に流れる価値観は変わっていないものの、建築面でのビジョンは原形をとどめないほどに進化し、ガウディの「モダニスタ」スタイルの代表作となった。

彼が 1926 年にこの世を去ってからも、このビジョンは少しずつではあるが進化を続けていて、たとえば巨大な尖塔のデザインなどは再構成されている。しかし全体としてはガウディの芸術作品であると同時に、もともとの価値観に則った教会であることに疑いはない。

❽ 短所や問題も引き継がれる

後継者によって引き継がれるのはイニシアチブの価値観や有益な利点だけではない。

多くのクリエイティブ・フィールドには短所もあり、創造性を損ねる行動を引き起こす。こうした問題によって、ソースによる役割の「置き去り」につながる場合も多い。燃え尽きやメンタル不調など、ソースが体調を崩してしまう可能性さえある。

後継者のソースは、自分がどんなクリエイティブ・フィー

ルドに入っていこうとしているのかを認識し、継承しようと
しているソースの役割に毒が入っていないかを警戒する必要
がある。

　こうした問題に対しては、前任のソースと同じような目に
あうまえに、すばやく解決に向けて取り組もう。

❾ 継承はやり直せない

　継承が完了したら、去っていくソースは創造的権威を完全
に手放すことになり、新しいソースはイニシアチブにおける
創造に向かうエネルギーをすべて手にする。

　去っていくソースは、後から気が変わっても、このプロセ
スを元に戻すことはできない。前任者が形式上の肩書を持ち
続けていたとしてもだ。

　たとえば、まだ会社の大株主であったとしても、前任の
ソースはビジョン実現に向けてメンバーたちを創造活動に
引っ張る力がもはや自分にないことを知るだろう。それがで
きるのは、新しいソースだけだ。

　もちろん、前任のソースがサブソースや別の役割として
戻ってくることは可能だ。そのスキルと経験は貴重なものだ
ろう。しかしクリエイティブ・ヒエラルキー（創造のための
階層）においては、以前とは違う立場になる。

　逆に、ビジョンを示そうとするときに前任者に頼りすぎる
後継者には注意しよう。それは、まだ継承のプロセスが完了
しておらず、新しいソースが無意識に以前のような関係性で
振る舞っているサインかもしれない。この点については後ほ
ど改めて紹介する。

❿ ソースの死亡後の展開はわからない

この点については、ソース原理の研究に限界がある。活発なソースが亡くなったあとにどうなるのか、自信をもって共通のパターンを示せるほどの証拠が集まっていない。

Appleのソースであるスティーブ・ジョブズのような目立った事例については遠くから観察してきたが、この会社の場合、CEOの肩書自体はティム・クックに引き継がれたものの、ジョブズが死ぬ前に明確なソースの継承はおこなわれていないようだった。

誰かがソースの役割を「拾い上げる」かもしれないし、ソースと共にクリエイティブ・フィールドも緩やかに自然と死を迎えていき、フィールド内の人々が意識的に取り組まなければさまざまな問題が起きるのかもしれない。もっと情報を集めてみるまでは、確かなことは何も言えない。

現時点でできる最良のアドバイスは、ソースが重い病気になったり引退が近づいてきたりしたら、継承に優先的に取り組み、こうした状況を避けるよう努めることだ。

もしも予期せず死が訪れてしまったら、遺されたメンバーはクリエイティブ・フィールド内で何が起きているかを感じ取り、直感に従って次の行動を取り、進みながら調整し、学んだことを共有していくほかない。

継承プロセスをデザインする

　継承について標準的なプロセスは存在しないが、できるだけスムーズに事が運ぶような状況を意識的につくることはできる。

　継承プロセスは、ソースの人生のなかでも最もやりがいのある経験になるだろう。

　継承プロセスにおいてソースは、自分の旅が終わりつつあることを自覚する必要がある。また、継承者が自然に現れ、前任のソースと新しいソースで「ダンス」をする必要もある。最後に、まさにソースの役割を手渡す瞬間が訪れて完了する。この流れを、実際の場面に照らし合わせながら見ていこう。

ソースが明確に自覚する

　Part 1で見たように、何かを創造しようとするイニシアチブは、ソース自身と、そしてソースのビジョンやエネルギーと密接に結びついている。そのため継承のプロセスはここから始まる。

　ソースは、自身のビジョンが実現して満足したか、もしくはビジョンの実現に必要なエネルギーがなくなったと感じるときであっても、今まで目を向けていなかった新しい衝動を見つけることで、改めてエネルギーを感じられるようになるかもしれない。

　新たな衝動が見つかると、イニシアチブは引き続き進化することができる。そのような発見がない限り、ソースが新たな道へ進むために、そのイニシアチブを閉じる準備を始めるタイミングかもしれない。

　ソースは内省して本当に区切りをつけてよいのかを問いか
け、確実だと思えるようになるまで待つ必要がある。明確に
なるまでには長い時間がかかるかもしれない。明確になった
かどうかは、身体で感じ取れるだろう。

　明確になった時点で、クリエイティブ・フィールドを閉じ
ることもできる（第17章参照）。しかし、まだフィールド内
で活動しているメンバーたちのエネルギーが十分にある場合、
ソースは自身の役割の継承を選択することもできる。

　ソースが本当に区切りをつけようと決める前に継承プロセ
スに移っていこうとすると失敗してしまう。ソースにも後継
者にも不満が募って終わるだろう。

　将来的に継承をおこなう可能性を探っていくことに害はな
いが、そうした継承が起きるかどうかや起きるタイミングに
ついて、確かなことは誰にもわからない。そのことを、すべ
ての関係者が理解しておく必要がある。

後継者の出現

　適切な後継者は自然と現れるものだ。多くの場合、深く根
ざした価値観を引き継ぐ後継者は、イニシアチブやソースと
すでに密接なつながりを持っている。

　ビジネスの世界では、幹部候補は社外の中途採用よりも社
内の人材のほうがうまくいくことも多い。これは、継承の原
則に照らしても理にかなったことだ。社内の候補者は価値観
だけでなく、去っていくソースとも深いつながりを持ってい
ることが多いので、はるかに継承がうまくいきやすいからだ。

　後継者は目の前にいるのに見えていないこともある。たと
えリーダー候補として見られていなかったとしても、イニシ

アチブのことを本当に深く理解しているような人のことだ。

すでに見てきたように、肩書のうえでリーダー的な立場にない人でも、ソースになることは十分にありうる。多くのソースは、創造的なビジョンを掲げること、そしてリーダーシップや経営面でのサポートをしてくれる才能豊かなサブソースたちと力を合わせることに長けている。

イニシアチブに新たな人物を連れてくることだってもちろん可能だ。その場合、その人物にリーダーとソースの両方の役割を担ってもらうことを視野に入れながら、段階的に継承プロセスを進めていこう。肩書を先に引き継ぎ、あとから継承をおこなうのだ。そのとき、きちんと継承されるまでは、暫定的な代理を立てることもできる。

CASE STUDY　段階的な継承

以前、うまくいっている事業を経営している女性のコーチをしたことがある。彼女はソースであり、CEOの役割も担っていた。途中から妹が事業に参画してきたので、ソースが何年も前に中断していた学業を完了しに大学に戻れるよう、2人は継承を計画していた。目標は妹が完全に引き継ぐことだった。

私たちは2つのレベルの継承が必要だと話した。役職としてのCEOの役割と、ソースとしての役割だ。妹は、2つの責任を一度に引き受けるのは負担が大きすぎると感じていた。それは姉も同様だった。姉は、愛情を込めて育ててきた事業を無事に手渡すために慎重になっていたし、妹

294

が成功する可能性をできるだけ上げたいと思っていた。

この場合の解決策は、継承を段階的におこなうことだった。まずは、ソースの継承についてはしばらく脇に置き、より実務的な経営面での責任に慣れていくことにフォーカスした。姉がCEOとソースを務めつつ、妹は経験を重ねることで最高執行責任者（COO）を務められるまで成長していった。[46]

この体制でスムーズに事業を回せるようになったら、次のステップとしてCEOという肩書の継承に移った。これで姉は、完全に会社の経営責任を手放すことになった。

重要だったのは、たとえ経営面での責任を手放したとしても姉はまだソースであり、クリエイティブ・フィールドで起きるあらゆる物事は、自分に最終的な責任があると自覚していた点だ。同時に、第6章で述べたようなソースを分かち合うステップに従うことで、妹も支障をきたすことなくイニシアチブにおける自分のサブソースとしての責任を果たすことができた。

それからは、タイミングが来るのを待った。何も強制しなかった。

しばらくすると、2人とも徐々に準備が整ってきたと感じるようになった。姉は手放す準備が、妹はそれを受け取る準備ができた。

そこで2人は、シンプルだが心のこもった儀式を開いた。それまでのことを称え、互いにその瞬間が訪れたことを感じた。ソースの役割は手渡され、継承プロセスが完了した。

CASE STUDY　暫定的な代理としてのソース

　暫定の代理として、長期的な後継者が見つかるまでソース役を担う人もいる。

　ピーター・カーニックが研究していた大きな法律事務所では、ソースであるマネージング・パートナーが引退を考えていた。しかし誰も後継者になる準備ができていなかった。

　ソースが引退したとき、彼は思いもよらぬ人物が暫定的にソース役を引き継いだことに気づいた。

　それは彼の個人秘書だった。彼女は組織の序列では下のほうの立場で弁護士でさえなかったが、会社の価値観を深く理解していた。

　その会社に長く勤めていて、サブソースのなかでも元のソースと非常に近い存在だったため、彼女は他の誰よりも感覚的に「わかって」いたのだった。加えて、その職業柄、組織内で誰が影響力を持っているかも熟知していた。

　彼女は会社のマネージング・パートナーになる資格は持っていなかったが、ソースの継承候補としては自然な存在だったのだ。

　ソースが引退するとき、彼は自分が去ったあと「この場所の世話は任せた」と彼女に託した。そして彼女はまさにそれをやり遂げ、組織図におけるリーダーの肩書を持つことなく、ソースとしての創造的権威を身にまとった。

　つまり、重大な意思決定をおこなうときに、会社の価値観が損なわれていないかを見守る最後の番人となり、文化に合わなければ指摘する存在となっていた。

　しばらくして新しいマネージング・パートナーが採用さ

れたあと、その秘書は組織の実務だけでなく会社の価値観
も理解できるよう手助けした。そして新しいマネージン
グ・パートナーの準備が整ったと判断し、秘書からソース
としての役割が継承されると、会社も無事に新しいフェー
ズへと移行していった。

継承の瞬間

　グッドコーヒーの継承の瞬間は、ほとんど偶然のようにし
て起こった。しかし、本章で述べた原則を意識しながら継承
プロセスに取り組めば、その瞬間に備えることは可能だ。

　とはいえこれまで見てきたように、継承のタイミングを選
べる保証はない。合意するためにミーティングを設けて契約
にサインすることとは違う。継承が起こったかどうかは、そ
の瞬間のあとに、去るソースと後継者の双方の感覚とともに
わかるものだ。

　すべての通過儀礼と同様に、このプロセスには儀式が伴う。
豪華で大規模な儀式である必要はない。重要なのは、**前任者
と後継者の双方の準備が整っていて、誠実に儀式がおこなわ
れる**ことだ。

　多くの家族経営企業では、ソース原理を知らなくても、優
れた継承の儀式がおこなわれている。たとえば孫娘が祖母か
ら事業を受け継ぐ場合、彼女たちは直感的に、これはただ株
式や肩書の移行ではなく、何か深く大きなものが次の世代に
手渡されるのだと理解している。

　それは、2人にとって意味のある場所へ散歩をするといっ
たシンプルな儀式かもしれない。イニシアチブのこれまでの

物語や価値観について話しながら歩く。片方がイニシアチブを手放したいという意志を伝え、もう片方がそれを受け取り、握りしめて離さず、この先も継続させていく準備があることを語る。

何かしらの品物をお守りとして活用することもある。超自然的な力を信じているかどうかは関係ない（もちろん、両者が共有しているスピリチュアルな信仰を込めることもできる）。そのお守りは、関係者たちがつくり上げてきた物語を物理的に象徴するものとして活用される。

だからこそ、いまでも「結婚式」のときは、言葉で誓うだけでなく、結婚指輪を交換する人が多い。金属や宝石に神秘的な力があると信じているわけではなくても、交換するというプロセスの象徴性に意味を感じ、儀式を思い出せる品を持とうとするのだろう。

儀式は、イニシアチブの参加者たちに立ち会ってもらうこともできる。物事が新たなフェーズに移行したことを伝えるシグナルとして役立つし、より意義深い儀式となるだろう。しかし、それは継承の成功に必要な条件ではない。儀式のなかで前任者と後継者に継承の瞬間が訪れたら、他のメンバーたちも自然とその変化を感じられるはずだ。

逆に、多くの人が集まるからといって継承の成功が保証されるわけではないことは覚えておこう。

‖ 継承の未完了で起こる問題

ソースがイニシアチブを去ったのに継承が完了していない場合、どうにもできない問題に直面するかもしれない。そのときに困惑や他責の感情が広がるかもしれないが、この状況をソース原理の視点から眺めれば、何が起きているのかを把握し、それにつきまとう悪い感情を取り除くことができるようになる。

そこで起きている問題は誰のせいでもない。ただクリエイティブ・フィールドという深いレベルで起きている現象への認識が不十分なだけだ。

これから、継承の未完了でありがちな問題を5つ紹介したうえで、それぞれに対する解決策を見ていこう。(このセクションは、あなたの参加しているイニシアチブに対する見方を大きく変えてしまうかもしれないので、心の準備を!)

▓ シナリオ1　リーダーシップが極端になる

CEOの肩書を引き継いでも、自動的にソースの役割が継承されるとは限らないため、新しいCEOや組織のリーダーが、ソースになっていないのにイニシアチブの全責任を担おうとすると、かなりの難しさを感じるはずだ。

それは本来のソースがクリエイティブ・フィールドを手放していないためで、新しいリーダーは、イニシアチブの全体像や方向性を正確に感じ取ることが実質的に不可能になる。

その兆候は、簡単に把握できる。

新任のCEOのリーダーシップが、コントロールするための強権的なスタイルか、逆にいつまでも合意形成に費やして

ビジョンを薄めてしまうスタイルの、どちらかに極端に偏っていないかをチェックすればいい。第5章のソース・コンパスで言えば、このCEOは縦軸の上下どちらかに振れてしまっているということだ。

　私はこれまでの企業支援の仕事の中で、CEOが変わるたびにこの両極端を行き来するばかりで、ソースの継承という問題に向き合っていないケースをたくさん目にしてきた。そうした組織ではリーダーが非難されがちだが、それではいつまでたっても根本的な解決にはならない。この問題が続くと優秀なメンバーが去ってしまい、周りの人たちが自然と協力したくなるような明快で創造的なビジョンも薄まってしまう。

　このシナリオに陥ったときに、つい組織構造や仕組みを変えることで解決したくなってしまう。代表的なものは参加型の組織モデルだろう。私はそれ自体には非常に共感しているが、それらはソースの継承の問題を解決するものではない。継承の問題に対処しない限り、組織づくりの成功はほとんど見込めないだろう。

シナリオ2　お節介な創業者

　去っていく創業者が、口出しをやめられないこともある。そういう場合は、ソースの役割を継承していない可能性がかなり高い。

　こんなことを言う創業者には気をつけよう。「新しいCEOに道を譲るが、自分は創業者として、旅を続けていく新CEOの案内役であり続けようと思う」。これはソースとしての役割を手放す準備ができていないサインだ。

　新しいCEOが就任してからも、メンバーたちはビジョン

や、価値観や、大きな方向性といった根本的な物事について、創業者に意見を伺うかもしれない。もしくは、新しいCEOが自分の居場所を見つけるのに苦労したり、混乱が起こるのは自分の責任だと考えて、諦めて会社を去ってしまったりする（または解任される）かもしれない。

　新しいCEOは、重要な意思決定を創業者に委ねる可能性もある。その関係を両者が求めているのであれば問題ないが、多くのケースでは、その点が明確にされないことが原因で権力闘争が生じてしまう。

▓ シナリオ3　落ち着きのない創業者

　興味深いことに、いろいろなケースを観察していると、ソースの役割が実に長く続くこともある。たとえ創業者が何年も前に組織を離れていたとしても、継承プロセスが完了するか、自身のクリエイティブ・フィールドを完全に閉じてしまわない限り、ソースの役割は創業者が担ったままの状態だ。

　その場合、去っていった創業者は、かつてのような創造的な活力をもって別の新しいイニシアチブに身を投じることも、スイッチを切ってリラックスした引退生活を楽しむことも難しいと感じているかもしれない。自分自身は去ったはずだと思っているのに、まだエネルギーの大部分が以前のイニシアチブに注ぎ込まれているように感じてしまうのだ。

　創業者は自分のイニシアチブが道を逸れたり、問題が起こる状況に陥ったりしているのを遠くから眺めているかもしれない。そして誰よりも明確にどう対処すべきかがわかるのに、介入すべきかどうかや、どのように介入すべきかわからないでいる。新しいリーダーの力を弱らせたいわけではないもの

の、イニシアチブの失敗を目にするのが耐えられなくて口を出してしまうのだ。

シナリオ4　ソースの代理の出現

2013年のある夏の日、朝起きると、私は自分が設立した会社から2年前に去ったはずなのに、まだその会社のソースであることに気がついた。会社はあらゆる面で深刻なトラブルを抱えていた。

その会社に出戻る前に、予期せぬ興味深い事態が自然と発生していた。私は会社に残っていたかつての同僚1人と定期的に会うようになった。鮮明に覚えているのは、ブライトンのパブ「ホワイト・ラビット」の屋外席で、その彼がこう言ったことだった。「とにかくこれを解決しなきゃいけないんだよ！」

毎回、会社の問題について話し合い、どう対処すべきか私の考えを伝えた。私は完全に会社から去っていたため、事態の改善は彼にかかっていた。

2人とも気づかないうちに、彼はクリエイティブ・フィールドにおいて「ソースの代理」という存在になっていた。ソースである私との関係やイニシアチブ内でのポジションから、彼はソースの考えを会社に還元し、問題に対処できるようになっていったのだった。

のちに私は、これが完了していない継承にありがちな症状であることを知った。同じパターンは他のイニシアチブでも目にしてきた。ソースが去ったのに、イニシアチブ内の誰かが変わらずソースと密に連絡を取り、互いに意識していなくても、ソースの伝達者として行動してしまうのだ。本人たち

は、ただ昔からの友人と話しているだけだとか、経験豊かな
助言者としてソースが好意的にアドバイスをしているだけだ
と考えているかもしれない。

　このシナリオの場合、ソースからの情報が何もなくてさ
まよっているイニシアチブよりはまだマシかもしれないが、
ソースがイニシアチブの責任を直接担っていない状態は、両
者の結びつきを著しく弱めてしまうという問題がある。

　ソースはイニシアチブの次のステップについて本当の意味
で耳を傾ける立場におらず、別の人間を介して伝えているた
め、物事の動きは遅くなる。伝えたいことが誤解される可能
性もある。

　この代理を担う人は、ソースと同じ自然で創造的な権威を
まとっているわけではないため、この人物が次のステップを
伝えても、そこに周りを巻き込む難易度はかなり高くなる。

　つまり、ソースの代理という仕事はストレスと疲労が蓄積
するということだ。代理の存在はしばらく役に立つかもしれ
ないが、持続的ではない。

　代理人ができる最も効果的な行動は、こうした状況を認
識し、ソースに自分が自然とまとっている役割を認めるべ
きだと説得することだ。ソースが完全にはクリエイティブ・
フィールドから去っていなかったこと、そして究極的にはク
リエイティブ・フィールドにおける問題の責任はソース自身
にあることを理解してもらう必要がある。

　それを理解すれば、ソースも再び全面的に責任を担うた
めに復帰するか、継承プロセスを開始するかを決断できる。代
理を担ってくれている人が継承の理想的な候補者である可
能性もあるし、継承プロセスが完了すれば、前任のソース

への依存はなくなり、新しいソースが直接クリエイティブ・フィールドをホールドできるようになる。

　去ったはずのソースは、この力学に注意しておこう。自分が去ったイニシアチブに現在も参加している仲間と会うときは、その会話の性質に意識を向けるのだ。

　去ったはずのソースは、本当にニュートラルな視点から相談役となりアドバイスをしているだろうか？　あるいは誰もがこの状況に気づかないふりをして、ソースがビジョンや大まかな次のステップについて明確な意見を主張してはいないだろうか？

シナリオ5　ビジョンではなく、お金を追求するようになる

　目指すべきビジョンに対してソースが責任を持ち、イニシアチブに創造に向かうエネルギーが流れているときは、人やお金など必要なリソースが集まってきて、活気が感じられる。

　イニシアチブがビジョンを見失っているときは、ビジョンの代わりにお金が追求されやすくなる。しばらくのあいだはそれで機能したとしても、会社からは創造性が失われていって、必要なリソースを引きつけることがどんどん難しくなっていく。

　最も優秀で創造的なメンバーたちは、会社を離れて新しいベンチャーを立ち上げるか、もっと生き生きした別の会社に参加していくだろう。空いたポジションにはたいていの場合、ビジョンよりお金を追求するような人たちが入ってくる。

　皮肉なことに、お金の追求は長期的に見ると逆に会社を経済的に不安定にさせる。

　その好例が、活気あふれるスタートアップから大企業に成

り上がった企業の数々だ。創業者が去ったあとに就任したお
金を追求する CEO は、ウォール街の株式市場を喜ばせよう
としてしまう。マイクロソフトでは、ビル・ゲイツの後任と
して CEO になったスティーブ・バルマーが、そういう人物
だったようだ。

　マイクロソフトの場合、おそらくはずっと変わらずソース
であったビル・ゲイツが戻ってきた。それから彼は、自身の
ビジョンをもう一度実現させていく協力者として、新しい
CEO にサティア・ナデラを任命した。

　そして現在、ついにゲイツが組織の肩書だけでなく、より
深いソースの役割を引き継ぎ、会社に活気が戻っていること
を、あらゆる兆候が示している。

　ナデラは優れたソースの特徴を備えている。彼は「ビジョ
ンを持ったヒーロー」のように振る舞ったりはせず、謙虚で
優しく、しかし毅然として、新しいビジョンが生まれてくる
ようなクリエイティブ・フィールドを維持しているようだ。

　これを書いている時点では、Facebook、Google、アマゾン
の創業者たちは（それぞれの欠点はあれど）まだ現役で精力的
に活動しており、途方もない規模になっても創造性を発揮し
続けている。

　最近、Google の共同創業者ラリー・ペイジとセルゲイ・
ブリンは会社を去る予定であることを発表した。ソースの役
割という点で何が起き、その結果としてどのような問題が生
じるか、その兆候に注意して観察していきたい。

継承問題の解決もソースから始まる

　うまく継承が完了していないことで生じる問題を解決するための出発点は、肩書よりも深い部分に目を向けて、いまは誰がソースの役割を担っているかを特定することだ（第4章参照）。

　たとえ組織を去ったあとでも、その人がソースなら自分が重要な役割を担ったままであることを自覚しなければならない。そのソースは、ソース・コンパス（第5章参照）を指針として活用しながら、自身のクリエイティブ・フィールドに復帰して再び責任を担うこともできる。あるいは、ビル・ゲイツがマイクロソフトでやったように、ソースの継承プロセスを始めるために戻ってくる場合もある。

16 合併と買収

一滴が海に溶け込むことは誰もが
知っているが、海が一滴に溶け込むことを
知る者はほとんどいない

——カビール・ダース

　複数のイニシアチブが合流して、それぞれの長所とエネル
ギーを持ち寄って、より大きく、より大胆なビジョンを実現
しようとする試みには、大きなポテンシャルが秘められてい
る。しかし、実際に取り組まれたときの結果は散々なものだ。

　合併や買収における財務、法律、組織的な側面よりも奥に
目を向けて、各イニシアチブのクリエイティブ・フィールド
というソース原理の視点に注意を払うと、今までにない明確
さで物事を捉えられるようになる。

　そして、合併や買収のプロセスで起きる、権力闘争や文化
の衝突などの失望を招く問題を避けたり解決したりするため
には何が必要かを把握できるようになるだろう。私が関わっ
てきた実例を見ながら、詳しく説明していこう。

CASE STUDY　形式上の合併で起こる問題

　10億ドル規模の巨大企業が、小規模な専門会社を買収した。巨大企業は、新しい市場で急成長を遂げていた。買収した企業は小規模でありながらも、業界内では一流ブランドとしての地位を確立していた。その創業者であるアレックスも、会社同様に有名な存在だった。

　巨大企業の創業者でありソースであるキーシャは、自社が開発している新技術の実験場としてアレックスの会社を活用しようとしていた。

　アレックスの会社は業績が低迷していたため、買収されることでイノベーションを生み、より優秀な人材を確保できる可能性があると考えた。アレックスにとっては、自身がつくり上げてきた事業の価値を証明し、引退する機会ともなりそうだった。

　一見すると、筋の良い話に見える。しかし、現実は往々にしてそんなにシンプルには進まない。

　契約が完了すると、形式上の組織構造は明確に定義された。アレックスの会社は巨大企業の完全子会社となった。子会社には新CEOのヤナが親会社から出向して社長に就任し、親会社のCEOであるキーシャの部下に位置付けられた。

　また、取締役も追加された。アレックスと1～2人の古参メンバーもまだ取締役会には参加していたものの、正式な議決権は持っておらず、組織構造上の権力はなくなった。

　そうした組織構造の奥に目を向けて、クリエイティブ・フィールドに何が起こっているかを探ってみると、まった

く違った絵が浮かんでくる。親会社と子会社という整然と
した構造に見えるが、アレックスの組織のメンバーたちの
なかでは事情が異なっていた。

彼らには、それぞれ独立した2つのイニシアチブがある
だけで、買収などなかったかのように見えていた。だから
アレックスは非公式で大きな権威を持っていたし、非公式
な情報や影響力に基づいた動きが次々と生まれていた。

新しいCEOのヤナにとって、この状況は非常に難しい
ものだった。自身が責任者であるはずの子会社のイニシア
チブで、部外者のような存在となっていたからだ。

アレックスが持つ非公式な影響力と、彼に忠実な人々を
前に、ヤナは自身の立場の弱さを感じていた。取締役会は
張り詰めていて非協力的だったし、ヤナはこの会社にとっ
て野心的で何かを創造しようとする新しいビジョンを感じ
取ることも難しかった。

彼女自身は創造的で未来志向の人物だったし、そうした
資質こそ子会社のイニシアチブに求められていた。それが
新CEOに任命された理由でもある。しかし、この会社が
昔も今も抱えていた問題が、大きく行く手を阻んでいた。
それは権力闘争だった。

従来の常識なら、これはリーダーシップや組織的な問題だ
と捉えられるだろう。

ヤナは自分をひとつ上のレベルに引き上げて、パワーと謙
虚さを適切に駆使しながら取締役会をひとつにまとめ、前へ
と進めていく必要があったのかもしれない。

逆に、緊張関係を取り除くために、アレックスとその忠実

なフォロワーたちが完全に追い出されるべきだったのかもしれない。

　あるいは、組織モデルの変更に取り組むこともできたかもしれない。CEOと取締役会という従来の役職による集権的なヒエラルキーから、より分散型の構造につくり変えることで障害を取り除くことができた可能性もある。

　これらはどれも役に立つ方法だが、それよりも先にやるべきことがある。問題の原因はリーダーシップでも組織でもないからだ。合併であれ買収であれ、こうした緊張関係を解決するプロセスは、双方のクリエイティブ・フィールドのソースたちから始まるのである。

クリエイティブ・フィールドが
合流するとき

　合併や買収をうまく進めていくための最初のステップは、**合流する双方のクリエイティブ・フィールドを明確に認識し、それぞれソースが誰であるかを特定する**ことだ。

　今回のケースで私は、まず合併の話がどのように生まれたのかを調査した。小さな専門会社のソースであるアレックスから巨大企業のソースであるキーシャにアプローチして買収を提案したのか、その逆だったのかを知りたかった。どちらが招いたかという問題は、ささいな経緯の確認以上の意味がある。そのあとに起こるあらゆる物事に影響するのだ。

　合併や買収を持ちかけたソースは、両者が融合してできるクリエイティブ・フィールドで何が可能になるか、というビ

ジョンを持っているはずだ。そのため、その統合ビジョンを
誰が持っているかを知ることが鍵になる。

　この調査の重要な目的は、一方のソースが相手より上に立
つような状態をつくるのではなく、どちらがより創造的権威
を持っているかを双方のソースが心から認め合うような状
態だ。

　不正確な状況把握に基づいて進めても、誰も得をしない。
状況を正しく把握する方法は、小規模な会社が大きな会社を
招いたか、その逆であるかによって異なる。

▋ 小規模な会社が大きな会社を招いた場合

　アレックスが活動的で、いまだに非公式の大きな権威を
持っているように見えたため、当初は彼が巨大企業の創業者
を合併に誘ったに違いないと考えた。

　もしそうなら、たとえ会社の正式な所有権が譲渡されてい
たとしても、アレックスがこのイニシアチブのソースであり
続けることになる。なぜならクリエイティブ・フィールドは、
法律や財務や組織図とは完全に切り離されて独立したものだ
からだ。外から見ると資格のない人間が口を出しているよう
に感じたとしても、実際にはアレックスがソースとしての責
任を果たそうと全力を尽くしていることになる。

　そしてその場合、彼は自分のもともとのクリエイティブ・
フィールドが持続していくビジョンを持っている。巨大企業
のリソースを使って強固な何かを築き上げてから、のちに継
承のプロセスを経てソース役を退いていこうとしているのか
もしれない。

　これが合併の奥に描かれたクリエイティブ・フィールドの

シナリオなら、この子会社にやってきた正式なCEOである
ヤナがやるべきことは明確だ。

　ヤナは子会社の肩書上のトップにはなるが、ソースのクリ
エイティブ・フィールドへ招き入れられたわけではない、と
いうことを認識できる。ヤナはその現実にあらがうのではな
く、アレックスがソースなのだと認めるべきだ。初めは認め
るのが難しいかもしれないが、この現実を確認するのは有益
なはずだ。

　そして、ヤナはアレックスのクリエイティブ・フィールド
に入れてもらい、サブソースになることを試みるといい。初
めは、名誉あるCEOの肩書から降りるように思って抵抗感
を抱くかもしれないが、これはヤナが自身の創造に向かう力
を存分に発揮するためのプロセスなのだ。

　ヤナがサブソースに（そして、いつかこの会社のソースの後継
者に）なるための鍵は、アレックスのビジョンのなかで長期
にわたって根底を流れ続けている、いわゆるイニシアチブの
「価値観」とつながることだ。

　さいわいにも、アレックスとヤナはこの点では共鳴してい
るように見えた。その価値観は、ヤナがCEOになることを
引き受けた大きな理由でもあったからだ。ヤナはそんなふう
に考えていなかったが、彼女はアレックスのクリエイティ
ブ・フィールドで自分も大いに創造性を発揮できると感じて
いたはずだ。

　サブソースとして参加すれば、彼女はアレックスの取り組
みを尊重していることや、その取り組みが続いていくのを
願っていること、そしてアレックスが離れる準備が整うとき
まで、責任をもってビジョンの大きな部分を実現していくこ

とを明確にできたかもしれない。

　これをアレックスが受け入れれば、足並みを揃えた長期的な共通の目的ができるため、緊張関係や権力闘争はすぐに和らいでいっただろう。アレックスが自発的に内省し、最高のソースになるのを妨げている振る舞いを改善しようとすれば、さらに効果は増すはずだ。

　クリエイティブ・フィールド内で物事がうまく回るようになったら、アレックスからヤナへのソース役の完全な継承を検討し始めることができる。

　アレックスはイニシアチブから退く準備をし、幸せなリタイアとやり切った満足感を手に入れられるかもしれない。同時に、ヤナは（第5章の原則や助言を活用して）ソース役になる準備を始めることができる。継承のプロセスがうまく計画・実行されたら、特別な何かが手渡されたと双方が感じる瞬間が訪れるだろう。

　このプロセスは、大企業と小規模な会社に起きる難題を解決するひとつの方法だ。しかし、実際にはどちらが買収を持ちかけたのかを尋ねてみると、また別のストーリーと解決策が浮かび上がってきた。

▓ 大きな会社が小規模な会社を招いた場合

　実は買収を持ちかけたのは、巨大企業のソースであるキーシャだとわかった。アレックスの会社は、もともと売却先を探していたわけでもなかった。クリエイティブ・フィールド間でいわゆる求婚がおこなわれ、キーシャがプロポーズし、いかにアレックスの会社が彼女の大きなビジョンの一部となりうるかを説いたのだった。

何度か食事や会話を重ねたあと、アレックスは「イエス」と返事をした。つまり、彼は心の深いところで、自身のビジョンが巨大企業のクリエイティブ・フィールドに取り込まれることに同意したのだ。

　アレックスがキーシャのプロポーズに同意した瞬間、ソースの役割が彼からキーシャへと継承されたのだった。

　そうすると、買収後もアレックスがあれこれ口を出していた行為は、ソースとしての深い創造的権威から来るものではなかったことになる。それはたんに、習慣と、物事をコントロールしたいという性分から来るものであり、何よりも重大だったのは、キーシャが新しいソースとしてクリエイティブ・フィールドで責任を果たしていないということだった。

　両社を調査する過程で、このことに気づいたときが決定的な瞬間だった。なぜなら、アレックスとヤナの権力闘争に見えていたものが、実はキーシャに責任があることだとわかったからだ。

　権力闘争は表面的な症状にすぎなかった。キーシャはヤナに新しい会社のCEOという役割とともに、多大な裁量を与えるというすばらしい考えを持っていた。しかし、実際にはヤナがクリエイティブ・フィールドで存分に責任を果たすことは不可能だった。そのクリエイティブ・フィールドのソースはヤナではなく、キーシャだったからだ。

　これを解決するためにはまったく別のプロセスが必要になる。キーシャとヤナのあいだで継承をおこなうことだ。それが済めば、ヤナはイニシアチブの全責任を負うことができ、キーシャもヤナに任せることができる。

　本書の執筆時点では、ソースの継承プロセスはまだ完了し

ていない。ソース原理に照らして考えると、次のような段階
を経て進むことになるだろう。

❶ キーシャは、両方の会社のソースが自分であることを自
　覚する
❷ キーシャは、ヤナに専門会社のソースを継承したいこと
　を伝える
❸ ソースを継承したいのかどうか、ヤナの意志を確認する

　第15章「ソースの継承」でも紹介したように、ソースの
継承が本当に起きれば、その瞬間はキーシャもヤナも鮮明に
記憶に残る特別なものになる。

　継承の瞬間に何らかの儀式をおこない、多くの人とその瞬
間を共有することもできる。しかし、たとえその儀式を目撃
していなくても、ヤナが本当にソースとして振る舞い始め
ると、自然とイニシアチブがうまく回り始める。それまでア
レックスの行動から起こっていた難題も解決に向かっていく
だろう。

　それを感じ取ったアレックスは、これ以上口出しをしよう
という気持ちがなくなり、完全に引退することが可能になる
だろう。

創造的な合併・買収の原則　まとめ

❶ 両イニシアチブの創造性における序列を明確にする。
　 最も重要なのは、 誰が２つのイニシアチブを包括する
　 ビジョンを持っているかを特定することだ（第4章参照）。

❷ その包括するクリエイティブ・フィールド内をより細かく
　 分析する。 サブイニシアチブのビジョンを持っているの
　 は誰かを特定しよう（第9章参照）。 こうしたサブイニ
　 シアチブも力学は同じだ。 サブイニシアチブ内や、 そ
　 の外側とのあいだで権力闘争が起こりうるが、 それら
　 は適切に対処すれば問題が生じる前に解決できる。

❸ そもそもイニシアチブに合併など存在しないことを認識
　 しよう。 形式上の所属先が同じになったとしても、 ２
　 つのイニシアチブは完全に別々のままか、 片方がもう
　 片方のなかに入るかのどちらかだ。 双方のソースは、
　 いま自分たちのイニシアチブがどのような状態かについ
　 て、 同じ認識を持っているだろうか？ これは確認する
　 必要がある。 そうしないと、 あとから権力争いや混乱
　 を引き起こしてしまうかもしれない。

❹ 買収なら、 相手のイニシアチブの中に入る、 すなわち
　 大きなビジョンの一要素になることを、 片方のソース
　 が心から願っているかどうかを確認しよう。 お金で説
　 得できると考えてはいけない——そのソースが心から願
　 うことが不可欠だ。

❺片方のソースがただちに退場する、あるいは移行期間を経て退くことになっている場合、組織面でも創造性の面でもきっぱりと決別していく準備を進めよう（そのソースが本当に望んでいる場合）。名誉職のようなものを用意するときは、細心の注意を払おう。ソースがしがみついて、混乱を招く可能性がある。

❻継承の儀式が可能になるような環境を整える。そのときはイニシアチブの最も深い価値観を意識する。過去を称え、未来の可能性に余白を残しつつ、ソースの継承が起こるのを促そう（第15章参照）。

❼買収した側のクリエイティブ・フィールドの文化が、もう一方のクリエイティブ・フィールドの文化に入り込んでいくスピードはゆっくりであることを知ろう。

❽クリエイティブ・フィールドの特定やソース原理の活用などにおいて、すべてに適切に取り組んだとしても、創造に向かうエネルギーの流れをつくり出せるかどうかは、ソースの個性に大きく影響を受けることを忘れないでおこう。そのため、第5章を参考にしながら、ソースが自分の責任を適切に果たしていくよう促すことが大切になる。

17

イニシアチブを
閉じる

「はじめからはじめろ」
王さまはいともおごそかに、
「終りまで読んだら、そこでストップだ」
——ルイス・キャロル
『不思議の国のアリス』（新潮社）

　死は西洋の文化においてタブー視されている。

　多くの人は、死なんてすぐに来ないかのように暮らしているし、死を「悪いもの」と考える傾向にある。組織を独立した主体——特に、魂を持った存在——だと考えると、このタブーは創造活動にまで影響を及ぼしかねない。

　私は2014年に自分の会社を閉じた。それを人に話すと、たいていのリアクションは次のようなものだった。
「それは残念でしたね……お気の毒に」

　こうした反応になるのも理解はできる。物事の終わりには喪失の悲しみが伴うし、そこで生まれる痛みはとてもリアルなものだからだ。しかしこうした反応が生まれる背景には、死のタブー視や、死を悪いものとみなす考え方がある。

　こうしたタブーがあると、何が何でも生き延びたほうがいいという考え方も出てくる。病気に苦しむ患者を前にしたときに、医者は10年間延命させることは選んでも、本当に豊

かな半年間の人生を過ごすことを尊重する道は選べないかも
しれない。

　ビジネスでも非営利でも、ビジョンの実現に注力するより、
組織を確実に生き延びさせていくことが至上命題となってい
るイニシアチブは多い。

　とくに、イニシアチブに何かを創造しようとするビジョン
がなかったり、お金に執着するソースがいたりすると、こう
した問題が生まれる。

　債務超過や破産も死のように感じられるし、金銭的な報酬
がなければ無駄な努力だったと思うからだ。何年も続きなが
らも、実際のインパクトや充足感を生んでいないイニシアチ
ブも多い。

　経済学の中では、企業や経済は成長の最大化を目指すとさ
れる学派もあるが、成長のもとになっている自然資源は有限
だ。過剰な成長は、人類が依存している生態系を破壊してし
まう危険性がある。こうした経済は自然な生命のサイクルと
いうよりも、がんにずっと近い。

‖ 死を愛でる

　死は生命の自然な一部であり、再生を可能にし、新たな生
命が育まれるスペースを生む。失ったものを悲しむのは健全
なことだが、かならずしも死自体が悪いものだと考える必要
はないだろう。

　イニシアチブを閉じたと聞いたら、もちろんメンバーたち
がショックを受けなかったのかを気遣って尋ねてみてもいい

だろう。しかし、より興味深い問いは、イニシアチブを閉じたことで何が可能になったかを尋ねることだ。

　私が暮らしているイギリスのブライトンには、勢いのある小さなゲーム会社が集まるエコシステムがあるが、そうした会社の多くは、都市部の大きなゲーム会社が潰れてから生まれたものだ。

　なかには、かつての大手企業よりも優れた成果を挙げている会社もある。私が会社を閉じたあと、仲間の１人は古い私設の馬券売り場だった場所でビジネススクールを始め、また別の仲間はチームの即興的な力を育むというイニシアチブを始めた。そして私はソフトウェア会社を立ち上げ、新たにコーチングやアドバイザー業務も開始した――そして十分な時間を確保して本書の執筆に取り組んだ。

　会社を閉じる際、地元で年に一度やっていたイベント「ミーニング・カンファレンス」は単独のイニシアチブとして独立させて、現在まで続いている。

　何かを立ち上げようという使命感がとくになかったメンバーたちも、全員別の場所ですばらしい仕事に就いた。私たちが入居していた場所も、別の会社へと引き継いだ。

　多くの仲間がいまはうまくいっているからといって、イニシアチブに深い愛着を抱いていた人たちの痛みや、将来どうなるかが見えない不安を軽視しているわけではない。

　私は、イニシアチブを閉じることにつながった自分のミスを認めるべきだろう。ソースとして、もっと周りに耳を傾け、あらゆる面でよりよい意思決定ができたはずだ。

　私に対してとてつもなく腹を立てている人たちもいたが、それも受け入れるべきだ。私は会社を閉じる天才でも英雄で

もないが、重要なのは、当時の私にとって、これまでよりも
これからのほうが、より創造するエネルギーにあふれ、イン
パクトが大きいということだった。

‖ いつ閉じるか

　第3章「人が集まるクリエイティブ・フィールド」で見た
ように、どんなイニシアチブにも、ソースがなんらかの理由
で「やり切った」と感じる転換点がやってくる。

　ソースであるあなた自身が、イニシアチブは十分に実現し
たと感じるのかもしれない。もしくは、あなた自身の人生に
おいて、他のイニシアチブにもっとエネルギーを注ぎたい
と感じる可能性もある。もっといえば、「自分でもわからな
い」ことだってありうる。

　ここでは、イニシアチブを立ち上げるときと同じ考え方を
当てはめてみよう。**自分が本当にそのイニシアチブにエネル
ギーを注ぎたいのかは、身体で感じることができる。**

　継承（第15章参照）や新しいビジョンへの進化（第7章参
照）の予定がないのであれば、「死」というタブーを乗り越え
て、周到に閉鎖へと向かっていくときだ。

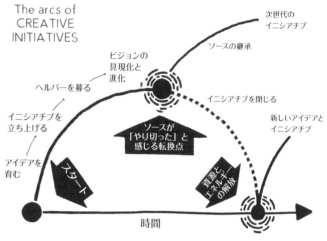

The arcs of
CREATIVE
INITIATIVES

次世代の
イニシアチブ

ソースの継承

ビジョンの
具現化と
進化

ヘルパーを募る

イニシアチブを閉じる

イニシアチブを
立ち上げる

新しいアイデアと
イニシアチブ

ソースが
「やり切った」と
感じる転換点

アイデアを
育む

スタート

資源と
エネルギー
の解放

時間

図17-1　イニシアチブ・アーク

うまくイニシアチブを閉じる方法

　ある程度の規模のイニシアチブを閉じる場合、財務面や法律面に十分な注意を払う必要が出てくる。こうした面は、会計士や弁護士や人事アドバイザーなどと従来の方法で対処できる。

　しかしそれらの方法はどれも、新しい物事に向けて関係者全員の思考やエネルギーが解き放たれるような完全な終わりをもたらすものではない。それを実現するには、クリエイティブ・フィールドを閉じることに丁寧に取り組む必要がある。

　とても幸運なことに、私が会社を閉じるときは、ビジネス

やイニシアチブにおける儀式の活用方法について深く探求して
いるよき友人であるヴィクトル・リュセルがいた。

彼は、それから数年後に組織に向けて儀式をデザインする
専門家になり、いまでは世界中の組織の移行プロセスを支援
している。私は彼のおかげで会社をうまく閉じることができ
たし、それぞれの状況に合わせた儀式の活用方法をたくさん
学んだ。

以下は、うまくイニシアチブを閉じるための7つの要素だ。
自分のイニシアチブに合ったものを活用しよう。小さなプロ
ジェクトを閉じるプロセスと、何世代にもわたって継続して
きて何千人も所属している会社を閉じるプロセスでは、かな
り規模が違うものになるだろう。

> » もともとの動機を振り返る
> » 悲しむ場をつくる
> » やりかけの物事を完結させる
> » 関係をほどく
> » 創造性のきっかけにする
> » ストーリーや、物や、儀式を通して意味付けをする
> » 称える

もともとの動機を振り返る

ソースがおこなう最初のステップは、**なぜイニシアチブを
閉じるかを明確につかむ**ことだ。

そのためには深い内省が必要になるかもしれない。自分が
力を注いできた活動も、本当は手放すべきだと心の奥では

わかっていることに気づいて葛藤するかもしれない。

　イニシアチブの創業者なら、立ち上げの瞬間に立ち返り、その当時の自分の動機を再確認することもできるだろう。

　もし現在のソースが後継者なら、継承したときの約束や動機を振り返ってみてもいい。当時の動機はすでに十分に実現されただろうか？　体調の悪化や、別のイニシアチブへの関心の高まりによって当初の目標に注ぐエネルギーが枯渇していないだろうか？　ソースの役割を継承するための見通しが立っているだろうか？

　イニシアチブを閉じる理由を明確に理解していれば、適切なプロセスを用意することがずっと簡単になる。

　ソースの奥底にある動機は、終結に向かうプロセスの最中にも非常に貴重な指針となる。イニシアチブを閉じるにあたっても、ソースは自分自身に誠実でいよう。

　たとえば、私が最初の会社を閉じると発表した直後、友人のチャールズ・デイビスから次のことを問いかけられた。「終わりに向かう困難な日々のなかで、これからも覚えておくべき最も大切なことは何だと君は思ってる？」

　そのとき私は、会社が掲げている価値観よりも、もっと深いものがあることに気がついた。それが「良心」、つまり思いやりや寛大さをもって行動したいという気持ち、および愛をもって行動するという決意だ。

　それからチャールズは、巧妙な問いを投げかけてきた。「家や貯金など、自分が持っている資産を計算してみてほしい。そして、それらの全資産と良心であればどちらが大切だろう？」

　私はハッと息を呑んだ。そして気づいたのは、お金はもう

一度稼げるけれど、良心を損なうほうが回復するまでに非常に苦労しそうだ、ということだった。

彼の問いは、会社を閉じる際の個人的なリスクを考えるにあたってとても役に立った。おかげで、閉じたあとに全員が次のステップへと進んでいったとき、私には数多くの正当な批判が寄せられたものの、良心は見失わなかった。そのことがあったからこそ、「イニシアチブを閉じた」という終わりの感覚を得られたのだと思う。

悲しむ場をつくる

関係者の多くにとって、イニシアチブの終わりは喪失を意味する可能性が高い。**それに伴う「悲しみ」にも行き場が必要だ。**

キューブラー・ロスの言う「悲しみの5段階」、つまり否認・怒り・取引・抑うつ・受容のうち、いくつか、あるいはすべてが、メンバーそれぞれにさまざまな順序と形で現れる。[47] 各自の反応を批判することなく尊重し、それらをぶつけられる場を設けよう。

私が会社を閉じたときは、何人かの同僚たちからの怒りに直面した。私はそれを受け止める必要があるとわかっていた。

そこで私は全メンバーと1対1の面談の機会を持ち、私に対するそれぞれの意見を聞くことにした。私に対する怒りを伝えてもらい、自己弁護はしないように心がけた。

メンバーたちは思いの丈をぶつけてきたため、正直に言えば私は心が痛んだ。しかし出来事に対する見方は人それぞれであり、いま私が自分の目から見たストーリーを語っているのと同じように、それぞれがそれぞれのストーリーを語る

権利があることは認めなければならなかった。

　そのため私もなんとか力を尽くして、メンバーたちが怒りを表現できるようにした。それが強い感情的な反応を処理し、受容へと向かっていくのに少しでも役立っていてほしいと願っている。

やりかけの物事を完結させる

　ソースがクリエイティブ・フィールドで自然に担う責任は、やりかけの物事がすべて完結するまで残り続けることを覚えておこう。**イニシアチブを閉じるプロセスが終わったとソースが心から言えるようになるまでは、おそらくはまだやり残したことがある。**そのときは完結していないものがないかを点検しよう。

　閉じていくプロセスは、内から外へ向かっていくようにしよう。より小さなサブイニシアチブを閉じることから始めて、クリエイティブ・フィールド全体を閉じることに向かっていくのだ。

　そうしないと、もはやより大きなビジョンがなくなっているにもかかわらず、メンバーたちがそれを知らずにサブイニシアチブを追い続けてしまうリスクがある。

　この章で紹介した内容は、適切に実行すれば、サブイニシアチブを閉じる際にも適用できる。サブイニシアチブを閉じるときは、最後のミーティングを開いて終わりを告げ、そこでメンバーたちがその瞬間に心に浮かぶことを語ったり処理したりするだけで済む場合もある。

　あるいは、内外に約束していたことを果たせなくなる場合もある。そんなときは、できるだけ多くの約束を実現したり

解消したりする方法を考えよう。

　最初の会社を閉じるとき、私たちはクライアントに約束していた仕事が数ヶ月分残っていた。それが片付くと、そのイニシアチブをずっと手放しやすくなった（それに、ビジネス的な観点で言うと、クライアントとの良好な関係を維持できたし、それが同僚たちの将来の活動にも役立った）。

　実現できない約束は、真摯に認めるべきだ。関係者間で何らかのやりとりが必要になるかもしれないが、約束を実現できない場合は心から謝るべきだ。

　すでにその仕事が実際のニーズからズレてしまっている場合は、約束が果たされないことで関係者全員が安心する場合もある。

　また、約束の解消は、関わる組織間でおこなわれるのではなく、関わる個人間でおこなわれるようにしよう。

　小野田寛郎は、第二次世界大戦を戦った日本兵だった。彼は戦争が終わったことを信じず、戦後30年近くフィリピンに潜伏し続けた。降伏や逃亡はまかりならんと命じられていた彼は、戦争が終結したと知ったあとでさえ、戦いをやめることを拒んでいた。

　しかし、上官だった人物が任務解除を命じたことで、ようやく彼は自分が身を捧げてきた大きな軍事イニシアチブが閉じられたことを受け入れたのだった。[48]

　ここまで極端なイニシアチブは少ないだろうし、もちろん誰だっていつでもイニシアチブから離れることを選択できる。

　このエピソードの教訓は、関係を閉じるには大きな力がいるという点だ。一緒に仕事をする人同士の関係は、たんに表面上のものだけではない。そこにはこれまでの経緯もあって、

ソースが最初に1人か2人を誘い、その人たちがまた別のメンバーたちを誘い入れてきたはずだ。次の世代がまた次の世代を誘って連なる家系図のようなものだ。

イニシアチブを閉じることには、これまでの過程でメンバー間に築かれてきた関係性に終止符を打つという意味もある。

組織の役職から離れながらもクリエイティブ・フィールドと強い結びつきを持っている人たちも含め、自分が招き入れた人たちに目を向け、感謝することを周りにも促そう。こうした瞬間は、意義深い儀式をつくる大きなチャンスだ。

どのようにして関係が始まったかを振り返るのも効果的だろう。たとえば共同創業者の2人が、一緒にやろうと約束したときパブにいたとしたら、同じパブに行って終わりを確認し、始まりに敬意を払いながら締めくくりの会話をするのもいい。

創造性のきっかけにする

物事の終わりは、新たな始まりの火付け役となる大きなポテンシャルを秘めている。そして、そのポテンシャルはイニシアチブを閉じるプロセスのなかに組み込むことができる。

私は最初の会社を閉じるフェーズに入ってからは、メンバーたちが次のステップを探求していくための時間を設けるようにした。たとえば、起業したり個人事業主・フリーランスになったりする場合のプロセスを、わかりやすく解説するワークショップの開催などをおこなった。

こうした活動は、「終わり」自体は悪いものではなく、新たな物事が生まれていくものなのだ、という社会通念とは逆

のメッセージを強調するのに役立つ。物事が終わる不安のた
だなかで、未来への明るい見方や希望を生むかもしれない。
明日には新しい一日がやってきて、新しい物語を描いていけ
るのだと理解する助けになるだろう。

▤ ストーリーや、物や、儀式を通して意味付けをする

　どうすれば自分たちの経験を意味付けて分かち合っていけ
るかを考えよう。

　たとえば、会社を閉じる儀式の 1 ステップとして、私たち
は巨大な黒板を床に置き、そこに端から端までチョークで長
く曲がりくねった道を描いた。そしてチームでイニシアチブ
の立ち上げから終わりまでのタイムラインを書き込んだ。

　それは、イニシアチブのストーリーや重要な瞬間を理解す
るのに役立った。これからも大切にとっておきたい思い出に
は小さなロウソクを置き、この場だけのものにしたい思い出
には地元のビーチで拾った石を置いた。

「芸術的な表現やシンボルを用いることで、潜在意識に表現
の場を与えることができる。そうすれば自分の一部だけでな
く、全身で終わりを経験できるようになる」とヴィクトル・
リュセルは教えてくれた。

　人間は、物に意味を持たせる力を持っている。この石やロ
ウソクは、その一例だ。

　これをさらに一歩推し進め、物をまた別の形で象徴的に使
うこともできる。自分たちの締めくくりには、どんなイメー
ジがふさわしいか、直感に耳を傾けてみよう。何かを埋め
るイメージ？　切るイメージ？　飛んでいくイメージ？　それ
とも何か別のもの？　そうしたイメージを物や行動で体現し、

イニシアチブを閉じる儀式に組み込むこともできる。

　私の知る共同創業者の2人は、協力していくことが難しかった関係に終止符を打つため、森に行って実際にまさかりを埋めたという（これはアメリカの先住民族がおこなっていた風習であり、「bury the hatchet＝まさかりを埋める」は「和睦する」という慣用句にもなっている）。

　他にも糸を切ったり、物を飛ばしたり、といった儀式も考えられるだろう。自然環境は考慮し、ランタンなど害を招く可能性があるものは避けよう。

　イニシアチブのストーリーの一部だった物を活用することもできる。私は、当時のビジネスパートナーと終止符を打つため、ニューヨークに飛び、数年前にふと思い立って彼へのお土産に贈ったティーポットを粉々にした。そのときはかなり妙な行動だと思ったという彼だが、それは関係の解消を感じるのに役立ったと後から振り返っていた。

　最初の会社を閉じる儀式の一環として、私はメンバーたちからオフィスの鍵を返却してもらい、それから1人ずつ、旅立ちを感じながら階段を降りて会社の外へと出て、最後に外で再び集合した。その後メンバーにはオフィスの鍵を返し、イニシアチブを閉じたあともその場所を使えるようにした。

　これは熟慮したうえでのプロセスだが、過去の関係の再開ではなく、新しい関係の構築の象徴となることを意図していた。

　こうした儀式をヒントにして、さらなるアイデアを生むこともできるだろう。どうすれば関係性やコミュニティに入ってきたときと同じような形で去ることができるかを考えると、うまく完結できるはずだ。

称える

葬儀は、喪失を受け止めるものであるのと同時に故人の人生を称えるものでもある。それと同じように、イニシアチブの終わりにも祝福を取り入れるべきだ。

クリエイティブ・フィールドの価値観や文化を反映した形で称えよう。その祝福の形を考えるときはメンバーたちにも参加してもらおう。私たちの場合、毎年クリスマスの習慣となっていたカレーとカラオケで終わりを称えた。

本来の自分を取り戻す
マネーワーク

誰もがすべてなのだ。
ひとつの恒星内の成分はすべてきみの内部にもあるし、
これまでに存在した性格はすべて、
きみの心の劇場で主役を争っている。

マット・ヘイグ
『今日から地球人』

マネーワークで
ビジョンを切り拓く

青野英明

マネーワークとは、一言でいえば「自分を取り戻すための身体感覚との対話」です。その名称から「もっとお金を稼ぐためのワークショップ」と思われがちですが、本質的に問われているのはお金そのものではなく自分の全体性を取り戻すことです。思考ではなく身体感覚に問いかけることで、本来の自分の姿を探っていくのです。

ソース原理とマネーワークの関係については本書でも触れられてはいますが、ここでは両者をつなぐための補足情報や、とくに経営者や起業家にとってどんな意義があるのかをお伝えしたいと思います。

ソース原理とマネーワーク

ソース原理とマネーワークの提唱者であるピーター・カーニックは、優秀なビジネスパーソンとして成功を収めていました。不動産ビジネスのセールスに携わり、米国の大手企業の幹部職に就き、MBAを取得し、1980年代初めにはトレーニングビジネス・コンサルタント会社のパートナーになりました。

コンサルティングの仕事のなかで、あるときからうまく成果を出せていないことに気づいたそうです。特に資金繰りに窮している顧客に対して、冷静で客観的な意見を述べても受け入れてもらえなかったのです。ピーターは、これは金融システムの問題なのではなく、人の心の問題なのではないかと考え、以後10年以上にわたって自身の活動のなかで研究を続けました。

そこから導かれた1つの洞察が「私たちが持つお金に対するイメージは、ある性質の投影にすぎない」ということです。これは10年以上にわたる彼自身の経験と、数多くの受講者の体験などをもとにした事例研究を体系化したものです。

たとえば、お金は「汚いもの」という認識があるとしましょう。これは人が生まれつき持っているイメージではありません。「お金

＝汚いもの」だと自分に思わせてしまうような出来事を経験したときに、その認識が芽生えたのです。しかしそれが定着すると、もっともらしい真実であるように思えてきます。その認識を抱えたままだと、たとえば多額の資金調達が必要になる場面になっても、お金を遠ざけるような振る舞いをしてしまうかもしれません。

この洞察から、それではこの認識を変えるためにどうすればよいかを探求して生まれたのが、マネーワークなのです。

ピーターがマネーワーク講座を始めたのは1990年代でした。2022年現在、ピーターは一線を退いていますが、彼の教えを受けてサブソースとして活躍するファシリテーターが何人かいて、世界各地の経営者や起業家が学んでいます。PR活動はほとんどしていないものの、受講者からの口コミや紹介で途切れることなく続いているそうです。

2000年代後半に、そのマネーワークからソース原理が発見されました。

マネーワークを受講する経営者たちは、決まって「お金があったら○○ができるのに」「お金がないからやりたいことができな
い」という言葉を受講前に語っています。ピーターはそれが真実かどうかを探るべく事例研究を進めた結果、「人がリスクを負ってでも何かをしようとする活動」に共通する原理原則を見出し、それをソース原理と名づけたのです。

マネーワークの受講者たちが、お金にとらわれていた自分自身を解放したあとに、ソース原理の研究で見出した「誰もが人生のソースである」「ソースがリスクをとって最初の一歩を踏み出したとき、すでにイニシアチブが始まっている（そこにお金の有無は関係ない）」といった洞察を理解すると、彼らはお金やエゴに惑わされずに、世の中に出現させたい価値を純粋に表現できるようになっていったそうです。

つまり、マネーワークとソース原理は双子のような関係なのです。

マネーワークを学ばずして、ソース原理の真髄に触れるのは難しいと私は考えています。両者は独立したものだと思われることも多いのですが、双子のような関係になっているからこそ、本書にもマネーワークが主要な自己探求プロセスとして紹介されているのです。

マネーワークのパワフルさ

マネーワークで最も特徴的なのは、「アイデンティティを取り戻すフレーズ」を自ら発声し、その身体感覚（違和感）を感じるワークでしょう。

人は人生のいろんな体験のなかで、大なり小なりお金にまつわるストーリーを築いています。たとえば、お小遣いが足りなくて友達と同じお菓子を買えなかった、という悲しい思いをした経験から「お金があれば私は幸せになれるはずだ」と無意識に感じるようになったかもしれません。

それは、ある意味でお金のせいにすることで、自分がこれ以上傷つかないために築いた考え方かもしれません。しかし実際は、お金がなくても自分の欲求や大切なものが満たされて幸せだと感じた経験は誰にでもあるはずです。ところが「お金＝幸せ」という結びつきが強くなりすぎると、それが分厚い鎧のようになってしまい、自分の価値観が見えづらくなってしまうという副作用もあるのです。

そこでマネーワークでは、「お金があってもなくても、私は幸せだ」や「私は不幸せだ。それって

最高！」などのフレーズを声に出すことで、投影したものをお金から切り離して自分自身に取り戻せるかどうかを探求します。

最初は、このフレーズがウソっぽく感じてもまったく問題ありません。私自身もそうでした。しかし数日、数週間と繰り返していくうちに、お金への投影という鎧を少しずつ脱いでいくような感覚を覚えていきました。例えるなら、過去に置いてきてしまった自分自身と出会ったような感覚になりました。「子どもの頃の私は、もっとシンプルに世の中を見ていた」と思い出したのです。

その結果、今の人生ビジョンがもっとクリアになっていき、「自分は何のソースなのか」をよりはっきりと感じられるようになっていきました。

私自身も、マインドフルネスや瞑想、座禅などいろいろな内省の手法を実践していますが、マネーワークの優れている点は、いつでも、どこでも、簡単にできるということでしょう。たとえば瞑想は慣れるまで、また身体を整えるまでに時間がかかるし、ある程度静かに落ち着ける場所が必要ですが、マネーワークでは定型文を声に出すだけですみます。難し

いトレーニングも必要ありません。

また、自分自身がお金に何を投影しているかに気づくだけでなく、それを自分に取り戻すまでがセットになっている点も特徴です。最初は慣れなくても、ぜひ根気強く、楽しみながら折に触れてフレーズを口にしてみてください。

「お金があれば……」を
乗り越えることで、
ビジョンに近づく

私は税理士として多くの企業経営者を支援してきましたが、大多数の人から「もっと利益が出たら社員に給料をたくさん払いたいよ。皆を幸せにしたいからね」という声を聞きました。

だから私は「お金に困らない環境をつくれば、彼らは理想の経営ができてもっと多くの人が幸せになるのでは?」と考え、マーケティング、資金調達、組織論、行動経済学などさまざまな分野を学習して経営者にフィードバックしていきました。

それを積み重ねた結果、ある年にすべての支援先が黒字を達成しました。しかしその結果、「来期が不安だから昇給は控えるよ」「この利益は自分が頑張っ

た結果だから分配するのは違う気がする」「あと利益が30%増えたら考える」などいろんな理由をつけて、社員の給料を上げた人はほとんどいなかったのです。

私は落胆すると同時に、何か大きな勘違いをしているのかもしれない……と気づきました。そこからお金と人の心の関係性に関心を抱くようになり、出合ったのがマネーワークです。

あまりにも当然のことですが、お金はあくまでも道具であってそれ自体に良し悪しはありません。料理に使える刃物が、ときとして人を傷つけるのに使われることもあります。しかし刃物を持つこと自体に良いも悪いもありません。

重要なのは、お金があるかどうかではなくて「自分は本来、何を実現したいのか?」「そのアイデアの実現のためにお金がハードルだと感じるなら、どんな価値観を投影しているからなのか?」と探求することではないでしょうか。それがマネーワークから得た学びです。

もっと軽やかにお金と付き合えたら、誰もが自分の人生を生きられるようになるし、すばらしい世界が実現するはずです。そんな人が増えることを願っています。

18 お金は
自分を映す鏡

でもお金だけがすべてじゃない
自分を表現するためのメモを取っている限り
——アイス・キューブ
N.W.A. 「Express Yourself」

　ビジョンの実現についてソースと話をすると、ほとんどの人が数分も経たずにお金の話を始めるものだ。きわめてシンプルなものは別だが、あらゆるイニシアチブのストーリーにおいてお金は重要な役を担っている。

　1980年代に、ソース原理の元となる研究を始めたピーター・カーニックは、何かを創造しようとするイニシアチブでお金が果たす役割の探求を始め、1990年からはフォーラムやセミナーを開催するようになった。

　そこで発見したのが、イニシアチブに創造するエネルギーが流れているとき、お金は引きつけられるように集まってきて、有益なリソースとして機能するということだった。

　お金はクリエイティブ・フィールドの中に流れ込んできたり、周りを漂ったり、活用されて外へと出ていったりすることで、ビジョンの実現に貢献していく。

　一方で、お金は私たちを創造性から遠ざける大きな障害と

もなりうる。ただお金を儲けるだけだったり、組織を存続さ
せるために稼ぐというのは、ビジョンの実現を目指す活動と
してふさわしいとはいえないだろう。

**ソースがお金とどのような関係を結ぶかは、そのクリエイ
ティブ・フィールド内でお金がどう機能するか（あるいはし
ないか）に大きく影響する。** すばらしいことに、お金との関
係を問い直すことは、ソースが深い自己成長を遂げるための
強力かつ直接的な道でもある。その成長はソースの創造に向
かうポテンシャルを引き出すために欠かせないものだ。

本書を出版前に読んでもらった何人かからは、お金にまつ
わる最後の数章はそれだけで1冊の本になるような内容であ
り、ほかのトピックとは異なるのではないかと伝えられた。

しかし、ソース原理を活かした経営や活動について述べた
この本は、お金というテーマ抜きには完成しない。

そのため、ここからは世界にアイデアを実現させるという
外向きの活動からモードを変え、より自分に意識を向けた内
面の探求に取り組み、自分をよりよく知り、ソースに求めら
れるさまざまな姿を見せられるようにしていこう。内面の旅
がないと、創造活動も存分にポテンシャルを発揮することが
できない。

とはいえ、お金との向き合い方はソースに限らない。Part 3
では、ピーター・カーニックが開発した方法論を紹介しなが
ら、自分とお金との関係、さらには自分自身、周りの人、世
界に対する関係を分析して再構築していくやり方を紹介して
いこう。[49]

まずは、ソースとお金の関係がどれほど大きな影響を及ぼ
すかを物語る短いストーリーから始めよう。

CASE STUDY　お金をめぐる狂気

　ヘルシーなファストフードを提供するチェーン店「レオン」の創業者でありソース役のジョン・ヴィンセントは『戦わずして勝つ』（未邦訳／*Winning Not Fighting*）という著書のなかでお金に関する小話を書いていたが、それを読んで私は声を上げて笑ってしまった。

　数年前、ヴィンセントはロンドンでボートショーに参加した。入場料に25ポンドを払い、屋内展示会場の総合案内所に着いた彼は、会場の地図はないかと尋ねた。すると地図はイベントプログラムに記載されているが、プログラムは15ポンドするという。なんというぼったくりだ！　彼は激怒した。

　このとき、彼にはどんな選択肢があっただろう？　つべこべ言わずに代金を払って地図を得るか、そんなの払えるわけないと断って会場をさまようか、不満をぶちまけて騒ぐことで、落ち着いてくれと仕方なくプログラムを渡されるのを待つ？

　ヴィンセントは、もっと極端な戦略を採用した。わざわざ別のボートショーを開催して対抗しようとしたのだ！　そう、彼は15ポンドをだまし取られたと感じ、その復讐の気持ちから、まったく新しい事業を立ち上げたのだ。

　クリエイティブな創業者であったヴィンセントは、すべての手配やイベント運営を取り仕切ることができるサブソースを採用した。

　そしてついに待望の日がやってきた。自身のボートショーに参加した彼は、おそらく自分を怒らせたあのイベ

ントに対する勝利の気持ちを味わっていたことだろう。彼は会場に到着し、地図はないかと尋ねた。もちろん想像の通り、その地図は15ポンドするプログラムの中に記載されていた。

この話を、ヴィンセントは自身の強み（彼の場合は組織づくりというよりリーダーシップの強み）に気づいた例として語っている。

しかし私にとって興味深いのは、彼のお金に対する関係が垣間見える点だ。15ポンドの地図が、彼にはこれほどの労力を費やすことをいとわないような反応を生んだ。当時の彼が手がけられるイニシアチブの数は限られていたはずにもかかわらず、ボートショーの開催を優先させるほどの反応を引き起こしたのだった。

誰の人生にも、重要な出来事にお金が大きな影響を与えた瞬間というのはいくつもある。これを振り返るすばらしい方法として、30分ほど時間をとって自分のマネーライフ・ストーリーを書いてみることをお勧めする。

EXERCISE　あなたの〈マネーライフ・ストーリー〉

マネーライフ・ストーリーとはお金に関する自分の記憶のタイムラインだ。お金の存在を初めて知った瞬間から、お金が大きく影響したと感じる人生のあらゆる重要イベントを振り返ってみよう。

» 稼いだとき、使ったとき、貯めたとき、借りたとき、盗んだとき、見つけたとき、あるいは失ったとき

» 葛藤や満足感があったとき、栄光や恥を感じたとき、不安や喜びを感じたとき

» お金に関わることで罪悪感、嫉妬、いら立ち、さらには体調不良を感じたとき

何が起きたかだけでなく、それぞれの瞬間にお金が何を象徴していたかまで書き出そう。

自分のマネーライフ・ストーリーの全貌がはっきりしてくると、自分の人生のきわめて個人的な物語となっていることに気づくだろう。

マネーライフ・ストーリーは、自分の特徴がどのように育ち、いかにして現在の自分になったかという、より深いストーリーを覗く窓になっている。

特に、何らかのパターンがないかに注意を払おう。お金が同じような性質をもって何度も現れていないだろうか。これは自分とお金の関係を知る最初のきっかけとなる。そうした関係への対処法は、この章の後半で学んでいく。

お金の定義

周りの人たちに「お金とは何だと思いますか」と尋ねると、いろんな答えが返ってくるだろう。マネーライフ・ストーリーのエクササイズをやった人なら、自分なりの答えをいくつも持っているはずだ。

図18-1 「お金とは何か」についてのブレインストーミング

「成功」「安心」「自由」などポジティブなものもあれば、「汚い」「諸悪の根源」などネガティブなものもあることに注意しよう。

相反するように思えるものもある。お金とは自由を意味すると考える人がいる一方で、罠だと考える人もいる。お金は楽しいものでもあれば、つまらないものでもある。

これは一体どういうことだろう?

お金のことをただ知らないだけなのか、理解していない人が

いるということなのか？　あるいは、お金とはそもそも文脈に依存するもので、状況の違いによって姿が変わるものなのだろうか？

　そのすべてだともいえるし、いずれでもないともいえる。

　答えは人によって大きく異なる。つまり、次のようなメカニズムがある。

> お金について、自分がどんなストーリーを持つとしても、それが「自分にとって」のお金である。そして、そのストーリーに執着している限り、それが自分にとっての真実となる。

　あなたが「お金は安心をもたらす」と信じているなら、お金はそのようなものとして人生に立ち現れてくる。お金がたくさんあるほど安心を感じ、少ないと安心を感じなくなる。あなたにとって「お金とは安心である」という考え方は、深い真理のように感じられる。自明の、疑いようのない真実としてだ。

　そうして世界を見る目にフィルターをかけ、自分の考えを補強していく。

　だが、お金に対する見解はその人固有の個人的なものだ。私は、ほとんど蓄えがなくてもまったく安心していられる人にもたくさん出会ってきた。そういう人たちにとって、お金は安心とは関係していない。安心とは外側の要素からではなく、自分の内側から生まれるものと捉えている。同じように、億万長者であっても安心を感じられない人はたくさんいる。

‖ お金の性質を理解する

『ソウル・オブ・マネー』(ヒカルランド) という詩的なすば
らしい本のなかで、著者のリン・トゥイストは次のように記
している。

> お金は、水のようなものです。それは、コミットメントのた
> めのパイプであり、そして愛のための通貨になるのです。お金
> は、世界と自分自身を養う、私たちのコミットメントした方向
> へと動いていきます。
>
> そして、あなたが、感謝するものは、その価値を高めます。
> あなたが自分のすでに持っているもので変化を起こすとき、そ
> れは、拡大します。協力は、豊かさをさらに創造していきます。
> 本当に豊かな人生は、充足から生まれるのです。決して、過
> 剰から生まれるのではありません。
>
> お金は、私たちの意志を運ぶ道具です。もし私たちが、誠
> 実さと共にそれを使うなら、お金は、誠実さを運んでいくで
> しょう。流れを知ってください――あなたのお金が、世界へと
> 動いていく流れに責任を持つのです。あなたのお金が、あな
> たの魂を表現するように、あなたの魂から、お金に情報を吹
> き込むのです。[50]

お金自身には良いとか悪いといった固有の性質はない。お
金自身に、何かをしようとか何かになろうといった意志もな
い。誰にとっても、お金はシンプルに、その人が考えた通り
のものになる。お金についての物語に終わりはなく、限界が
あるとすれば人間の想像力だけだ。

自分が抱いているお金にまつわる物語とは、結局のところ自分自身の物語に等しい。そうした物語は「アイデンティティ」だと考えてみることができる。人生という舞台で自分が演じているキャラクターだ。

　お金とは自由を意味すると考えている人は、自由を求めている人だ。その人たちは人生においても「自由」というキャラクターを演じることを好む。お金は成功の後押しになるものだと考えているなら、それは人生においても誰かの成功を後押しするキャラクターを演じることが大切であるシグナルだ。

　お金は鏡のように機能し、自分の特徴を映し出す。その鏡のなかに、私たちは自由な自分、安心している自分、成功を後押しする自分といった像を見る。そしてお金とはそういうものだと思い込む。

　しかしそれはただの鏡であり、錯覚にすぎない。自分が求めるアイデンティティをお金に投影しているだけで、お金にはそういう魔法のような力がある。

‖ 過去の経験が自分を形作る

　さまざまな信念と同様に、お金にまつわる物語も自分の過去の体験から生まれるものだ。これを親のせいにすることもできる。しかし、親も自分の過去の体験からそうした物語を得ただけなので、それを責めても始まらない。誰もが同じ道をたどっているのだ。

　私には子どもの頃の鮮明な記憶がある。姉2人と一緒に両

親のそばに座らされ、これから家計が苦しくなると言われた
ことだ。これからは、欲しいものを何でも手に入れることは
できなくなる。そこに流れていた恐怖や不安は、お金から来
ているもののようだった。そのため、多くの人と同じように、
お金にまつわる私の物語は「安心」をめぐるものが大半を占
めていることもうなずける。

　自分のマネーライフ・ストーリーにおいて何が多くを占め
ているか、そしてその起源は何か——たとえば親、教師、特
定の経験など、何に由来するのか——を考えてみよう。

お金との関係を示す 3つの行動タイプ

　お金にまつわる各個人の物語は、「追い求める人」「追い払
う人」「洗濯機」という3タイプのどれかに当てはまる。

追い求める人

　お金に関するポジティブなストーリーが安心、自由、後押
し、成功といった、自分が欲しいアイデンティティを象徴し
ている場合、その人は全力でお金を追い求める。無意識のう
ちに、お金という鏡に映る幻を本物だと信じ、自分が欲しい
アイデンティティを身にまとおうとする。

　その行動に落とし穴があることは想像がつくだろう。お金
から来る安心感や自由といった感覚は、自分がつくり出した
幻にすぎない。どれほどお金を集めても、真の安心は決して
訪れない。いくらか稼いだときに、一時的には安心できても

長続きはしないだろう。

　私が子どもの頃の体験から得た「安心としてのお金」という ストーリーも、このことがまさに当てはまっていた。

　私はコンサルタントとして、大きな企業にプロジェクトを 売り込んで稼げるようになった。契約が成立したり、多額の 振込を目にしたりすると満足や安心感が押し寄せてきたのを 覚えている。

　そこには、成功や自由の感覚、お金が自分を後押ししてく れるという思い、そして自分はとても賢明な人間に違いない というちょっとした自己満足が混ざり合っていた。

　しかしお金が真に私を安心させたり、自由にしたり、成功 や賢明な人間へと導いてくれることはなかった。常に、もっ と稼がなければと追い立てられていた。

　多くの人は、ちょうどいい塩梅の額を手にして満足感が得 られる、魔法のような基準があるはずだと考えている。

　しかし、そんな基準にたどり着いたと心から語る人を見つ けるのは難しいはずだ。もしそういう人に会ったら、貯金の 利息や年金を得るのをやめているかどうか、これ以上財産を 増やさないよう意識的に努力しているかを聞いてみてほしい ——なぜなら、一定額以上はいらないはずで、それを超える と満足感が損なわれるはずだからだ。しかし、たいていの人 は、何らかの形でお金を増やそうとしているものだ。

　お金を追い求めても、自分が欲しいものを本当の意味で手 に入れることはできない。お金を追い求めることに時間とエ ネルギーを費やせば費やすほど、より深い人生の創造的な天 職に取り組むことに対する大きな機会損失となる。

追い払う人

反対に、たとえばお金は悪だとか、障害だとか、不公平な
ものだといったネガティブな物語に支配されていると、無意
識にお金を追い払おうとする。

お金を悪いものだと考えている人を見つけてみよう。その
人はおそらくあまりお金を持っていなかったり、貯金よりも
慢性的に借金している状態に心地よさを感じたりしているだ
ろう。

それもうなずける。汚いとか卑しいと信じているものを招
き寄せたり貯め込んだりする人などいるだろうか？ お金か
ら距離をとるためにできる限りのことをするはずだ。しかし、
金銭取引が浸透している社会で暮らすときには問題が生じる
かもしれない。

私の友人は、ある非常に貧しい国で非営利のイニシアチブ
を立ち上げた。彼女はそのイニシアチブに必要な機材を買い
たがっていたので、彼女を訪問した私は、帰り際に少額の寄
付としてお礼のメッセージカードに現金を添えて渡した。

それを見た彼女はぎょっとしたようだった。まるで、私が
本当におぞましく不快なものを渡したかのようだった。彼女
は、お金は悪だというストーリーを持っていたのだった。彼
女は人生を通していつもお金をそのように見ていた。

「追い払う人」には、「追い求める人」のようなお金に対する
執着はないが、無意識に持つお金への嫌悪が邪魔をするため、
必要なときに自身のクリエイティブな取り組みに資金が入っ
てこず、結局のところストレスを抱えることになる。

洗濯機

　3番目のタイプは、一番興味深いものだ。このタイプを説明するために、ローラという典型例を紹介しよう。

　ローラはロンドン郊外のとても高級なエリアで、とても大きな家に暮らせる財力を持っている。とてもいい車を何台も持っている。子どもたちはとても学費の高い学校に通っている。ローラは、何にでも「とても」が付くような暮らしを送っている。

　彼女はFTSE100（ロンドン証券取引所の時価総額上位100）に入る複数の企業の取締役を務めてきた。ビジネス世界での勝ち組になり、それを示す富という装飾物を持っている。

　ローラは現在、自分の会社を経営し、そこでは何かを創造しようとするビジョンと経済的な成功の両方を実現しようとしている。経済的な成功の最終目標は、会社を成長させながら、「流動性イベント」とローラたちが不思議な名前をつけた状態までもっていくことだ。流動性イベントにたどり着くと、それまでの多大な努力が多額の現金に変換されて、協力者たちが手にすることになるという。

　彼女とパブで話していたとき、私はローラに目標について疑問を投げかけた。すでにとてつもない財力を持っているのに、どうしてさらに稼ぐことに注力しているの？　お金の追求自体を目的とするのではなく、目標はビジョンの実現だけにして、その活動を通じて稼いでいけばいいんじゃないの？希望通りのビジョンが実現したら、さらなる満足を得られるはずでは？

　ローラは少しもじもじしながら言った。

「実は、私にはお金が必要なの。たくさん稼いできたけど、

なんと言うか……消えちゃうものじゃない？」

彼女は「出費が多くて」といったようなことをつぶやいた。

何かが見えてきそうだと感じたので、私はローラに「お金とは何だと思う？」と尋ねてみた。ローラの答えは、会社組織や起業の世界に生きる人間に典型的なものだった。

「お金は自由だと思う」と彼女は言った。「成功、安心、それから後押しするもの」と言った。これらはお金の追求者に典型的なストーリーだったが、ローラはそれだけではなかった。

お酒を飲みながら、私たちはお金というものの性質について話を続けた。すると、驚くようなことが発覚した。ローラは身を乗り出し、ひそめるような声でこう言ったのだ。

「でももちろん、トム、お金がちょっと汚いものだってことはみんな知ってるでしょう？」

「これだ!」と私は感じた。この何気ない一言が、ローラのお金との関係についてきわめて重要なもの、彼女の無意識のなかに隠されたものを明らかにしてくれた。

彼女はその発言を、純粋な真実を述べているかのように語っていた。しかし、それはたんに彼女のなかだけの真実だ。お金自体に固有の性質などない。

彼女は「洗濯機」のようにお金と関わっていた。彼女はお金を追い求め、お金を自分のもとに招き寄せた。それから、汚れを落とすかのようにそのお金を流し去っていた。そしてこのすべてに無自覚だった。

自社の売却や合併を通して現金を得る「流動性イベント」に至ったとしても（そのお金は永続的な価値を生み出すほどには残らないだろうから、実現へ向かうかは疑わしいが）、おそらく

彼女はそれを得るのと同じくらいの速度でそのお金を使い切ってしまうだろう。

こうした「洗濯機」タイプの人に会うと、それなりの生活水準がありながら、口座の残高はゼロに近いことがよくある——借金はほとんどないが、貯金もほとんどなかったりする。

それも本人にとってはストレスになるかもしれない。お金を稼げることはわかっているのに、まったく貯まっていかない。こうした際限ない**お金の洗濯サイクル**は、ビジョンを妨げてしまうこともある。

CASE STUDY　仕事における「お金」のはたらき

お金について抱いている物語や、お金に関する行動タイプは、職場での創造的なイニシアチブでも発揮される。

数年前、お金の機能について学び始めた頃、私は自分の会社の年間予算を話し合う会議に出席した。メンバーたちはその会議に、収支や投資先などについて計画や予測を提出していた。

経理財務部長は、大きなスプレッドシートでそうした数字を整理し、オフィスの大きなスクリーンに映し出した——1月ごとに列をつくって、行にはすべての収入と支出の項目が並んでいた。いたって標準的な方法だ。

ざっと眺めたあと、私は本能的に右下の欄へと視線が引きつけられたのを覚えている。「純利益」と書かれた魅惑のセルだ。そこに書かれていた数字は非常に少ないものだった。私はそれに無意識のうちに反応し、考える間もな

く、こんなことを口走っていた。

「うーん、ワクワクするような数字じゃないね!」

　その数字を大きく見せるのはとても簡単だった。大幅にコストを削り、計画していたあらゆる投資を減らし、より少ないリソースでより多くの収益をあげるようにもっと頑張ってほしいと全員を駆り立てればいい。一般的にはそんな経営も多いだろう。だからその会社でも、より利益が上がる予算編成にして、ワクワクする数字すら生み出すような方向に進むことだってできた。

　会社の全員にとって幸運だったのは、同僚のマックス・セントジョンも、お金とは実際のところ何なのかをより深く探求していて、私に起こっていることを察知してくれたことだった。彼は私に、こう指摘した。

「トム、スプレッドシートのセルにある数字が君の心をワクワクさせるの?　それとも君をワクワクさせるものは別にある?」

　私はすぐに、当然ながら彼が正しいことに気がついた。心躍る一年というのは、ビジョンが実現へと近づき、社会や環境にいいインパクトを生み出し、そのプロセスを自分たちが楽しんだ年のはずだ。

　もちろん、それを支える財務モデルは必要だし、うまくマネジメントをする必要がある。しかし明らかに、一年を心躍るようなものにするのは純利益の数字じゃない——そんな数字にワクワクしてしまうのは、お金は心が躍るもの、という物語を投影しているからだ。

　さらに悪いことに、ワクワクした気持ちや成功の指標として純利益だけにとらわれていると、本来持っている創造性

が発揮されなくなってしまう。たとえ大きな利益を生んだ
としても、何より避けたかった結果、つまり面白みがなく
心躍らない一年になってしまう可能性があるのだ。

　お金に対するこうした物語を特定し、それに効果的に対
処することは、お金とうまく付き合っていくための旅路な
のだ。

19 2種類の アイデンティティと 向き合う

「追い払う人」「追い求める人」「洗濯機」というお金をめぐる3つの行動タイプを乗り越えて、本当の意味でお金とうまく付き合っていくことは可能だ。

最も優れた創造的なソースは、執着でも嫌悪でもないお金との付き合い方を持っている。**自分たちのビジョンを後押しするような形でお金を機能させる方法**を知っているのだ。

そういう人はたくさん稼ぐときもあれば、まったく稼がないときもあるが、それに関係なく成功する。どんな場合でも、ソースは自身のイニシアチブが美しく、そして驚くような形で活気づく様子を目にするだろう。それが、心に火をつける燃料となる。

お金とうまく付き合うには、たとえば第14章で見たように、会社の財務に対するアプローチをアップグレードする必要がある。

しかしその前に、まずはより深い部分、つまり自分とお金の関係という根元に目を向けて、自分の「アイデンティティ」を見つめなければならない。それは自己探求と自己成長を目指す内面の旅であり、これから見るように、お金との関係だけでなく、自分のあり方全体にも影響を与えるものだ。

自己成長の重要性

　自己成長はソースの人生にとって決定的に重要だ。なぜなら、たとえばお金に投影している物語のように、ソースの創造的なポテンシャルを阻むものは、基本的に内側から生まれるからだ。

　創造への原動力も、意識的であれ無意識であれ自分のなかから生まれてくる。だからこそ、自分の内側を知っておく必要がある。

　本書で紹介している新しい働き方や組織化の方法も大いに役立つだろうが、新しい物事を考え出したり試したりする創造性や勇気を見出すためには、まずは自分の内省から始まるのだ。自分の限界は、自己認識のレベル、周りと関わる力、そして世界に可能性を見出す力によって決まる。

　さらに、クリエイティブ・フィールド内の人と人が関わるパターンも、善かれ悪しかれ、かならずソースに由来するものだ。

　問題のある文化を変えていく試みは、ソースの何かが変わることで初めて機能する（第8章参照）。そのため、ソースは自分自身と、クリエイティブ・フィールドに参加する全員に対して、自分の内なる世界を探求して自己成長に取り組むように求める必要がある。

内面のシフトが起きる瞬間

　22歳の頃、友人に誘われて地元の仏教センターでおこなわれるガイド瞑想に参加した。関心を持って行くことにした

が、正直に言えばちょっと怪しいカルトっぽいものや宗教用語が飛び交うものを想像していた。

しかし瞑想のセッションを担当する若い僧の語ることは、驚いたことに、どれもふつうの言葉で語られる普遍的なものだった。僧衣を着ていなければ、まるで聡明な友人の言葉を聞いているように感じただろう。

目を瞑り、自分の呼吸に意識を集中させながら、自分のなかに見えてくる感情に注意を払うように、とガイドされた。

すぐに私は、感情が生まれては消えていくのを観察できていることに気づいた。生まれて初めて、感情というものが私を「支配するもの」でなくなった。

感情は「切り離せない自分の一部」や「外部の状況によって翻弄されるもの」ではなく、関心を持って観察できる対象となったのだ。そのときの解放感や喜びを覚えている。

数年後、私があの晩に経験したことは、組織心理学と成人発達理論の研究者であるロバート・キーガンが言う「主客転換（subject-object shift）」なのだと知った。

私は自分の感情にただ支配されるだけでなく、それらを客観的に眺めることができた。そうやって意識が広がったことで、人生をより豊かに経験できるようになったし、困難やチャンスにどう反応するかについても、もっと多くの選択肢を見出せるようになった。

このような学びは、たんに知識や技術を身につけるタイプのものではない。自分自身や、自分の周りの世界、そして世界における自分の居場所に対する認識や視点について学ぶということだ。私のものの見方は根本からがらりと変わった。「自分自身が感情だ」という認識から「自分はこの感情を経験

しているのだ」という認識にシフトしたのだ。

　キーガンの成人発達理論では、子どもから大人になる過程の発達だけでなく、大人になってからも何十年とかけて成長していける複数の発達段階があるとされている。[51]

　次の段階への発達が起こると、それまで主観的に考えていた物事を客観的に眺められるようになる。この捉え方のシフトは、人間関係の問題、個人的な性格、そして世界に対する信念など、あらゆるものに起こる。それは、それまで特定のメガネを通して世界を見ていたが、次の発達段階にシフトすると、そのメガネを外してレンズがいかに視野を制限していたかを点検できる状態になるようなものだ。

　こうしたシフトが起きると、**世界と自分を違った形で、たいていはそれまでよりも豊かで多面的に眺められるようになる**。世界への理解や関わり方だけでなく、何かを創造したり世界を変えたりする新しい可能性が生まれていく。それはソースにとって特に重要なシフトといえるだろう。

アイデンティティ
自分をどのような人間だと見ているか

　ソースにとって最も大きなシフトは、自分が自分をどのような人間だと見ているか、つまりアイデンティティに注意を払い始めたときに生じる。

　アイデンティティとは、その人が人生で演じている複数のキャラクターや、演じることに抵抗を感じるキャラクターの総体だ。アイデンティティは、その人の習慣、態度、信念、

行動、物事の捉え方などの土台となっている。究極的には、
自分の人生のすべてをつくり上げるものだ。

　ピーター・カーニックは、これを3層のピラミッドで表現
している。

図 19-1　いかにアイデンティティが
私たちの人生の境遇に影響を与えるか

　多くの人は、人生の出来事を直接的に変えることは実質的
に不可能だと認識しているため、そのひとつ下の第2層にあ
る習慣や姿勢など、個人的な変革を試みる。しかしそうした
試みの結果にはばらつきがあり、行き詰まったり、過去の行
動に戻ってしまったりすることも多い。

　そのさらに奥の第3層にあるアイデンティティこそが、そ
うした個人的な変革を可能にしたり阻んだりするものだ。

　私たちの個人的な試みとは結局、なりたい自分にこだわる
か、なりたくない自分に抵抗するかに尽きる。アイデンティ
ティという根本的な部分と向き合うことは自己成長の近道で
あり、その土台の上に築かれたすべてのものを変えやすく
する。

　自分とお金との関係は、アイデンティティをよりよく捉える

ための窓のひとつであることは第18章で紹介した。

　たとえば生まれつき特権を持っているかどうかなど、本質的に自分がコントロールできない要素を除いて、どんなお金の状況になるかは、自分の習慣や、お金に対する行動タイプ（追い求めるか、追い払うか、その両方か）によって決まる。

　第2層には、たとえばお金は自由を体現するものであるとか、諸悪の根源だといったお金の特徴への揺るぎない信念などがある。しかしさらにその奥のアイデンティティの層では、たとえば安全や自由への執着や、自分が悪や汚い存在だと見られないようにしたいという思いがある。

　ひとつひとつのアイデンティティは、自分という人間を構成するブロックのようなものだ。

　ピーター・カーニックは、自分のアイデンティティ全体を考えるとき、何千もの小さな鏡でできたキラキラした大きなミラーボールだと捉えればいいと語っている。ひとつひとつの小さな鏡を、たとえば安心を抱いている自分、自由な自分、人を後押しする自分、面白い自分など、特定の瞬間に体現するキャラクターだと考えてみるのだ。ミラーボールの反対側には、たとえば不安な自分、囚われている自分、周りを支援する力を持たない自分、つまらない自分といった、真逆のアイデンティティもあるはずだ。

　誰もがたくさんのアイデンティティと、その対をなすアイデンティティを抱えている。

　光り輝くものは、必要に応じて表に出てくる。そうしたアイデンティティを持つ自分に不満はない。

　反対に、黒い粘着テープで覆われているようなアイデン
ティティもある。それらは暗く、意識にのぼらない、抑圧さ
れたアイデンティティであり、カール・ユングが「影」と呼
んだものだ。

　たとえば自分が魅力的でないとか、暴力的だとか、不自由
で囚われているように見られるんじゃないかと恐れ、自分に
そうした一面があることを認めない。この強い不安や恥の意
識に耐えきれず、これらのアイデンティティをまとった自分
を見ることを拒絶してしまう。

　影のアイデンティティと言っても、ネガティブな特徴を持
つものばかりではない。喜びや楽しさにあふれ、エネルギー
をもたらしてくれるようなアイデンティティであっても、認
めようとしないことがある。人生のどこかの時点でそれらの
アイデンティティが抑圧されてしまっているからだ。

　アイデンティティのどこが光っていて、どこが暗くなって
いるかは、各自の人生経験によって形作られる固有のもので
あり、それがその人のアイデンティティの全体像として、人
となりをつくっている。そうしたアイデンティティが習慣、
姿勢、信念、行動、視点などに影響し、それらが最終的に人
生をつくり上げていく。

　だからソースにとって、アイデンティティの全体像こそが、
ビジョンが実現されるかどうかを左右する最も深い力となる
のだ。

‖ 創造的なアイデンティティを育む

　ソースはイニシアチブの次のステップを明確にするために
耳を傾けて、それが聞こえるまで待つ責任がある。

　しかし次のステップは、実行されて初めて意味を持つ。そ
のためソースは、あらゆる状況に適用できるように、すべて
のアイデンティティを発揮できるように備えておく必要が
ある。

　自分のミラーボールの輝いている部分が必要になるときは、
すぐに発揮できるだろう。つまり、難なくビジョンの実現に
必要な自分になれる。

　一方で、隠され、抑圧され、影に潜んでいたアイデンティ
ティが必要になる場合もあり、そのときには抵抗感を抱くだ
ろう。そのアイデンティティは、忌々しい個人的なタブー、
つまり、過去の何らかの心の傷から生まれた不安や恥の源泉
かもしれない。そんなとき、たとえ明確に次のステップがわ
かっていても、どうしても踏み出せない可能性もある。

　それはもしかしたら、今のあなたの状況に当てはまるかも
しれない。**心の奥ではやるべきだとわかっていながら、まだ
行動に移せていないことはないだろうか？** そうした不安の
奥には、身につけるのを恐れているアイデンティティが存在
しているかもしれない。

　こうした調和の取れていない状態を解決するために、まず
は自分にとって本当に必要なアイデンティティは何かを探っ
てみよう。どんな自分になることに抵抗を抱いているだろ
う？ もしかしたら、次のステップに踏み出せば、自分が不
安になる、不自由になる、無責任な人になる、失敗する、だ

めな人間になる、無力になるように感じるのかもしれない。

　私の場合、大きな抵抗感を抱くのは、自分が退屈な人間になることだ。そんなの耐えられない！　こうしたアイデンティティは、その瞬間に湧き起こる感情よりもさらに強いものであり、自分の一部として受け止められないのだ。

　しかし次のステップが実行されない限り、ソースが手がけているイニシアチブの創造活動が停滞したり、道を外れたりしてしまう。それが実行されないのは、ひとえにソースが自分の拒絶しているアイデンティティを発揮するために踏み出そうとしないからだ。

　最初の会社を始めたとき、私の創業時のビジョンは「自由」を求める衝動に根ざしていた──と私は思っていた。「私は自由だ」というアイデンティティが点灯していた。

　そのため、自由であるためだったり、より多くの自由を生み出すための行動は実行しやすく、なんの抵抗もなかった。そうした行動は何度も非常に役立ったし、そこで働くすべての人の活力と自律性を育む助けとなった。しかし私のミラーボールの反対側には、自由の対極にある小さな鏡があった。その鏡が覆われていた。私は自由の正反対、つまり囚われた状態になることをひどく恐れていたし、そうなりたくないと思っていた。

　そうした「不自由な自分」というアイデンティティを抑圧していた私は、ビジョンの実現に役立ちそうなビジネスであっても、それを引き受けると不自由になると感じた場合、踏み出すのをためらうことがあった。

　当時は、本章で語っているような内面の葛藤について

まったく知らなかったものの、その影響はとてもリアルに実感していた。大きな決断をしなければならないときでも、足踏みして決められないことがあった。破産寸前にまで至った。それでも私は、不自由になる不安に責任をもって向き合うことができていなかったのだ。

アイデンティティに目を向けることで、自己成長への効果的な道が見えてくる。それは、**抑圧してきた厄介なアイデンティティを覆う黒い粘着テープをはがし、どんな状況でも思い通りに使えるよう、どこも覆われていない統合されたアイデンティティのミラーボールを取り戻す**プロセスだ。

このプロセスは次の章で詳しく紹介していくが、その前にアイデンティティが人生に災難をもたらす他の形を2つほど確認しておこう。

‖ 投影

しばらく時間をとって、自分が他者のどんな行動や特徴に最も強く批判的になるか考えてみてほしい。

その人の強欲に対して？　それとも攻撃性、意地の悪さ、時間にルーズなこと、身体へのケアを怠ること、あるいは他の何かに対して？　何が一番の引き金となるだろう？

正直に考えよう。

この問いの奥に潜む残念な真実を解き明かしたのが、社会科学の研究者のブレネー・ブラウンだ。彼女は、自分が他者に対して最も批判的になる行動とは、自分のなかに最も大き

な恥の感覚を引き起こす行動の映し鏡なのだと発見した。

　つまり、たとえば他者の強欲を見ると大きな反応が引き起こされる場合は、自分の強欲と何らかの形で向き合う必要があるサインということだ。

　このブラウンの知見は、アイデンティティという観点から見てみると、何が起きているのかがよくわかる。つまり私たちは、他者のなかに自分が抑圧しているアイデンティティを見ているということだ。これを心理学者たちは「投影」と呼んでいる。

　人間は実に驚くべき能力を持っていて、他者に限らず、あらゆるものに投影することができる。

　信念や自信を、たとえば験担ぎの靴下なんかにも投影する。投影した人は、その靴下がないと運が減ってしまうように感じるのだ。

　指輪や旅行の土産にも、素材となっている金属やプラスチック以上の意味を持たせる。投影とはつまり、ある対象物にストーリーを付加することだ。指輪には幸運を呼ぶというストーリーを、土産には愛する人とビーチでくつろぎながら満ち足りて充実した自分というストーリーを見ている。それらが壊れたら、ただ物が壊れただけでなく、自分の一部まで壊れ、アイデンティティとのつながりを断たれたかのような痛みを感じることもあるだろう。

　このような形で意味付けをする人間の能力は、真に天からの恵みだ。ストーリーテリングの力は、人生に豊かさをもたらす。しかし投影の力が強すぎて、それがただのストーリーであることを忘れてしまう場合がある。幸運の靴下が洗濯中だと、自信が大きく失われるかもしれない。大切にしている

物が壊れてしまったら、大きな痛みを感じる可能性がある。

お金も投影を通して機能する。「お金」という概念に、私たちはポジティブな性質やネガティブな性質をさまざまに投影するが、実はどれもが自分の一部であることに気がつかない。だからこそ、自分とお金の関係を見つめることが、自分を知るための効果的なアプローチなのだ。

‖ アイデンティティの暴発

アイデンティティが影（シャドウ）に抑圧されていると、しだいに圧力が溜まっていき、暴発に近づいていく。圧力が高まりすぎると、最も恐れていたアイデンティティが突然現れてきたりする。影（シャドウ）を突き破り、私たちに襲いかかってくるのだ。

たとえば温厚そうに見えた人が突然激しく怒り出すような場合は、「アイデンティティの暴発」である可能性が高い。

そうした暴発を避けるためには、何より不快で受け入れがたいアイデンティティであっても覆い隠さず光を当て、自分自身の表現方法のひとつとして持っておく必要がある。

そうしたアイデンティティを一度受け入れたら、意識的かつ存分に活用できるようになり、不適切で、有害で、取り返しのつかないような形で影（シャドウ）が自分から漏れ出すことがなくなるだろう。

自分自身の影（シャドウ）を感じる方法として、チャールズ・デイビスがわかりやすく説明している。

身体を縦に二等分する線を引いたところを想像してほしい。片側は光っていて、存分に感じることができて、自分のコン

トロール下にある。反対側は暗く、感覚もないし、アクセスすることもできない。その状態で、たとえばチェーンソーのような扱いを間違えたら大怪我をするような道具を扱うなら、どちらの手を使いたいだろうか?

　さいわい、私たちは自分の影<ruby>影<rt>シャドウ</rt></ruby>を探求して、抑圧されていたアイデンティティを光のもとに連れ出すことで、適切なときに使えるようになれる。それは、全体性<ruby>全体性<rt>ホールネス</rt></ruby>を取り戻すプロセスだ。

20 本来の自分を
取り戻す

　ソースの自己成長の旅は、アイデンティティのミラーボールにもっと光を当てていくようなものだ。抑圧され、拒絶されている部分を覆う粘着テープをはがし、あらゆるアイデンティティとつながれるようにして、特定のアイデンティティへの執着を手放していくプロセスだ。

　それによって初めて、それぞれのアイデンティティを場面に合わせて意識的かつ適切に使えるようになる。

　このようにして成長していくと、ビジョンの実現に向けた次のステップへと踏み出そうとするときにためらうことが少なくなっていくだろう。有害なアイデンティティの暴発を起こす可能性や、他者の行動に自分自身の受け入れ難い部分を投影して不快な気持ちになる可能性も少なくなる。

　そうすると、習慣やマインドセットや信念が変わり、行動や生活環境も変化していくだろう。

　あるアイデンティティを完全に体現するには、その対極にあるアイデンティティについて深く理解して受け入れる必要がある。目を背けたくなる対極のアイデンティティをすべて取り戻すことで、自分が望むアイデンティティへと完全に足を踏み入れることが可能になるのだ。

　身動きが取れず囚われている状態を自覚しなければ、自由
にはなれない。不安を知らなければ、安心することはできな
い。悲しみを知らなければ、喜ぶことはできない。愛されな
い状態を知らずに、愛することはできない。アイデンティ
ティを取り戻すことは、全体性_{ホールネス}、つまり本来の自分を取り戻
す道なのだ。

　ピーター・カーニックは、アイデンティティを拡張してい
く方法を編み出してきた。それは抑圧されてきたアイデン
ティティを取り戻してつながれるようにする方法であり、た
とえば「お金とは安心だ」「お金とは自由だ」といった、何
らかの物に対する投影を手放すことにも役立つ。

　スタート地点となるのは、アイデンティティを取り戻す機
会に気づくことだ。

　たとえばお金との関係であれば、罪悪感や、嫉妬や、不満
や、恥、さらに不快などの感覚は、お金にアイデンティティ
を投影しているシグナルである。

　また、イニシアチブの次のステップがわかっているのに踏
み出せないでいる状況も、アイデンティティを取り戻す機会
だ。そこには、必要とされているのに身につけるのを恐れて
いるアイデンティティがある。

　あるいは、誰かの行動が引き金となって、その人物に批判
的になっている自分に気づく瞬間も、そうした機会のひとつ
だ。これらは、アイデンティティを取り戻す探求を始める有
効なシグナルだ。

▍投影しているアイデンティティを取り戻す

　まずは、お金へのアイデンティティの投影を手放す方法から紹介しよう。

　お金に何かを投影しているときは、そのアイデンティティが点灯しているにもかかわらず、自分でつながろうとしていない状態だ。そして、そのアイデンティティの特徴は外側にあって、自分の内側にはないと誤解している。

　よくある例を使って考えてみよう。「お金は安心だ」（「安心」という単語を、自分が一番よくお金と結びつけるポジティブな特徴に変えてもいい）。

　投影をやめるためには、アイデンティティを「取り戻すフレーズ」を口に出す必要がある。そうして頭だけでなく、身体や神経系でもそのアイデンティティを感じる機会を与えるのだ。そうすれば、頭で受け入れるだけでなく、全身が一体となって感じることができる。

　これから紹介するフレーズを口に出して言ってみよう。文字通りに発音することが重要だ。このフレーズが嘘のように聞こえても、まったく問題ない。このエクササイズには新しい衣装を着るような意識で取り組んで、それから自分の反応を見てほしい。それでは、言ってみよう。

> お金があってもなくても、私は安心だ。
>
> "I am secure, with and without money."

　どう感じただろう？　このフレーズが抵抗なく通り過ぎていっただろうか、それともどこかで引っかかっただろうか？

　このフレーズが嘘のように感じたとしても、それは影に潜んだアイデンティティに光を当てるための道を進んでいる証しだ。

　もういちどフレーズを口に出して、今度は身体感覚に注意を向けてみよう。腹の底に、胸に、喉に、あるいは別のどこかに、抵抗があるだろうか?

　もしかしたら、全身に抵抗や拒絶を感じるかもしれない。何かを感じるようなら、いい調子だ。

　感覚を探り続けよう。それはどんな感覚だろう?　鼓動が激しくなるような感覚、かき乱されるような感覚、締め付けられるような感覚?　鋭い痛み?　それは長く続くものだった?　それとも変化した?　場所が移った?

　もういちど繰り返してみよう。引き続き、身体に生じる感覚に注意を向けよう。その抵抗は変わらない?　それとも変わった?　何かを変えようとする必要はない。ただ感覚に注意を向けるだけだ。その感覚は強くなっている?　それとも薄れている?

　これを続けていくと、抵抗が消えていき、このフレーズを心から受け入れ、身体全体で「そう、お金があってもなくても、私は安心だ」と言えるようになるときがくる。

　すぐに投影を取り戻すことができなくても、気を落とす必要はない。たとえまだそのフレーズが嘘のように感じられたとしても、それは自分が自分について語る最も有効な嘘であると考えてみよう。

　しばらくのあいだ、嘘をつく許可を自分に与えて、その嘘が自分の安心感やお金との関係をどう変えていくかを見てみよう。

また別のときにフレーズを口に出してみて、変化がないかを確かめることもできる。ひとたび変わると非常に深い影響をもたらすだろう。そのアイデンティティのうえに築いてきた習慣、マインドセット、信念なども変わり出すかもしれないからだ。

　自分の身体感覚とつながることが難しいという人もいるだろう。西洋文化では精神が思考を司り、身体はコントロールできる機械的な物と捉えられてきた。

　しかし、現代の神経科学は、精神と身体は切り離すことができないものだと教えてくれる。神経系は意識の一部を構成しており、心臓や内臓には脳細胞によく似たニューロンを含む細胞が存在している。

　私たちは身体全体で考え、感じているのだ。まったく新しい考え方だから受け入れるのが難しいと感じる人がいたとしても、それはあなただけじゃない。

　私自身も、今回のテクニックを初めて学んだときに身体感覚とつながることにものすごく苦労した。私のきわめて理性的な精神にとっては、身体とつながるなんて非常に奇妙なことに聞こえたのだ。

　そうやって私自身が苦労したのだから、このテクニックを初めのうちぎこちなく感じるような人には心から共感する。

　難しいと感じる人は、まずは身体感覚への意識を高める練習を始めてみよう。これは誰だって、人生のどんな段階でも身につけることができる。付録には、より深く探求するためのアプローチも掲載しているので、参考にしてほしい。

正反対のアイデンティティを取り戻す

ポジティブなアイデンティティの投影の解除が完了したか
どうかにかかわらず、正反対のアイデンティティを取り戻す
方法も試してみてほしい。

たとえば、先ほど「安心」というアイデンティティと向き
合ったなら、自分にとって安心の正反対は何を意味するか
を考えてみよう。シンプルに「不安」だろうか、それとも、
もっと具体的な何かだろうか?

それを考えたら、次のような「取り戻すフレーズ」を口に
出そう。

> 私は不安だ。それでいいんだよ。
>
> "I am insecure, and it's okay."

もういちど言ってみよう。嘘のように感じたとしても問題
ない。

不安な状態でいいはずがない、と感じる人もいるだろう。
過去の経験の重みが、何としても自分を不安から守る必要が
あると告げてくるかもしれない。

不安になることを自分に許可したのは人生で初めてだとい
う人もいるかもしれない。前にもやったように、そのアイデ
ンティティを取り戻すフレーズを言ったときに、自分の身体
のどこがどのように抵抗しているかに注意を向けていこう。

もし、身体感覚に注意を向けならが何度かフレーズを繰り
返しても、まだどこか引っかかるものがある場合は、次のい
ずれかを試してみよう。

» 理性的な思考を働かせて、不安になることがまったく適切
であるような状況を考えてみよう。かつて私が一緒にワー
クしたソースは、マウンテンバイクなどで急斜面を下って
いく「ダウンヒル」が好きだったが、そうしたスポーツは
ものすごく不安になると同時に、それも含めて楽しみの一
部であることに気がついた。猛スピードで斜面を下りな
がら、彼女は込み上げてくる高揚や喜びに自分を開くこと
ができているという。対極にあるアイデンティティのポジ
ティブな側面を見つけるのが本当に難しい場合は、信頼し
ている人に手伝ってもらおう。ある人にとって難しいこと
も、別の人にとっては簡単である場合も多い。

» そのアイデンティティを体現している、小さな人形サイズ
の自分を思い浮かべてほしい。今回であれば不安を抱いて
いる小さな自分を想像するのだ。どんな格好をしているだ
ろう？　どんなふうに振る舞っている？　ありのままの姿
を受け入れられるだろうか？　その人形に共感し、自分の
一部であることを受け入れ、拒絶しないでいられるだろ
うか？

　これらのエクササイズのあとで、先ほどの「私は不安だ。
それでいいんだよ」というフレーズを口にしてみよう。
　無理に何かをしようとせず、ただ何か変化があったかに注
意を向けよう。緊張のやわらぎを感じるかもしれない。笑み
がこぼれることすらあるかもしれない。
　前と同じように、まだ引っかかるものがあるときは、「取
り戻すフレーズ」とは自分に言い聞かせられる非常に有効な

嘘なのだと考えよう。このフレーズに意識を向けるだけでも、効果的なステップとなる。

　違和感がなくなり、そのアイデンティティを取り戻した状態になったら、次の段階に進むことができる。「私は不安だ。それでいいんだよ」から「私は不安だ。それは良いことだ」に移っていこう。

　先ほどと同じプロセスを経て、自分のなかにある抵抗感に注意を向けよう。それもなくなったら、さらに一歩進めて、「私は不安だ。それは最高だ」に移ろう。

　そこまでできたら、ものすごく大げさな言い方で締めくくろう。「私は世界で一番不安な女だ。でもその状態が最高に大好き！」

　ピーター・カーニックの教え子でマネーワークのコーチであるアンディ・チャレフは、「それでいい」というフレーズを言うステップを飛ばして、「でもその状態が本当に最高！」という誇張表現まで一気に進むことを勧めている。

　彼によれば、アイデンティティを取り戻すプロセスとは、それまで自分に深く根ざしていた主観的判断を停止させるようなものだという。

　私は、肩を揺らしたり、ときには涙を流して笑ったりすることで何らかのアイデンティティに対する抵抗を身体的に振り払う人を目にしてきた。そうやって対極にあるアイデンティティ、つまり長らく閉じ込めてきた自分のなかの一部が、自分のパーソナリティとして統合されていく。それらのアイデンティティに居場所が与えられると、必要なときにつながれるようになるし、不適切な場面でそのアイデンティティが暴発するリスクもなくなる。

創業者としての私自身の経験を振り返ってみると、自由／不自由というアイデンティティと向き合うことで、私は自由というものが外側ではなく、自分の内側から来るものだと考えられるようになった。私たちは誰もが、自由であることを選択した瞬間に自由になれるのだ。

　ヴィクトール・フランクルは、ナチスの強制収容所という、考えうる限り最も恐ろしい場所にさえ自由を見出した。[52]自由になることを目指してビジネスを始める必要はないのだ。自由への執着を取り除くことで、私はもっと意味のある、何かを創造したいというビジョンに集中できるようになった。

‖ 行動とアイデンティティを切り離す

　ピーター・カーニックによるアイデンティティと向き合うエクササイズの最後のパートは、執着しすぎて自分の行動を制限しているアイデンティティと向き合うワークだ。実例を用いて語るために、私がサポートしたデーブという創業者の例を紹介しよう。

　デーブは申し分のない能力を持ったプロフェッショナルだ。彼女はお金に対してポジティブなストーリーを持っていて、お金を「追い求める人」のタイプに入るようだった。計画や予算をうまく立てて、貯金や投資をおこない、経済的に恵まれた地位にいた。

　しかし、お金のことを負担に感じるときもあった。間違ったお金の使い方をしているのではないか、その結果として恥をかくのではないかという恐れを抱いていた。

そうした考えは子ども時代の経験から来ていた。彼女は学校の食堂のレジに行くとき、自分のトレイに載せたものを買うお金が足りないのではないかと恐れていたという。

大人になっても、この不安はときどきある種の思考停止状態を生んだ。特定の状況になるとお金を使うことを恐れていたのだが、それは間違ったことをすれば恥をかく危険性がありそうな場面を無意識に避けていたからだ。

私たちは、その恥の感覚の核心を理解することから始めた。たとえば十分なお金を持ち合わせておらずに払えなかった場合、そのミスを犯した彼女はどうなるのだろう?

彼女は「私は愚かに見える。それが最高だ」というフレーズを口に出すことで、そのアイデンティティを取り戻すことに成功した。

それから「愚かに見える」の対極にあるアイデンティティに目を向ける必要があった。つまり身にまとっているのが心地よいあまり、その衣装を脱いだほうが自分のためになるようなときでも脱ぎ去れないようなアイデンティティだ。「愚かに見える」の対極にあるのは何かと尋ねると、彼女は「責任感と分別を持った人である」と答えた。

責任感と分別を持つことにはすばらしい点がたくさんある。しかし、いつもそうであるべきだと考えてしまうのは可能性を大きく狭めるだけだ。

そのアイデンティティへの執着を手放すために、私たちはまず、そのアイデンティティに沿って行動することが彼女の人生にどのような意味を持つのかを探った。

すると、それは「人に与えること」だと彼女は言った。これも同じように立派な目標だが、執着しすぎるのはやはり

健全ではない。

　そこでデーブには「責任感と分別のある人であってもなくても、私は人に与えている」というフレーズを口に出してもらい、アイデンティティと行動を切り離すワークに取り組んだ。

　このフレーズを口に出しながら身体にどんな感覚が生じるかを観察するうち、ゆっくりと彼女の執着は離れていった。そのおかげで、支配的なアイデンティティに縛られることがなくなり、もっと柔軟にさまざまな自分を見せられるようになっていった。

　もし自分が愚かに見えるようなことが起きても、自分のアイデンティティとして受け止められているため、以前よりもはるかに立ち直りやすくなっているはずだ。

　同じフォーマットを使って、あなたも自分なりのフレーズをつくることができる。似たような表現であれば、他のフレーズでも構わない。

> 「私は ［ポジティブなアイデンティティ］ であってもなくても、［ポジティブな行動］ だ。」

‖ 他者の助けを借りよう

　この章で紹介しているアイデンティティと向き合う方法は、自分1人だけでなく、コーチや信頼できる友人の助けを借りて取り組むこともできる。

　周りの人が、あなたが取り組むべきフレーズを見つけるのを手助けしてくれることも多い。このプロセスは、特に小さなグループだとうまくいきやすい。周りの人が向き合っているさまざまなアイデンティティを目にすることで、お互いの共通点や違いに気づくことができる。

　そうして次第に、自分が自分自身についてストーリーを抱いていること、そしてそのストーリーに強い執着を抱いていたとしても、実際にはたんなる物語にすぎないことに気づいていく。これはとても効果的な気づきだ。なぜなら物語は書き換えることができるからだ。

‖ 創造性は誰もが得られる特権

　自己成長を遂げると、より大きな創造性と人生の充実感につながるはずだ。しかし、たとえばジェンダーや、肌の色、学歴、生まれた場所など、自分ではコントロールできない状況や属性によって人生に影響を受けることもある。

　この章で紹介したアイデアを紹介すると、「白人で、豊かな国に暮らす高学歴の男性であるあなたが『お金は安心を意味しない』と言うのは何の問題もない——でもそれを、子どもたちを養うのにも苦労している貧しい国のシングルマザーに言うことはできるのか」という真っ当な指摘をもらうことがよくある。

　お金があってもなくても創造的な人生は、多くの人が自分とは無縁のことで選択肢にないと感じるかもしれない。それを提案すること自体が、不快なものとして受け取られる可能性

すらある。それは正当な批判であり、向き合うべき重要な問題だ。

　多くの人が、生活必需品の不足、無関心、構造的な人種差別、その他さまざまな問題を抱える社会経済システムの犠牲となってきた。

　それが、植民地時代と工業化時代に生まれて現在の世界を支配しているシステムだ。すべての人が十分に食べられるほどの食料を生産できる世界なのに、これほど多くの人が飢えているというのは、おぞましく、起こるべきでない悲劇だ。

　しかし、被害を受けた経験自体は、被害者というアイデンティティに固執したり、被害者というアイデンティティに縛られたりすることを求めるものではない。[53]

　ネルソン・マンデラは、南アフリカのアパルトヘイト（人種隔離政策）によって、同国の他の非白人と同じく明白な被害を受けていた。

　ときには自分は被害者だと考えることがあったかもしれないが、彼の功績を見れば明らかなように、マンデラは被害者というアイデンティティに固執しなかった。

　マンデラは、物理的な自由があってもなくても、自分は能力を持った強力なリーダーであるのだと深いところで理解していたはずだ。彼は獄中でアパルトヘイト後の南アフリカの憲法を書き、釈放後に大統領となった。

　自分ではコントロールできない物事が、自分の人生に大きな影響を与えてしまうのは否定できない。

　しかし同時に、アイデアとそれを追求するだけのエネルギーを持っていれば、どんな生まれの人であっても大きなことを成し遂げられる可能性を秘めている。

　現代の西洋的な考え方では、外面ばかりを重視して、内面が見過ごされやすいように思う。多くの偉大な起業家、芸術家、活動家、リーダー、そして自由の戦士たちが、いわゆる「恵まれない生い立ち」とレッテルを貼られそうな環境から生まれている。

　それと似た境遇の人たちに、「何か意義あることを創造しようとする天職に就くなど無縁だろう」とか、「まずお金が必要だ」「不安や不自由さを抱えているため、自分ではコントロールできない外部環境を変えない限り何もできない」「真に創造的な人生は恵まれた環境に生まれた人にしかできない」と語っても、そうした物言いはすべて、抑圧的なマインドセットを強めてしまうだけだ。

　創造に向かう道は誰にでも開かれている。もちろん外的な制約は常に存在しているし、残念ながらすべての人の条件が平等だとはいえない。

　しかし、自分のアイデンティティを取り戻すために執着や嫌悪感を乗り越えていける人間の創造性は、無限に広がっている。

　あなたもアイデンティティを取り戻すプロセスを活用することで、どんな状況にあろうと自分自身の天職を生きることができるようになり、周りにも自分のなかにそうした力の源があると気づく後押しができるようになるはずだ。

　このプロセスに多くの人が取り組んでいけば、私たちが暮らす社会のシステムも、共に変えていけるはずだ。

おわりに

　あらゆるアイデンティティを取り戻すための内面的な取り組み。ビジョンの実現を目指した外側の取り組み。この2つを統合したものが、ソースへの道である。
　ソース原理は世界を変えるとてつもない力を持っている。ソース原理を活かすことで、創造力や、友情や、愛に満ちたすばらしい時間も得られるだろう。
　これに勝る人生の過ごし方などあるだろうか?
　私たちは、未来とは関係ない過去の物語とのつながりを断ち切って、自分たちが暮らし、その一部となっているこの美しくも混沌とした複雑な青い惑星の行く末に関して、新しい物語をつくり上げていくことができるのだ。

　世界はあなたを必要としている。
　あなたは何のソースなのだろう?
　あなたの次のステップは?
　踏み出すことを妨げるものはあるだろうか?
　もちろんない。
　さあ、行こう。

謝辞

　何よりもまず、妻のアグネスに感謝する。厳しい査読者であると同時に、愛について誰より多くを教えてくれた人物だ。

　私のコーチおよびメンターであるサマンサ・モヨは、人種や特権などについて新たなレベルの知見をもたらしてくれた。

　そして、各種の概念を形にしていく手助けをしてくれた人々——チャールズ・デイビス（権威、責任、ビジョンなど）、ヴィクトル・リュセル（イニシアチブを閉じる、儀式）、エリック・リン（文化）、ガブリエル・マーティン（認識論）、ファニー・ノーリン（男性性と女性性）。アサ、トールビョーン、エド、ジョノ、ジョニ、スカイ、ドム、エイミー、ルース、ケイティ、マイケル、ジャック、イラン、マーティン、エリックなど、幸運にもソースとしての旅に同行させてくれた多くのクライアント。

　それから、この本自体の制作に力を貸してくれたクライアント——ハミッシュ・マクギル（表紙）、カースティ・フォークナー（装丁）、レイ・ゴダード（イラスト）、ティム・カーター（校正）。タッシュ・スタラード、リア・ベック、フランチェスカ・ピック、ケイト・ビークロフト、ペリー・ティムズ、ナヴィド・アクラム、ヘレン・サンダーソン、リサ・ギル、リチャード・D・バートレット、スーザン・バスターフィールド、グラハム・オールコットら、出版前に査読をしてくれた人々。

Greaterthanのすばらしい同僚たち。NixonMcInnesのすべての元同僚（私に至らないところが多々あって申し訳ない！）、特にウィル・マキネス、ジェニー・ロイド、ピート・バーデン、レイジー・ローレス、マット・マシソン、ニック・シェパード、（Meaning Conferenceの偉大なソースでもある）ルイーズ・アッシュ。サフィーヤ・バビオ、ローマン・ゴジ、ユリアーン・カメルとザ・レディ社、ジョエル＆ミシェル・リーヴィ博士、ナジェシュダ・タランチェフスキ、エレノア・トゥウェデルら、Maptioの協力者たち。

The Nixonのメアリー、アンドリュー、ロージー、テス。友情と精神的なサポートを提供してくれたアンディ、カルロス、デイビッド、エド、ライアン、スコット、トム・Pら男仲間たちに感謝したい。

そして最後に、ピーター・カーニックに改めて礼を述べる。

ビジョン	1人の人物の頭にあるアイデア。世界に何かを生み、世界の何かを変えるためのアイデアも含む。
価値観	ビジョンの最も根本的で長期的な部分。
イニシアチブ	ビジョンの実現という目的に向けた継続的なプロセス。
ソース	ビジョンの実現に尽力するために、自分をさらけ出してリスクを負いながらイニシアチブを立ち上げた人物。
クリエイティブ・フィールド	ビジョンを実現するために必要な人やリソースを引き寄せ、活動全体に一貫性を持たせる場のこと。ソースがイニシアチブを立ち上げたときに生まれる。
クリエイティブ・ヒエラルキー	クリエイティブ・フィールド内での階層構造のこと。全体のイニシアチブとサブイニシアチブが入れ子状になっている。
全体ソース	あるクリエイティブ・フィールド全体のソース。そのフィールド内のサブソースと区別するための用語。
サブイニシアチブ	全体のイニシアチブの一部。全体のビジョンのうち、ある特定の部分の実現を目的としたイニシアチブ。
サブソース	サブイニシアチブのソース。
フィールドマップ	特定のクリエイティブ・フィールドにおけるクリエイティブ・ヒエラルキーを、入れ子状の円を用いて視覚化したマップ。
アイデンティティ	自分が人生で見せている可能性のあるキャラクター。自分からアクセスできるものもあれば、影に抑圧されているものもある。
取り戻す	何らかのアイデンティティが抑圧されていたり、外的な事物に投影されていることを受け止め、そうした状態を解除していくプロセス。

▶ オンラインリソース ◀

本書公式ページ（英語）▶ workwithsource.com

クリエイティブ・フィールド視覚化ツール「Maptio」▶ maptio.com

オンライン学習コース ▶ www.greaterthan.works/academy#Courses

チャールズ・デイビスの「ベリー・クリア・アイデア」
　▶ www.charlesdavies.com/clearday

ピーター・カーニック・コミュニティのイベントカレンダー
　▶ peterkoenig.typepad.com/eng/programcalendar

» 関連記事や動画

『ティール組織』著者フレデリック・ラルーによるソースの紹介動画
　▶ thejourney.reinventingorganizations.com/110.html

ナジェシュダ・タランチェフスキによるソース原理の概説
　▶ ahojnadjeschda.medium.com/who-s-idea-was-it-anyway-the-role-of-
source-in-organizations-843b407e2879

ソース原理の実践への活かし方（著者執筆）
　▶ blog.maptio.com/we-spoke-to-500-founders-about-how-big-ideas-
get-realised-or-not-heres-what-we-learnt-654cee4aef69

ソースの継承（著者執筆）
　▶ blog.maptio.com/taking-over-from-a-founder-ceo-why-it-goes-
wrong-and-how-to-get-it-right-c424e7821f37

お金への不安について（著者執筆）
　▶ medium.com/the-happy-startup-school/millionaires-and-the-
surprising-truth-about-their-money-worries-29ba02fafc85

► 参考文献 ◄

» ソース、創造性、お金、インナーワーク

Stefan Merckelbach, *A little red book about source*, Aquilae Verlag, 2020

Peter Koenig, *30 Lies About Money*, iUniverse, 2003

Nadjeschda Taranczewski, *Conscious You*, Rethink Press, 2018

Elizabeth Gilbert, Big Magic, Riverhead Books, 2015 [エリザベス・ギルバート、『BIG MAGIC』、神奈川夏子訳、ディスカヴァー・トゥエンティワン、2017年]

Seth Godin, *The Icarus Deception*, Portfolio, 2012 [セス・ゴーディン、『「型を破る人」の時代』、神田昌典訳、三笠書房、2014年]

Seth Godin, *The Practice*, Portfolio, 2020

Steven Pressfield, *The War of Art*, Rugged Land, 2002 [スティーヴン・プレスフィールド、『やりとげる力』、宇佐和通訳、筑摩書房、2008年]

Andy Chaleff, *The Wounded Healer*, Koehler Books, 2020

Richard Boston& Karen Ellis, *Upgrade*, Leaderspace, 2019

Ria Baeck, *Collective Presencing*, Vitis tct, 2020

» 参加型組織

Aaron Dignan, *Brave New Work*, Portfolio, 2019

Anthony Cabraal, Susan Basterfield, *Better Work Together*, Enspiral Foundation Ltd, 2018

Susan Basterfield, Brent Lowe, *Lead Together*, Page Two, 2020

Frederic Laloux, *Reinventing Organizations*, Nelson Parker, 2014 [フレデリック・ラルー、『ティール組織』、鈴木立哉訳、嘉村賢州解説、英治出版、2018].

Joost Minnaar, Pim de Morree, *Corporate Rebels*, Corporate Rebels Nederland B.V., 2020

Gary Hamel& Michael Zanini, *Humanocracy*, Harvard Business Review Press, 2020

Niels Pflaeging, *Organize for Complexity*, Lightning Source Inc, 2012

Karin Tenelius, Lisa Gill, *Moose Heads on the Table*, Tuffleadershiptraining, 2020

▶ コンセプト概説 ◀

対極思考 (opposable thinking)

「ソース原理」は、組織づくりや協働に関する既存モデルの考え方と対立しているように思えることがあるだろう。多くの人が最も大きな対立だと感じるのは、どんなイニシアチブであってもソースの役割を担うのは1人だという考え方と、ビジョンはグループによって集団的に平等に保有することが可能だという考え方の対立だろう。あるいはビジョンを生んだ人間とは別に、組織自体も価値や目的を持ちうるのだという考え方との対立だ。

これはどちらが正しいかを言い争うよりも、対立する意見を活かして取り組んでいく機会だといえる。

リチャード・ボストンとカレン・エリスは、著書『アップグレード』(未邦訳／Upgrade) のなかで、対立する概念を活かしたよりよい思考のためのアプローチについて語っており、「タッキング」や「統合」といった方法を紹介している。

» タッキング

ヨットが風を受けて方向転換しながら目的地へ進んでいくのと同じように、集団での取り組みも、「唯一の正しいアイデア」をめぐって争ったり、「意見の違いを受け入れる」ことに終始して歩みが遅らせたりすることなく、対立しているように思えるさまざまな概念の狭間でうまく舵を切りながら進んでいくことができる。

私がソース原理を紹介したクライアントには、この「タッキング」のアプローチも伝えてきた。仕事への取り組み方が変わり出し、次なるステップに進み始めたクライアントたちにとって、このアプローチは補足的な観点を与えてくれるものだ。

たとえば、個人ではなく共同創業者の各メンバーをビジョンの源泉として等しく扱うという、「ソース原理」とは対立する考えに価値を置き続けるクライアントもいる。私はそうした考えがトラブルを招きかねないものだと経験や本能からわかっていても、クライアントが間違っているなどとは主張せず、たんに気をつけておくべき「問題の予兆」を伝えることにしている。そうすれば、どちらへ「タックする (方向転換する)」かを意識的に決めることができる。

問題の予兆があったらしばらく別の考え方を試して様子を見ることもできるし、いつでもまた別の方向へタックすることができる。結果的にソース原理という考え方が適切だと判明するかもしれないし、何か新しい考えにたどり着くかもしれない。ソース原理は非常に正確に問題の診断・予測が可能だが、想定を超えることも起きるものであり、それに伴って微妙に異なるさまざまな考え方が枝分かれして生まれている。

» 統合

対立して見える意見も、実は統合できる可能性がある。第3章では、ビジョンをめぐる対立意見に向き合う手段として、このアプローチを採用した。そこで対立していたのは、ビジョンは1人のソースが持っているのだという考え方と、グループの対等なメンバーたちによって共有されているという考え方だ。この2つは、どうすれば統合できるだろうか。

まずは、何らかの取り組みが始まる際のソースの役割について考えてみよう。イニシアチブは、1人のソースが自分の最も気にかけている問題を見つけ出し、その問題を集団で追求していくために他者を招き入れることで始まっていく。ソースは問題意識を持ってメンバーを募った存在であるため、当然そのイニシアチブとの関係性も他のメンバーとは異なる。しかし同時に、集まった全メンバーのセンスメイキング能力や創造性を大切にすることで、ソース単独では考えつかなかったであろうビジョンが生まれることもある。このように考えれば「ビジョンを持つのは個人か集団か」という対立を超え、2つの考えを統合することができる。

このアプローチをおこなう際は、すべての意見が平等に重みを持つわけではないことを認識し、どの意見に時間を割いていくか見極める必要がある。たとえば「人間は危険な温暖化を引き起こしているかどうか」に対する答えはすでに明らかであり、説得力のある新しい証拠が出てこない限り、これを否定する人たちの意見は地球平面説やその他の陰謀論を信じる人たちの意見と同じようなもので、時間を割くべきではない。一方、人と力を合わせる創造プロセスについては、あらゆる意見が存在する。私はソース原理の考え方を活かすことが効果的できわめて有用だと強く信じているが、それ以外の意見に対してもオープンでいる。

▤ 対立の解決

» 交流分析 (Transactional Analysis ／ TA)

夫婦・カップルカウンセラーや、心理療法士、コーチ、リーダーシップ・トレーナーなどに活用されている。交流分析の便利な「ドラマ・トライアングル (ドラマの三角図)」というモデルは、「犠牲者」「迫害者」「救助者」という観点から対立を考えるものであり、子ども・大人・親という3つの層のうち、自分がどの状態から話したり対応したりしているか意識するよう促す。

» NVC (非暴力コミュニケーション)

互いの感情や欲求を理解することを通して思いやりを築き、批判ではなくつながりや問題解決へと導いていけるようなプロセスを重視している。

» 書籍『言いたいことが、なぜ言えないのか？』
（ケリー・パターソン著、トランスワールドジャパン）

対立に足を踏み入れる前に頭を整理し、難しい会話にのぞんでいく方法を知り、闘争・逃走反応を意識しながら安全に対話をしていくためのモデルを提示している。

» 対立を交渉だと捉え直す

ロジャー・フィッシャーとウィリアム・ユーリーの名著『ハーバード流交渉術』（三笠書房）では、互いの関心、ニーズ、および懸念をリストにし、一緒に可能なソリューションを練っていくことで対立から創造的な協働へと移っていく交渉プロセスが示されている。また、この本では、本題に入る前に交渉の進め方について合意する「メタ交渉」から始める重要性も指摘されている。

» 書籍『あなたのチームは、機能してますか？』
（パトリック・レンシオーニ著、翔泳社）

「健全な衝突」という言葉を用いながら、そうした衝突＝対立の欠如をチームが機能しない理由のひとつに挙げている。彼のモデルでは、「信頼の欠如」の上に「衝突への恐怖」が築かれ、それが「責任感の不足」へとつながっていく。

これらのモデルは、単独ではなく並行して活用することができる。NVCにおける共感への視源は、ビジョンの根源＝ソースの機能に対する理解と同じように、広く応用可能だ。ドラマ・トライアングルという考え方は、複雑に見える対立を乗り越え、無意識下で起きていることに光を当てるのに役立つ。『言いたいことが、なぜ言えないのか？』や『ハーバード流交渉術』で紹介されているプロセスは、意見が対立しているときに、よりよい対話をおこなっていくためのテンプレートを提供してくれている。

自己成長

Part 3で紹介した、アイデンティティを取り戻し、投影を解消するピーター・カーニックのプロセスは、効果的で深い自己成長への直接的な道筋を与えてくれるものだ。しかし人間とは複雑なものであり、学んで成長する方法は他にも常に数多く存在する。私が自分の人生や他のソースへのコーチングを通して有効だと感じたテクニックをいくつか紹介しよう。

» 立ち止まる

いったん立ち止まり、自分の奥底で何が起きているのかに意識を向けることができて初めて自己成長は起きる。

私が何年も前に仏教センターで学んだように、マインドフルネス瞑想は、立ち止まる力や自分の経験に意識を向ける力を育む効果的な方法だ。静かに座り、呼吸に意識を集中させながら、別の何かに思考が逸れたらそれに気づき、意識を自分の望むところに軌道修正するというシンプルな行為は、心のトレーニングに等しい。意識が逸れたことに気づき、軌道修正を繰り返す。その1回1回が、フィットネス・トレーニングの1レップ（1回）に相当する。心のフィットネスを向上させると、毎日の生活により意識を向けられるようになる。そうしてオートパイロット（自動操縦）のスイッチを切る機会が増え、自分の行動についてより深く振り返ることが可能になる。

現在では、インターネットやスマートフォンのアプリで瞑想音声ガイドが手に入るため、こうした取り組みを始めるのに活用することができる。

» 心身統合

心と身体は別々のものではない。そのため、心と身体をよりよく統合していくことも、効果的な自己成長の手段だ。呼吸法に取り組むことは、いい出発点になるだろう。呼吸は意識的にコントロールすることも、完全に無意識のままにしておくこともできるユニークな身体機能であるため、意識と無意識の強力な橋渡し役として機能する。

「ボックス呼吸法」というヨガのテクニックは、アメリカ海軍特殊部隊（ネイビーシールズ）も、想像を絶するような極限のストレス状況で活用しているという。やり方はシンプルだ。

1. 4秒かけて息を吸い込む。

2. 4秒間、息を止める。

3. 4秒かけて息を吐く。

4. 4秒間、息を止める。

5. 繰り返す。

何回か繰り返すだけで、身体に効果を感じることができるだろう。

もうひとつ瞑想のテクニックとして有名なのが「ボディスキャン」だ。瞑想状態に入ったら、意識をゆっくりと頭のてっぺんからつま先へ移していき、身体の各部位に意識をめぐらせながら、各部位での感情や感覚に注意を向けるテクニックである。

» コンパッション

仲間として人類に持っておいてほしいと思う根本的な要素は何かと考えてみよう。自分や周りに対する深い親切心やコンパッションを育むことは、究極的には心の修養の一部といえる。

愛情のこもった深いコンパッションを育むと、どのアイデンティティを身につけていくべきか、場面に合わせて選択していく大きな指針となる。そして、自分の創造的な使命であるイニシアチブを拡大していくにあたって適切な姿を見せられるばかりか、愛と共に自分の姿を伝えることができるようになる。

私の精神修養における師であるジョエル・リーヴィとミシェル・リーヴィは、周りに人がいるときにどこでも実践できる効果的な方法を教えてくれた。私は、地元の中心街を歩きながら実践するのが気に入っている。見知らぬ人が視野に入ったら、その人のことをすぐに判断してしまう傾向を自覚し、そうやって批判や判断をしてしまうのではなく「この人も私と同じように、幸せになりたいのだ」とか、「愛されたいのだ」「魅力的になりたいのだ」「受け入れられたいのだ」と自分に語りかける。他人を見かけるたびに何が思い浮かぶか、自分自身に語りかけることで何を感じるか探ってみよう。これをすると、私の場合は批判的な判断が消えていき、自分の表情が柔らかくなるのが感じられる。

» 集合知

考えを明確にしていくプロセスはソースが中心的に担うものだが、1人でおこなう必要はない。ソースは、アイデアを探求して明確にしていくにあたり、グループの集合知に頼ることもできる。そのための効果的なツールは数多く存在するが、ここでは3つ紹介しておく。どれも、インターネットでより詳しく調べることができる。

・Art of Hosting（アート・オブ・ホスティング）：「あらゆる規模のグループの集合知や自己組織能力を活用する手段」と説明されている。この手法は、グループが複雑な問題に対する解決策を見つける手助けとなる原則や慣行によって構成されている。

・リベレイティングストラクチャー：対話を後押しする33種類の方法のことを指す。それらは「ブレインストーミング」といった基本的な集合知のプロセスに比べてはるかに踏み込んだ方法となっている。

・U理論（プレゼンシング）：複雑な問題に対する深いセンスメイキングと、解決策の共創を後押しするプロセスだ。この理論では「ソース」という言葉がまったく別の観点から使われており、行動を生み出す内面の「源」を指している。それ以前からカーニックは、ビジョンの根源となっている人間を指して「ソース」という言葉を使っている。

原注

1　ラルー氏のコメントは，読みやすさのために少し編集を加えた．オリジナ
　　ルのテキストは以下のページに掲載している．Tom Nixon, "Resolving the
　　awkward paradox in Frederic Laloux's Reinventing Organisations," Maptio,
　　Apr 14, 2015. https://blog.maptio.com/resolving-the-awkward-paradox-in-
　　frederic-laloux-s-reinventing-organisations-f2031080ea02

2　Ashlee Vance, "Elon Musk Had a Deal to Sell Tesla to Google in 2013,"
　　Bloomberg, Apr 20, 2015. https://www.bloomberg.com/news/
　　articles/2015-04-20/elon-musk-had-a-deal-to-sell-tesla-to-google-
　　in-2013

3　Fanny Norlin, "The potency of the Feminine for doing business in the New
　　Paradigm," Dec 15, 2020. https://fannynorlin.medium.com/the-potency-of-
　　the-feminine-for-doing-businesses-in-the-new-paradigm-879ed8a39c4f

4　ジーノ・ウィックマンとマーク・C・ウィンタースの著書 *Rocket Fuel* を読んで
　　も，リーダーがペアで登場することが多く，その役割はこの兄弟と似ているこ
　　とがわかる．普遍的とまではいかないが，よくあるパターンだ．この本は，「ソー
　　ス原理」の解明にとても近いところまで迫っている．Gino Wickman & Mark C.
　　Winters, *Rocket Fuel: The One Essential Combination That Will Get You More
　　of What You Want from Your Business*, BenBella Books, 2015.

5　ホラクラシーの組織構造に馴染みのある人は，この図も見たことがあるように
　　思うかもしれないが，本章で記すように大きな違いがいくつかある．

6　ゴア社の従業員たちは，法的に事業のオーナーでもある．株主のニーズが，そこ
　　で働く技術者たちのニーズの上に置かれることはない．

7　Frederic Laloux, *Reinventing Organizations: A Guide to Creating Organizations
　　Inspired by the Next Stage of Human Consciousness*, Nelson Parker, 2014 ［フ
　　レデリック・ラルー，『ティール組織』，鈴木立哉訳，嘉村賢州解説，英治出
　　版，2018 年］．Reinventing Organizations wiki からも参照できる．https://
　　reinventingorganizationswiki.com/theory/evolutionary-purpose/

8　"Your roles in this new world," INSIGHTS FOR THE JOURNEY. https://
　　thejourney.reinventingorganizations.com/110.html

9　Ria Baeck, *Collective Presencing*, self-published, 2020. https://www.
　　collectivepresencing.org/

10　幻覚剤は，何千年ものあいだ人間の創造性に対して一定の役割を果たしてきた．
　　20 世紀に禁止されてからというもの西洋では多くが敬遠してきたものだが，新
　　しい科学研究で幻覚剤が持つポテンシャルが示され，他の文化における使用に
　　ついての認識が高まるに伴い，幻覚剤は再び広く受け入れられ始めている．

11　"'All Hands On Deck' Extinction Rebellion With Gail Bradbrook And Clare
　　Farrell," Team Human. https://www.teamhuman.fm/episodes/ep-127-
　　extinction-rebellion

12　Charles Davies,"Clear Definitions #2: Responsibility," Nov 12, 2016.
　　https://medium.com/how-to-be-clear/clear-definitions-2-responsibility-
　　1fa2cadf9821

13　Natalie Sherman, "WeWork's Adam Neumann quits as chief executive," *BBC*, Sep 25, 2019. https://www.bbc.co.uk/news/business-49803064

14　サブソースと同じく、「全体ソース」という言葉はステファン・メルケルバッハが名付けたものだ。「グローバル」という言葉は企業の役職のような響きがあるため使用には多少ためらいがあるが、もちろん本書の文脈においては「全体」を意味する言葉であり、ソース原理を実践しようという人たちにとっては、同じ用語を使っておいたほうが役立つだろう。

15　Jeff Melnyk, "Myths: Your business is your purpose," Within People, Mar 22, 2018. https://medium.com/within-people/myths-your-business-is-your-purpose-86d75634c992

16　全体ソースが独裁的で、受け入れがたいほどの害を生んでいるとあなたの価値観が訴えてくるような極端な状況では、実際に全体ソースを意図的に妨害したいと願うかもしれない。

17　Alex Hern & Julia Carrie Wong, "Facebook employees hold virtual walkout over Mark Zuckerberg's refusal to act against Trump," *Guardian*, Jun 1, 2020. https://www.theguardian.com/technology/2020/jun/01/facebook-workers-rebel-mark-zuckerberg-donald-trump

18　A tweet by Lisa Kaplan. https://twitter.com/lisackaplan/status/1268152279338749952

19　Simon Sinek, "How great leaders inspire action ," TEDxPuget Sound, https://www.ted.com/talks/simon_sinek_how_great_leaders_inspire_action

20　チャールズ・デイビスのコンセプトは、心理学の「行為同定理論」も参考にしている。"Action Identification Theory," Psychology. http://psychology.iresearchnet.com/social-psychology/social-psychology-theories/action-identification-theory/

21　本書は最近のワーク内容を反映した。チャールズ・デイビスの活動についてはウェブサイト参照。https://www.charlesdavies.com/

22　"The Business Model Canvas," Strategyzer. https://www.strategyzer.com/canvas/business-model-canvas

23　"Communicate Your Idea Clearly and Concisely," LEANSTACK. https://leanstack.com/lean-canvas

24　"Introducing the Happy Startup Canvas," The Happy Startup School, June 23, 2013. https://www.thehappystartupschool.com/blog/2015/9/29/introducing-the-happy-startup-canvas

25　ティム・アーバンによるモデルからヒントを得た。Tim Urban, "How (and Why) SpaceX Will Colonize Mars," *Wait But Buy*, Aug 16, 2015. https://waitbutwhy.com/2015/08/how-and-why-spacex-will-colonize-mars.html/3

26　Edgar H. Schein, *Organizational Culture and Leadership*, 4th edition, Jossey-Bass, 2010 ［エドガー・H. シャイン, 『組織文化とリーダーシップ』, 梅津祐良・横山哲夫訳, 白桃書房, 2012 年］.

27　Eric Lynn, "Organisation Culture Alive," cultureQs, Jun 11, 2020. https://cultureqs.com/organisation-culture-alive/

28 Dr. Cameron Sepah, "Your Company Culture is Who You Hire, Fire, and Promote,"Mar 4, 2017. https://medium.com/s/company-culture/your-companys-culture-is-who-you-hire-fire-and-promote-c69f84902983

29 Simon Mont, "Autopsy of a Failed Holacracy: Lessons in Justice, Equity, and Self-Management," *NPQ*, Jan 9, 2017. https://nonprofitquarterly.org/autopsy-failed-holacracy-lessons-justice-equity-self-management/

30 ジェイソン・リトルのリーン・チェンジマネジメント・サイクルをベースにしている．"Lean Change Engine," Lean Change Management. https://leanchange.org/elements/lean-change-engine

31 Frederic Laloux, Etienne Appert, *Reinventing Organizations: An Illustrated Invitation to Join the Conversation on Next-Stage Organizations*, Nelson Parker, 2016 [フレデリック・ラルー，エティエンヌ・アペール，『[イラスト解説] ティール組織——新しい働き方のスタイル』，中埜博・遠藤政樹訳，羽生田栄一監訳，技術評論社，2018 年].

32 Enspiral Handbook. https://handbook.enspiral.com/

33 Charles C. Manz, Frank M. Shipper, Greg L. Stewart, "Everyone a Team Leader: Shared Influence at W. L. Gore & Associates," *Organizational Dynamics*, (38) pp.239–244, 2009. https://www.researchgate.net/publication/256923965_Everyone_a_Team_Leader_Shared_Influence_at_W_L_Gore_Associates

34 Gary Hamel, "First, Let's Fire All the Managers," *Harvard Business Review*, Dec 2011. https://hbr.org/2011/12/first-lets-fire-all-the-managers

35 Alexandra Johnson, "13 Common Hiring Biases To Watch Out For," harver, Nov 13, 2020. https://harver.com/blog/hiring-biases/

36 Adam Lueke, Bryan Gibson. "Mindfulness meditation reduces implicit age and race bias: The role of reduced automaticity of responding," *Social Psychological and Personality Science*, 6(3), 284–291, 2015. https://journals.sagepub.com/doi/pdf/10.1177/1948550614559651

37 特筆すべき例外は，すべての顧客に1つのシンプルな価格設定にすることでうまく機能しているビジネスモデルだ．この場合は，シンプルであること自体に価値がある．

38 Charles Davis, "Don't argue about money in restaurants," Oct 9, 2019. https://www.linkedin.com/pulse/dont-argue-money-restaurants-charles-davies/

39 市場レートは注意して活用する必要がある．そうしたレートは，お金に対する市場の一般的な認識レベルによって決まるからだ．その認識レベルは優れたソースが目指している認識レベルに及んでいない可能性が高い．

40 著書のなかでピーター・カーニックは，給与設定の際に考慮可能な要素を14個も挙げており，「公正さ」は達成不可能な目標であることを表しているといえる．Peter Koenig, *30 Lies about Money : Liberating Your Life, Liberating Your Money*, iUniverse , 2003.

41 Karen McVeigh, "World is plundering Africa's wealth of 'billions of dollars a year'," *The Guardian*, May 24, 2017. https://www.theguardian.com/global-

development/2017/may/24/world-is-plundering-africa-wealth-billions-of-dollars-a-year

42 もしそうした例を知っている人がいたら，ぜひ教えてほしい．ソースの役割を分解していく作業は数年かかるかもしれないが，長期的に見て，創造性が低下することは避けられないように思う．

43 もちろん厳密に言えば価値観も不変のものではなく，この宇宙のすべてのものと同様に変わりゆくものであるが，価値観はイニシアチブのなかで非常に安定した長期的な基盤として機能する．

44 J. M. Sadurní, "Josep Maria Bocabella, el impulsor de la Sagrada Familia," *Narional Geographic*, Apr 22, 2022. https://historia.nationalgeographic.com.es/a/josep-maria-bocabella-impulsor-sagrada-familia_17889

45 Sagrada Familia website. https://sagradafamilia.org/

46 CEOとCOOという分担をつくるのは，経営責任を整理するための伝統的な方法だ．別の道としては，経営的な階層を持たない創発的な構造をつくる方法がある（第11章参照）．

47 "Dr. Elisabeth Kübler-Ross And The Five Stages of Grief®," The Elisabeth Kübler-Ross Foundation. https://www.ekrfoundation.org/5-stages-of-grief/5-stages-grief/

48 "Japan WW2 soldier who refused to surrender Hiroo Onoda dies," *BBC*, Jan 17, 2014. https://www.bbc.co.uk/news/world-asia-25772192

49 カーニックの練り上げたプロセスを活用する権限を与えられた私たちは，商標peterkoenigsystem®のもとで活動している．

50 Lynne Twist, *The Soul of Money: Reclaiming the Wealth of Our Inner Resources*, W W Norton & Co Inc, 2006 ［リン・トゥイスト，『人類最大の秘密の扉を開く ソウル・オブ・マネー——世界をまるっきり変えてしまう《お金とあなたとの関係》』，牧野内大史訳，ヒカルランド，2013年］．

51 Natali Morad, "Part 1: How To Be An Adult—Kegan's Theory of Adult Development," Sep 28, 2017. https://medium.com/@NataliMorad/how-to-be-an-adult-kegans-theory-of-adult-development-d63f4311b553

52 ヴィクトール・フランクルの『夜と霧』，および同じくらいインスピレーションを与えてくれるエディス・イーガーの『アウシュヴィッツを生きのびた「もう一人のアンネ・フランク」自伝』を参照．イーガーもホロコースト生還者で，フランクルの生徒だった．Viktor E. Frankl, *Ein Psycholog erlebt das Konzentrationslager*, Verlag für Jugend und Volk Wien, 1946 ［ヴィクトール・E.フランクル，『夜と霧』，池田香代子訳，みすず書房，2002年］．Edith Eger, *The Choice: A true story of hope*, Ebury Digital, 2017 ［エディス・エヴァ・イーガー，エズメ・シュウォール・ウェイガンド『アウシュヴィッツを生きのびた「もう一人のアンネ・フランク」自伝』，服部由美訳，パンローリング，2021年］．

53 それは自然な反応で，特に制度的な被害に直面したとき，被害者なのだというアイデンティティを自分の一部として受け入れる場合，有益な防衛メカニズムでさえある．問題は，それに固執することだ．

AUTHOR

トム・ニクソン
Tom Nixon

起業家、コーチ、アドバイザー、アクティビスト。最初に
起業した会社はヨーロッパで初めてとなるソーシャルメディ
ア専門の広告代理店を創業して参加型の組織文化を育み、
WorldBlu の「世界で最も民主的な職場」のリストに7年
連続で選出。

現在はパーパス志向の創業者やチームに対してコーチン
グや助言をおこなっている。また、従来のヒエラルキーに
とらわれずに、ソース原理に則ってイニシアチブを可視化
するツール「Maptio」を開発、展開している。

21世紀型のビジネスや組織のあり方を模索する「Meaning
Conference」のディレクターも務める。組織や創造性に関
する講演多数。

妻と娘と共に、イギリスのブライトンに在住。

TRANSLATORS / SUPERVISORS

山田裕嗣
Yuji Yamada

令三社代表取締役。人材育成・組織開発を支援する株式
会社セルムに入社。株式会社サイカの代表取締役COO、
株式会社ABEJAの人事責任者などを務める。2018年に
は次世代の組織の在り方を探求するコミュニティとして一
般社団法人自然経営研究会を設立。

青野英明
Hideaki Aono

令三社取締役。青野税理士事務所代表。2009年税理士
試験合格。税金の計算のみならず、企業と人の永続的発
展のためのコンサルティング業務を生業とする社会派税理
士。マーケティング・資金繰り・管理会計を通じて、マイン
ドと経営をオープンにしていく事で人間の可能性を最大限
に解放する事が人生の喜び。

嘉村賢州
Kenshu Kamura

令三社取締役。東京工業大学リーダーシップ教育院特任
准教授。場づくりの専門集団NPO法人場とつながりラ
ボhome's vi代表理事。「未来の当たり前を今ここに」
を合言葉に個人・集団・組織の可能性をひらく方法の研
究開発・実践をおこなっている。解説書に『ティール組
織』(英治出版)、共訳書に『自主経営組織のはじめ方』
(英治出版)、共著書に『はじめてのファシリテーション』
(昭和堂)などがある。

● 英治出版からのお知らせ

本書に関するご意見・ご感想をE-mail（editor@eijipress.co.jp）で
受け付けています。また、英治出版ではメールマガジン、Webメディア、
SNSで新刊情報や書籍に関する記事、イベント情報などを配信しており
ます。ぜひ一度、アクセスしてみてください。

メールマガジン	▶ 会員登録はホームページにて
Webメディア「英治出版オンライン」	▶ eijionline.com
X / Facebook / Instagram	▶ eijipress

すべては1人から始まる

ビッグアイデアに向かって
人と組織が動き出す「ソース原理」の力

発行日	2022年 10月 26日　第1版　第1刷
	2024年 1月 26日　第1版　第2刷
著者	トム・ニクソン
翻訳・監修	山田裕嗣（やまだ・ゆうじ）
	青野英明（あおの・ひであき）
	嘉村賢州（かむら・けんしゅう）
発行人	原田英治
発行	英治出版株式会社
	〒150-0022
	東京都渋谷区恵比寿南1-9-12 ピトレスクビル4F
	電話　03-5773-0193　　FAX　03-5773-0194
	www.eijipress.co.jp
プロデューサー	下田理
スタッフ	高野達成　藤竹賢一郎　山下智也　鈴木美穂
	田中三枝　平野貴裕　上村悠也　桑江リリー
	石崎優木　渡邉吏佐子　中西さおり　関紀子
	齋藤さくら　荒金真美　廣畑達也　木本桜子
印刷・製本	中央精版印刷株式会社
装丁	HOLON
校正	株式会社ヴェリタ
翻訳協力	樋口武志

Copyright © 2022 r3s.jp Inc.
ISBN978-4-86276-332-7　C0034　Printed in Japan